呼和浩特文化

（第二辑）

《呼和浩特文化》编委会　编

远方出版社

图书在版编目（CIP）数据

呼和浩特文化. 第二辑 /《呼和浩特文化》编委会

编. -- 呼和浩特：远方出版社，2022. 10

ISBN 978-7-5555-1574-6

Ⅰ. ①呼… Ⅱ. ①呼… Ⅲ. ①地方文化 – 介绍 – 呼和

浩特 Ⅳ. ① G127. 261

中国版本图书馆 CIP 数据核字（2022）第 180814 号

呼和浩特文化（第二辑）

HUHEHAOTE WENHUA DI'ER JI

编　　者	《呼和浩特文化》编委会
责任编辑	孟繁龙
封面题字	高延青
封面设计	易　晶　谢文晴
版式设计	韩　芳
出版发行	远方出版社
社　　址	呼和浩特市乌兰察布东路 666 号　邮编 010010
电　　话	（0471）2236473 总编室　2236460 发行部
经　　销	新华书店
印　　刷	内蒙古爱信达教育印务有限责任公司
开　　本	880mm×1230mm　1/16
字　　数	294 千
印　　张	22.375
版　　次	2022 年 10 月第 1 版
印　　次	2022 年 12 月第 1 次印刷
印　　数	1—1 000 册
标准书号	ISBN 978-7-5555-1574-6
定　　价	62.00 元

前　言

　　呼和浩特有着悠久的历史和灿烂的文化,历史文化是城市的灵魂,是全市人民弥足珍贵的精神财富。习近平总书记于2014年10月15日在文艺座谈会上强调指出:"中华优秀传统文化是中华民族的精神命脉,是涵养社会主义核心价值观的重要源泉,也是我们在世界文化激荡中站稳脚跟的坚实根基。"敬畏历史、敬畏文化,丰富全社会、全民族历史文化滋养,需要加强历史研究、考古研究、古籍研究等方面工作。才能推动中华优秀传统文化创造性转化和创新性发展。《呼和浩特文化(第二辑)》就是秉持这样的理念,推出了一批具有创新性的研究成果。

　　"红色文化"栏目里,需要关注吴欣《鏖战绥南》一文。这篇文章较为详细地讲述了八路军120师警备六团在绥南抗击日伪、开辟绥南抗日游击根据地、建立中共和右清县委、中共凉和县委、宣传动员各族人民反抗日本侵略者的事迹,反映了各族人民同仇敌忾、勇于牺牲、敢于胜利的精神与气魄。

　　"青城春秋"栏目中,张继龙的三篇文章《草原建城人阿勒坦汗》《西迁青海的土默特人》《呼和浩特市区最早的建筑——席力图召古佛殿》需要重点关注。明代土默特蒙古部首领阿勒坦汗，是一个胸怀宽广、雄才大略的政治家、军事家，在他的一手操持下，呼和浩特城诞生了，除此之外，他还力主推动明蒙互市，积极开发土默川，引进藏传佛教，从而奠定了呼和浩特成为国家历史文化名城的历史地位。其余两文也从各自角度，探索了土默特蒙古部西迁青海的历程和呼和浩特市区现存最古老建筑，从而使人们认识到这座历史名城的文化厚度。

"逐本溯源"栏目中白文宇的《平绥线上的绥远往事》，向读者展示了京绥铁路建成之后，发生在铁路线的一些旧事，读来颇有情趣；张继龙的《昔日风靡呼和浩特的地方戏——土默川大秧歌》，探讨了土默川大秧歌的形成、流行、衰落过程，虽说这一地方戏现已无存，但生活在土默川的各族人民兼收并蓄的品格，仍然令人肃然起敬。

"文化大观"栏目收入了高晓梅、武成的《呼和浩特地区历代长城分布》，向读者展示了呼和浩特绚丽雄伟的长城文化，使读者体会到浓重的长城文化氛围；郜贵的《黄河上中游分界处的河路汉》，则向读者介绍了曾经飘泊在凶险万分的河运途中的河路汉，以及他们的喜怒哀乐等生活状况。这里特别推荐的，还有邓九刚先生的《呼和浩特在万里茶道上的位置及其作用》一文，作为知名作家、茶叶之路研究专家、享受国务院特殊津贴的专家，他的独特视角、精辟见解，的确令人耳目一新。

"青城风物"栏目，重在介绍呼和浩特的风俗民情。陈刚的《后山莜面》，不但介绍了后山莜面的种种做法，而且在色、香、味、形等各方面展示了这种食物的精妙之处，令人垂涎；郭义的《托克托河俗》，着重介绍了发生在托克托县沿黄地区的种种风俗，让读者领略了中华民族母亲河的别样风情。

　　"文博非遗"栏目中，收入了曹建成的《清代呼和浩特的衙署》、阿勒得尔图的《镶嵌在阴山之巅的北魏祭祀遗址》等。曹建成研究呼和浩特历史多年，对旧时呼和浩特街巷、衙门、寺庙戏园、亭台楼阁、风土人情多有研究，此次又向读者介绍了清代设在呼和浩特的各级各类衙署，可谓用情用心。阴山之巅的北魏祭祀遗址因其入围 2020 年度全国十大考古新发现而名噪一时，此文向读者呈现了这处遗址的重大考古意义。

　　《呼和浩特文化（第二辑）》已经编竣，虽有 40 余篇文章入编，但呼和浩特文化洋洋大观，呼和浩特文化深沉而厚重，仍需广大作者深入挖掘、深入研究、拿出成果。我们期待有更多的佳作不断面世，为《呼和浩特文化》增色添彩。

《呼和浩特文化》编委会

目　录
CONTENTS

逐本溯源

文化大观

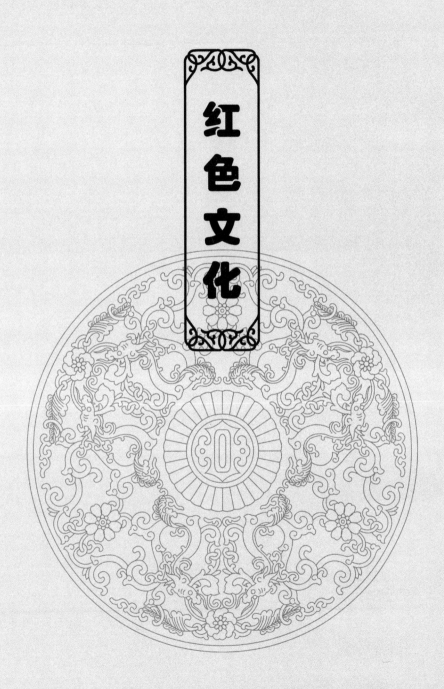

红色文化

鏖战绥南

——八路军120师警备6团绥南抗战纪实

吴　欣

　　绥南，顾名思义，位于归绥（今呼和浩特市）南部。随着全面抗日战争的爆发，中国共产党领导的八路军深入敌后，开展了广泛的山地游击战。八路军120师所属的留守兵团警备6团。就是在这一时期最早进入绥南和林格尔县、清水河县境内的八路军正规部队，在警备6团的主持下，这一地区开始建立党的各级组织和抗日民主政权，从而为建立绥南抗日根据地乃至大青山根据地奠定了坚实的基础。

警备6团挺进绥南

　　警备6团的前身，为陕甘边区神府特区的一支游击队，后改编为中国工农红军陕北独立师第3团、中国抗日人民红军独立师，在第二次国内革命战争中，是保卫神府苏区的唯一武装力量。

1937年7月，根据中央军委的命令，中国抗日人民红军独立师改编为国民革命军第八路军120师工兵营，9月初渡过黄河开赴晋绥抗日前线。随即，这支部队改编为120师警备6团，团长王兆相，政委张达志，副团长孙超群。为配合地方开辟新的抗日根据地，这支部队从1937年9月起，在雁北、绥南开展武装斗争。其时的团长是孙超群，政委是张达志。

1937年秋，警备6团北上进至偏关，派出小股部队到达平鲁、右玉、和林格尔、清水河等地清剿土匪，组织发动群众参加抗日活动，并不断发展壮大自己的队伍。这一带山区面积广阔，南与晋西北山地相接，北与蛮汉山区相连，是晋西北至大青山的必经之地。警备6团到来前，山西动委会以及牺盟会已经深入到这里，发展党员，建立地方政权，群众基础较好。由于山区偏僻，当地便成为兵匪割据横行的地方，群众深受其害。警备6团深入该地区之后，坚决打击各路兵匪，救民于水火之中，从而进一步赢得了群众的信任。

在此基础上，按照上级指示，从右玉西山、平鲁北部至和林格尔县浑河南部山区，再到清水河县的盆底青、五良太等地，警备6团建立了右（右玉）平（平鲁）县。右平县成立后，为加强对和林格尔、清水河县的领导，经上级批准，1937年11月，中共和右清县委成立，警备6团派出贾丕谟任和右清县委书记，孙超英、吴秉周、赵英等为委员；划定右玉西山为1区和2区，与其毗连的和林格尔县浑河南部山区至清水河县的盆底青、五良太一带至大红城为3、4、5区。

1939年，八路军120师主力东进后，警备6团担负起坚持晋西北地区抗日游击战争的重任。在集中领导、分散活动方针的指导下，警备6团大胆深入敌后，打击摧毁敌伪政权，坚持和巩固了晋西北抗日根据地，使之成为大西北的屏障，保护了陕甘宁边区到华北各抗日根据地的交通枢纽。

1939年12月，警备6团派出干部，在凉城与和林格尔交界地区成立了中共凉和县委，次年12月又将清水河纳入管辖范围，改为凉和清县委和抗日民主县政府。凉和清县委成立后，即在浑河以南的芦沟、泥合子、二道沟、缸房窑各乡建立了党支部和乡政权，发展党员28人，并举办了三期党员训练班，每期30人左右，训练时间一个月。凉和清县归警备6团直接领导，首任抗日民主县政府县长为班玉珏，他奉调返回部队后，由杜琏接任县长。凉和清县辖凉城1区、和林2区、和林3区、和林4区、清水河5区，县政府驻凉城双古城官牛犋村与和林格尔山堡岱等村。

此后，由于雁北地委的成立、晋绥分局和绥蒙区委的成立以及绥南地委的成立，和林格尔县浑河南部山区这块根据地的区划隶属关系也经过多次变动，但这块根据地却一直坚持了下来。其中，称托和清县名称的时间最长，一直到1949年下半年。

抗日前线显神威

1939年4月，警备6团奉命调回岚县，6月13日，又由岢岚开赴雁北。21日，警备6团行军至右玉地区，碰上岱岳镇日军袭击牺盟晋绥边委员会。警备6团迅速切断200多名日军的退路，将敌人包围在王老沟村东南的山坡上，向敌展开猛烈攻击。入夜，战斗以警备6团的胜利而告终，此战毙伤敌190多人。29日，警备6团由右玉南山进至西山，跨出长城，急行军100多公里，又袭击了和林格尔县新店子镇日伪据点，全歼守敌。团政委张达志第三个冲上城头，指挥战士们痛击敌人，取得了大胜。但是，部队转移到羊群沟一间房等村休整时，遭到归绥日军主力围攻偷袭，警备6团措不及防，以牺牲56名指战员的代价，突出敌人包围圈，转移到雁北地区休整。

1939年8月上旬，警备6团再度挺进绥东丰（镇）东地区，夜袭巴音图敌据点。之后，警备6团突破敌人平绥路封锁线，进入右玉东山沟姚家窑、黄家窑、中窑子村休整。左云、右玉、厂汉营等据点敌伪2000多人，分3路进攻东山沟一带，妄图消灭警备6团。孙超群团长立即指挥部队展开反击，一次又一次打退敌人的猛烈进攻，歼敌一部。警备6团指战员牺牲70多人。

12月，晋西北地区局势又趋紧张，为准备应付突然事变，警备第6团奉命由绥东调回晋西北地区，到达岢岚地区集结。

警备6团始终坚持官兵一致、艰苦奋斗的光荣传统。由于该团的前身为陕北红军，指战员吃苦耐劳、作战勇敢。从红军到八路军，团首长没有任何特殊待遇，与战士同甘共苦，为部队树立了榜样。由于敌人的封锁以及频繁作战，该团的战斗生活十分艰苦，全团的毯子集中起来，也仅够一个连使用，往往白天穿什么，晚上就盖什么。在和林格尔羊群沟一间房战斗后，他们的生活用品几乎全部丢光了。面对生活上的严重困难，团首长对大家说："艰苦对人是个考验，谁如果吃不下这个苦，谁就会被淘汰。我们革命军人就是要吃苦。只有能吃苦，才能打硬仗。"

首长带了好头，战士勇猛作战，这使得敌人闻风丧胆。警备6团在抗战初期，面对强大的日本侵略军，部队越打越强，这与他们优良的战斗作风是分不开的。部队的领导干部素养好，英勇作战，每战必然亲临前线指挥并参加战斗。1939年夜袭和林格尔县新店子镇日伪据点，战斗中，团政委张达志亲自带队猛冲，第三个登梯子攀上了据点城墙，带领战士们勇猛杀敌。这次突袭敌人，给日本侵略者以沉重打击，使人民看到了抗日胜利的希望，同时也给战士们树立了榜样。

为把托和清抗日根据地创建起来，1938年和1939年，警备6团接连对影响创建浑河三角洲这块根据地周围的敌伪给予坚决打击和消灭。首先消灭了打着抗日旗号骚扰抢劫右玉西山至托和清各山头的国民党各种杂牌军和土匪团伙。在日军占据右玉县、凉城县、和林格尔县之后，国民党的正规军逃过黄河跑到后套之后，留下了许许多多扰民抢劫的"害人队"。他们名义上抗日，实际上根本不抗日，而是暗中勾结日伪政权维持会或伪军，扩充自己的势力，与八路军为敌，破坏八路军领导下的群众抗日组织。他们搞摩擦，杀害人民群众和抗日军政人员。一些依靠国民党又勾结日伪占山为王的土匪，为扩充自己的力量到处打家劫舍，杀人放火。警备6团经过多次清剿，消灭了一部分匪徒，其余匪徒很快投降到日伪军一边，充当了日本侵略者的伪军、汉奸、特务、伪警，与抗日军民长期作对。

警备6团在扫除国民党顽固军和土匪的同时，对日军建立在我根据地周围的一些伪军据点也进行了打击。1938年9月8日，警备6团从五寨出发，经过长途奔袭，14日拂晓消灭了日伪军李守信部驻凉城南部厂汉营据点的全部骑兵100余人。这次战斗不但直接配合了北上大青山的李井泉支队进军，而且也为开辟绥中、绥西抗日根据地创造了条件。

1938年10月13日，为配合大青山支队创建革命根据地，警备6团奔袭了丰镇红沙坝车站，一举歼敌七八十人，缴获一大批军用物资。

警备6团在两次战斗之后，不久又对盘踞在托和清根据地周边地区的日伪军据点进行了打击。1939年6月底打掉了新店子日军的据点，1939年之后又打掉了清水河县境内的国民党顽固军，以后又多次打退了清水河黑蛇沟的敌人向我根据地三波罗等地的进攻。

依靠群众，共同对敌，使得警备6团具备了超强的战斗力。从蛮汉山、马头山到鸡山、圣山，从土默川平原到长城内外，都是警备6团的活动区域。在生活与战斗的地区，警备6团特别重视群众工作，团结并依靠群众开展武装斗争。而群众也热爱自己的子弟兵，及时为部队通风报信、筹粮筹款、保护伤员，支持八路军打击日本侵略者。抗战初期，敌人只占据着交通线，后来增设了众多据点，扩大占领区，这使我军的活动范围越来越小，战斗也越来越频繁。敌人野蛮的"三光"政策，更加激发起群众的强烈反抗。

在警备6团的直接领导和大力支持下，绥南地区先后建立了中共凉和清县委及抗日民主县政府、和右清县委及抗日民主县政府，为此后建立稳固的托和清抗日游击根据地奠定了坚实的基础。

根据地人民积极支持警备6团的抗日斗争。一次，警备6团刚进山时，托和清县一间房村农民梁科一伙人以为又是哪路土匪来了，望风而逃。警备6团的战士们于是高声吆喝："乡亲们，我们是警备6团，是共产党领导的八路军。"梁科他们躲在山上听得真真切切，但又不放心，只能悄悄地窥视着。

只见队伍进了村，分散到各家各户，战士们担水的担水，扫院的扫院。大家奇怪了：这路军，那路军，谁见过给咱老百姓干活儿的队伍呀。由于此前动委会曾做过宣传，说八路军是共产党、毛主席领导的队伍，是老百姓自己的军队。于是，梁科他们纷纷回到村里，做最好的饭给战士们吃。战士们吃了饭，还送给大伙一些布匹，让缺少衣服的老百姓做衣服。此后，警备6团经常到山里活动，帮助群众起山药，收割庄稼。而当地百姓也帮助部队安排吃住，筹粮筹草，还发动妇女做军鞋，支持警备6团打击日军。

班玉珏工作团坚持抗日

在和林格尔县的抗日战场上，班玉珏工作团可谓功不可没，在当地留下了英名，洒下了热血，他们组织发动群众与日伪进行艰苦战斗的故事至今在民间流传。

班玉珏是120师警备6团的民运股长。1937年冬天，班玉珏受命带领游击队长郭明和、游击队副队长刘建珍、游击队指导员刘青龙和3个战士共7人的工作团，来到新店子镇浑河北部山区宣传抗日，动员青年参军，发动群众为部队筹集羊皮、羊毛、军鞋、粮食等物资。

工作团到达指定区域后，先是住在西浮石山后沟的刘三家里，此后又移驻马鸣沟村。1938年遭到国民党顽匪"六路军"的袭击后，又迁居凉城县境内，而在新店子镇仍以马鸣沟为落脚点。工作团的活动区域为西浮石山、东浮石山、前石门、后石门、三十二、四家窑、马鸣沟、韩家梁、丈房沟、草窑子以及黑老窑一带的前坝、后坝、马银河等村子，此后逐步扩大到新店子、大红城一带。

根据警备6团的指示，班玉珏工作团在和林格尔东部地区成立了凉和县抗日人民政府，班玉珏任县长。以班玉珏县长为首的凉和县抗日武装工作队活动成绩显著，他们不仅使工作队的活动区域深入白花窑山上一些村庄，后来又与在西部川区活动的杨华建立了联系，发展起一支游击队，杨华任队长，一直活动在灯笼素以西川区，人称杨华游击队。但因这支游击队在远离主力部队的环境中活动，在强敌林立的情况下处境艰难，后被敌人打垮。次年，凉和县改为凉和清县委和抗日民主县政府，首任抗日民主县政府县长仍为班玉珏，辖凉城1区、和林格尔2区、和林格尔3区、和林格尔4区、清水河5区，县政府驻凉城双古城官牛犋与和林格尔山堡岱等村。并根据当时形势撤回到右玉西山与和林格尔县的浑河南部山区。在浑河以南的芦沟、泥合子、二道沟、缸房窑各乡建立了党支部和乡政权，发展党员28人。班玉珏奉调回部队后，由杜琏接任县长。

班玉珏调走之后，警备6团又指派梁孝林担任工作团长，继续在和林格尔东部山区一带搞筹资扩军工作。1940年，工作团在这里建立了2个乡政府，即东六村乡和西五村乡，东六村乡包括马鸣沟、四家窑、石头窑、大圪都、东胡窑子，西五村乡包括榆树洼、东浮石山、西浮石山、前石门、后石门。

工作团在这一地区广泛发动群众，为部队筹集了一批又一批物资，发展了一批又一批新兵，还多次打击敌人，处决了右玉派来的特务梁义、李义，凉城县双古城的特务段有义、四孩子。还深入凉城县田家镇镇压了敌谍报员皇甫亮。

1941年3月中共绥南地委成立后，凉和清县委归绥南地委领导，县委与县政府活动中心移至和林格尔磨扇洼、二道边一带，而绥南地委则主要驻羊群沟南山。此时，虽然警备6团返回冀中改编为9团，但工作团却始终未离开和林格尔东南部山区。

1942年至1943年，日军修筑新店子通往黑老窑公路，企图以交通线分割我抗日游击根据地。工作团针对敌人的阴谋，在群众的大力支持下，一举将东浮石山的4名进行监工的伪军抓获，缴获了马匹和枪支，工作团因此名声大震。

险恶的斗争环境也在时时考验着工作团。1944年7月，工作团长梁孝林与游击队指导员刘青龙带领5个战士到草窑子筹集物资，次日离开草窑子走到韩家梁窑顶时，遭到新店子据点日伪警察的突然袭击，团长梁孝林和战士李二考在战斗中牺牲，刘青龙被敌人抓到胡家湾用铡刀杀害。当天，游击队副队长刘建珍带领一部分战士正前往马银河征集物资，听到枪声赶来增援，但为时已晚，敌人早已走远了。

工作团在凉和清县广泛动员群众，支援了抗战，也洒下了热血，为抗战的最后胜利立下了不朽的功勋。直到1948年，工作团才完成使命后撤离，但他们的英雄事迹至今在当地广为流传。

党四旦毅然参军

在对敌斗争中，警备6团广泛发动群众投身抗日。进入1938年，一个叫党四旦的农民进入了警备6团武装工作队的视线。

党四旦的家住在羊群沟十号村，母亲、妻子和他本人，挤在一间狭小的破窑洞里。由于没有自己可支配的土地，党四旦全靠当吹鼓手勉强维持全家人的生计。

有一天，他家来了2个陌生人，自称是赶车的，渴了想讨口水喝。他俩衣着破烂，面孔黝黑，一看就是跟党四旦一样的穷苦人。于是，党四旦赶忙让妻子烧水给他们喝。他俩一边喝水，一边和党四旦、党四旦的妻子唠家常。他们告诉党四旦他们是因为贫困，出来寻找帮工的地方维生的。这2个人也问了党四旦的情况。喝完水，这2个陌生人便匆匆离开了。党四旦哪里知道，他们正是警备6团派出来开展工作的，而且，正是由于这2个人，使党四旦最终走上了革命的道路。

自从第一次接触之后，党四旦就给这2个人留下了良好的印象。此后，他们经常在这一带来来往往，不时来到党四旦家歇息一下喝口水。渐渐地，党四旦和他俩熟了起来，也知道了他俩一个叫张志远，一个叫项海鱼，同时，与他俩经常一起出来做帮工的还有另外四五个人。他们经常在马场一带，逮到什么活儿干什么活儿。

有一个时期，由于没有揽到活儿，党四旦家断炊了，只能靠挖些野菜充饥。这一带流传着一首歌谣，是专门讲述吹鼓手这一行当的："嘴巴馋，当会叮叮旦；三天没事宴，饿得眼睛烂。"其实干这一行，也不全是为了解馋，那是贫穷逼得啊。党四旦的困境不知怎么被张志远和项海鱼知道了，他们亲自找上门来。

项海鱼说："老党，听说你家揭不开锅了？我在瓜窑子村钱锁家帮工，挣下一斗米，你去背回来吃哇。"

一斗米，那可是一个人几十天的口粮呀，党四旦一听连忙摆手说："那，那怎么行呢，你背井离乡跑这么远来当长工打短工图个甚！"

"老党，俗话说，穷人见穷人，何必细叮咛。你就先背来吃，以后挣回来还给我还不行？"

听项海鱼真诚地对他这样讲，党四旦只好感激万分地去把粮食背了回来。看着党四旦妻子那件遮不住羞的破裤子，项海鱼临走时还留下一条粗布裤子递到了党四旦妻子手里，这使党四旦更觉过意不去，也觉得他俩不是一般的人。

从此，党四旦与张远志、项海鱼的关系更加密切。他们嘱咐党四旦，以后出去当吹鼓手，顺便要留心伪警察的动向，然后及时告诉他俩。直到此时，党四旦隐约猜到他俩是什么人了。是的，除了共产党八路军，这世上还能有比这样的人更好的吗！

一次，党四旦去圪臭沟村一家白事宴上吹奏，见到有2个伪警察正在村里骚扰，向村里要大烟、要羊肉，还强逼漂亮的姑娘陪伴他们，搞得村里鸡犬不宁，群众敢怒不敢言。当得知这2个家伙晚上在这里过夜时，党四旦瞅了个机会溜出鼓匠棚，一口气跑回村。恰巧，张志远、项海鱼正在村里，党四旦连忙把听到的消息报告了他们。他俩一听，把筐扔在了党四旦家的院子里，急急忙忙走了。

半夜时分，张志远、项海鱼他们回到了党四旦家。党四旦打开门一看，只见伪警察的枪挎在他们肩上，马也牵在他们的身后，这才知道，那2个伪警察已经被他们干掉了。直到这时，张志远、项海鱼才向党四旦透露了他们的身份，他们是八路军120师警备6团派到这里开辟抗日根据地的。党四旦笑了笑，说他其实早就猜到了。

从那以后，伪警察再也不敢三两个人就来骚扰附近的村庄。不久之后，马场一带成立了一支抗日游击队，游击队长是张志远，副队长是项海鱼。成立大会是在羊群沟村张焕家的院子举行的。2面鲜艳的红旗呼啦啦地作响，20多个游击队员排着整齐的行列，个个精神抖擞，威武英俊，乡亲们围在四周一个劲拍把掌。

在战友们的鼓舞下，党四旦操起了唢呐，激情四溢地吹奏了一曲《得胜回朝》。是的，这是他当吹鼓手以来，吹得最卖力、最舒畅的一回。

日本投降之后，党四旦家迁到了瓜窑子村。在共产党八路军的教导下，党四旦跟随部队，在绥南托和清县与敌伪进行了坚决的斗争，为中国革命的胜利做出了贡献。

英雄血洒长城边

1939年6月29日，八路军120师警备6团从山西省右玉县出发，跨过长城，渡过浑河，长途奔袭和林格尔县新店子日伪据点，并于12日凌晨4时发起总攻。新店子据点呈长方形，城垣坚固，易守难攻。但警备6团不畏艰险，战士们勇猛出击，并于上午8时结束战斗。此战全歼守敌近百人，缴获了大量军用物资。战斗结束后，警备6团找了当地5名村民为向导，迅速向浑河以南一间房村转移。

到达一间房村之后，部队立即安排了宿营地，团部驻扎在一间房村，二营住在四间房、五间房村，骑兵连驻扎在乔家十二号村，另外一个连队驻扎于梁家十五号村。警备6团的团部住进了一间房村的梁科家，战士们则分散住进了各家各户。为防不测，部队还在村西口、东口和团部左上方设了岗哨。一切安排妥当后，团领导给5名同来的新店子村民讲解了一番抗战道理，教育他们坚定抗战信心，不做亡国奴，然后就让他们返回新店子村。

新店子据点被端掉的消息，迅速传到了厚和市（今呼和浩特市）日军指挥部。震惊之余，日军当即派出4辆满载日军和军需保障的大卡车驶向新店子。当日军抵达新店子村的时候，恰巧遇上了给警备6团带路的5个新店子村民。就此，日军获悉了警备6团的去向。在日军的威逼利诱下，由这5位村民带路，日军直扑一间房村。

半夜时分，日军赶到了一间房村，在村北二十亩圪蛋埋伏下来。并瞅准时机，将一间房村西口的哨兵勒死，接着布置了火力，在村西脑包山上，设了一个火力点并配有机关枪阵地，在村东南马场梁设了一个火力点，也配有机枪，阴谋一举歼灭我警备6团。

警备6团设在团部窑顶的哨兵十分机警，天快亮时，哨兵才有了困意，抱着枪打起了盹。敌人见状，派一个日本兵持刀靠近，哨兵战士奋起反抗，但为时已晚，尖刀深深刺进了他的右胸，并从窑顶滑落到院子里。日军以为哨兵已死，迅速从二十亩圪蛋冲了下来，在每家窑顶布置3到5名射击手，枪口均对准了院子，只等八路军吹响起床号。

被刺伤滑落院子的哨兵并未牺牲。此刻，他想站起来鸣枪报警，可枪已甩到了窑洞里。距他十几米。他努力站起来，左手捂着血流如注的伤口往窑洞挪去。只有短短十几米，这名八路军战士的步履越来越沉重，凭着顽强的毅力，他终于靠近了窑洞。在过道门口，他手扶墙壁稍停片刻，结果，墙上留下几个鲜红的血手印。战士爬上炕，双手扶墙想要坐稳，结果在右墙壁上又留下一双血手印。接着，这名八路军战士用尽最后一丝力气，扣动了步枪扳机……

听到报警枪声的警备6团指挥员知道敌情紧急，迅速组织出击。但是，各家各户窑顶均有日军把守，战士们刚冲出窑屋，便遭到敌人的射杀，而冲到院外的战士们则受到脑包山、台墩山、马场梁敌人火力的打击，使警备6团遭到了很大伤亡。尽管如此，勇敢的战士们还是顽强作战，相继打掉了几家窑顶上的敌人。二油楞家窑顶上的敌人被消灭后，屋里冲出一名大个子战士，他手提机关枪，冲进碾道里，架起机关枪，向团首长住的窑顶上的敌人射出一串串子弹。

驻扎在四间房和五间房村的2营听到激烈的枪声后，立即集合部队支援一间房村，部队跑步行进到一间房村西口时，受到了脑包山上敌人火力点的阻击。2营派出一个战士绕道摸上脑包山顶，消灭了几个敌人，其余敌人则向村里逃去。2营战士们边冲边打，到村东口时受到马场梁敌人火力点的扫射。此刻，驻梁家十五号村的增援部队及时赶到，消灭了这股敌人。在警备6团的英勇反击下，敌人退到了二十亩圪蛋，双方形成对峙局面。

遭到敌人突袭的警备6团认为战机已失，且部队伤亡较大，于是带领部队撤往右玉县。日军见警备6团撤走，于是，返回一间房村大肆搜捕，只要发现活着的八路军重伤员，立即开枪射杀，暴露出日本侵略军的豺狼本性。此后，日军在村边树荫下用餐后，返回了新店子据点。

敌人退走后，村民梁科、二油楞等人纷纷返回村庄，将56名警备6团战士的遗体分别掩埋在小南湾、村东面与河沟边的台地上。此次遭遇战还有一名幸存者，他就是站岗的那名战士，他姓贾，是清水河韭菜庄人。梁科和二油楞用门板抬着这名身受重伤的战士，连夜找到和右清县游击大队长石生荣，然后转移到后方医院接受治疗。

1940年4月26日，根据八路军总部的指示，警备6团在120师领导下进行整训，后改编为120师独立第2旅第9团。

荣耀先烈士及其故居

王兰柱

荣耀先，字辉庭，号一介，又名谦登若宪，是内蒙古革命运动的先行者。他用短暂的一生为共产主义事业进行了英勇的斗争，并献出了宝贵的生命。他的业绩将永载中华民族革命斗争的史册。

一

1895年农历腊月，荣耀先出生于今内蒙古土默特左旗察素齐镇，父名寅多，母名喜庆。

少年时代，他就跟随父母参加半农半牧的生产劳动，养成了勤劳朴素的作风。父母对他颇为钟爱，故节衣缩食送他在本村私塾念书，期望儿子学成文化"光耀门庭"。

1911年，辛亥革命以后，荣耀先以优良的学习成绩考入归化土默特高等小学堂。他勤奋好学，乐以助人，经常关心资助困难同学，因而深获同学们的尊敬。同学们视他为兄长。

1917年冬，荣耀先毕业于土默特旗高等小学校（前身为土默特高等小学堂）甲班。

1918年夏，荣耀先与王祥、恒升、孟子中、巴文俊等同学被土默特旗总管署保送到北京蒙藏专门学校中学部学习。北京蒙藏学校（校址在北京西单小石虎胡同）是1913年由北洋政府建立的，先后隶属于蒙藏院和蒙藏委员会。建校时称北京蒙藏学校，1918年改称蒙藏专门学校，1923年恢复原名，简称蒙藏学校。是专门培养蒙古族、藏族等少数民族学生的学校。

这一时期是荣耀先人生道路的转折点。他从渴求民主自由、追求真理，走上了革命道路。

当时的蒙藏学校在北洋军阀的控制下，校方规定学生不予过问政治，不准"轻信异党宣传"，阻碍和压抑学生们的自由言论。若与北洋政府言行相反则"开除、镇压、判刑"，校政的黑暗、教学内容的陈腐，与荣耀先等人追求新思想、寻求新观念、渴求真理的愿望恰为相反，使千里迢迢、背景离乡入学的学生们大失所望。

与此相反，北京大学等国立学校却涌动着要求民主自由、反对旧礼教、发展新科学、振兴中华的革命思潮。这对荣耀先启发很大。他常和有志向的同学们一起去北京大学聆听李大钊、陈独秀等人的演讲，并将《新青年》《每周评论》《国民》等进步书刊带回学校，在进步同学中秘密传阅。李大钊同志写的《布尔什维主义的胜利》和《庶民的胜利》两篇文章，热情地讴歌了十月革命给人类社会带来新的曙光，以高昂的战斗激情预言："布尔什维主义一定能在全世界取得胜利""试看将来的环球，必是赤旗的世界"。革命思潮使荣耀先及蒙藏学校的进步青年看到了革命的曙光，他们效仿北大等校，自发地组织起学生会，荣耀先被推选为学生会主席。他们与北京其他院校学生会取得联系，交流经验，开展各种进步活动。

1919年，北京爆发了反帝、反封建的五四爱国运动，蒙藏学校也沸腾了。荣耀先带领校内的进步学生和北京各大院校的学生汇集在一起，参加了集会和示威游行。从此荣耀先的爱国热情更加高涨。

为了把五四运动点燃的反帝、反封建的烈火燃烧到内蒙古，他们按照蒙藏学校学生会"要唤醒塞外同胞，参加到运动中来"的决定，派出部分同学昼夜兼程，回到绥远。在土默特高等小学校，归绥县高等小学校和归绥中学的师生中介绍北京五四运动的情况，把五四运动的火种带回家乡。5月中下旬，绥远学生界分别举行了示威游行，声援北京学生的爱国斗争，这项声势浩大的爱国斗争汇入全国人民反帝反封建的爱国大潮中。推动了新思想、新文化在内蒙古的传播。

1921年11月，荣耀先报名加入了李大钊等组织发起成立的北大马克思学说研究会。他在研究会如饥似渴地学习马克思主义革命理论，聆听李大钊等的亲切教诲。并与北大会员韩麟符、朱务善、李渤海等经常来往，逐渐熟悉。学习中荣耀先逐渐树立了马克思主义世界观，为他今后的革命活动打下了良好的理论基础。

1921年冬，荣耀先以李大钊倡导的"知识分子与工农结合"为指导，回到归绥、包头地区创办平民工读学校。为筹集办学经费，他以蒙藏学校学生会主席的身份，率领蒙藏学校话剧团，在归绥、包头等地进行公演。演出的剧目大都是"文明戏"，有《孔雀东南飞》《一元钱》《终身大事》等著名剧目。每当演出前荣耀先就站在台前，向观众宣传"反帝、反封建、要民主、要自由、振兴中华"的道理。

1922年，荣耀先利用公演收入在京买了弹毛、织布、梳毛、染毛等机器，在归绥朋顺召办起了半工半读不收费的平民工读社。并以此为阵地，宣传俄国十月革命，剖析中国现状和广大人民受压迫的原因。在归绥民众中引起了极大的轰动。同时他还在家乡察素齐办起了土默特高等小学察素齐分校。为内蒙古革命播下了种子。

返校后，他加入了中国社会主义青年团。

1923年4月，由韩麟符和李渤海介绍，经北方区委批准，荣耀先正式加入中国共产党党员。从此他以无产阶级先锋战士的姿态，在党的领导下，积极投身于中国无产阶级革命的伟大斗争中。

1923年暑假，蒙藏学校鉴于荣耀先是专科部（相当于大学）法律经济系的学生，又是该校学生会主席，在师生中享有很高的威望，委托其回家乡招生。临行前，北方区委党组织让其以最大努力，尽可能多地动员些蒙古族学生来京读书。回到归绥，荣耀先先动员一些开明人士一起向土默特旗公署提出申请，要求资助土默特学生到北京蒙藏学校学习，在得到资助承诺后，荣耀先动员云泽（乌兰夫）、奎璧、吉雅泰、多松年、李裕智、佛鼎、康根成、赵璧成、春和（高布泽博）、孟纯、云尚义、云继先、朱世富等39名青年，分两批离开土默川到北京蒙藏学校初中部读书。入学后，北方区委和荣耀先对这批青年在思想上的进步特别关心，向他们推荐阅读马列主义书籍和《新青年》《每周评论》《向导》等进步刊物，并经常和他们谈心，宣传只有马列主义才能救中国的真理。荣耀先还介绍他们与北方区委的领导同志见面，邓中夏、韩麟符、朱务善等同志在百忙中抽出时间到蒙藏学校与这些学生谈心，宣传革命道理。在北方区委宣传的革命道理的引导下，这批来自内蒙古的青年学生，大部分加入了中国社会主义青年团和中国共产党，成为坚定的无产阶级革命战士，从而为内蒙古地区的革命斗争培养了干部。

1924年1月，孙中山先生得到中国共产党和苏联的帮助，改组国民党，实行"联俄、联共、扶助农工"三大政策，在广州创办了黄埔军官学校。中国共产党从全国各地选派一批革命青年到军校学习。在蒙藏学校选荣耀先、白海风、王秉璋三人前往黄埔军校第一期学习（荣耀先入第四队）。6月16日，黄埔军校第一期举行开学典礼，孙中山先生亲临讲话。荣耀先入校后，对校门上中山先生的对联"贪生怕死休入此门，升官发财请走别路"赞不绝口，此联正抒发了荣耀先的思想抱负，是他参加革命的座右铭，于是他暗下决心，要以优异的成绩完成学业。

黄埔军校成立后，中国共产党在校内建立了特别支部，由周恩来直接领导。荣耀先与蒋先云、潘焱、米藕池、陈赓在同一党小组过组织生活，他刻苦学习各科知识，掌握军事技术，认真参加军事训练，在抓紧完成各科学习与训练任务的同时，荣耀先既要以公开身份参加设在学校内的国民党特别党部的组织活动，还要秘密参加设在军校内的共产党特别支部的组织活动。他是立场坚定、旗帜分明、成绩突出的学员之一。

1924年"双十节"前，反动武装广州商团勾结其他地区商团武装，以英帝国主义为靠山发动反革命叛乱。形势危急，在以周恩来同志为代表的共产党人的帮助下，孙中山动员黄埔军校学生和革命军队，在广州广大革命群众的支持下进行反击。经过几小时的战斗，平定了商团叛乱，取得了胜利。黄埔军校的学生在这次战斗中初露锋芒，声誉大为提高。荣耀先同志也在实战中得到了锻炼。

军校原定学制为一期三年，但由于革命形势的发展和军事干部奇缺，就将每期缩短为半年。1924年11月，黄埔军校第一期学员学习结束。荣耀先被分配到黄埔学生军第一教导团任排长。那时，他按"一介武夫"的成语给自己取号曰"一介"。并在毕业时作诗两首："一介书生变武夫，革命洪炉炼金猴，紫袍玉带非吾事，仗剑高歌舞一回。""身心已经献革命，泰山鸿毛早安顿，打倒列强除军阀，挥戈跃马捣黄龙。"两首诗充分地表现了荣耀先在军校学习期间的政治理想。

1925年，荣耀先所在的黄埔学生军教导团参加了东征、西征战役。打垮了杨闯尧、陈炯明叛军，荣耀先因作战勇敢受到教导团的嘉奖。1925年7月，黄埔学生军2个教导团扩编为国民革命第1军。荣耀先晋升为该军第3师第7团的连长。

1925年8月，受黄埔军校的委派，荣耀先与曾在黄埔一期任区队长的郜子举（中共党员）赴北京秘密招生，在李大钊领导的中共北方区委的帮助与支持下，利用党团组织的力量，在北京招收了云继先、朱实夫、春和（即高布泽博，后转入广州农民讲习所）、荣存仁、李运昌、王建功等数十名学生，赴广州黄埔军校参加第四期学习。后来，这些学生中有不少人在革命斗争中锻炼成为我党、我军的领导干部，有的为革命事业献出了宝贵的生命。

在北京招生期间，中共北方区委正在计划进一步培养党团员干部的工作，荣耀先荣幸地参加了研究讨论，这是党对他极大的信任。北方区委决定派云泽、多松年、康根成、云润等同志去莫斯科东方大学深造。选派奎璧、吉雅泰、赵诚、佛鼎等同志去蒙古人民共和国党务学校学习；选派康富成（贾力更）、黄维世、任殿邦、李春荣等同志去广州第六期农民运动讲习所学习。

1926年7月，北伐战争开始。荣耀先已调到国民革命军第6军任连长，军长程潜，党代表林伯渠。第6军奉命与兄弟部队进攻两湖、江西。8月北伐军攻克长沙，然后分兵两路，向武汉和南昌进军。直取南昌后，调整部署，以2、6、7军为中路顺长江东下，连续攻克芜湖、南京、蚌埠、徐州等地。荣耀先所属部队，军纪严明，所过之处，秋毫无犯，指挥有方，屡建战功，多次受到嘉奖，他也因此被提升为营长。在此期间，由于战功卓著，《黄埔战报》和《民国日报》刊载《英勇善战的蒙古族营长荣耀先的先进事迹》，由于他治军铁面无私，故在军中有"小黑子"之称。

在轰轰烈烈的北伐战争中，共产党员和共青团员总是冲在最前面。到1928年2月，荣耀先被提升为第6军突击团团长。1928年，国民政府进行二次北伐，第6军由徐州出发，向济南挺进，战斗异常激烈。突击团在荣耀先同志的指挥下，英勇前进，4月10日部队到了黄河故道与运河交叉地区，11日在茅村激烈的战斗中荣耀先不幸壮烈牺牲，年仅32岁。

为国捐躯，精神永存。1982年5月13日，中华人民共和国民政部为其颁发了《革命烈士证书》。

二

荣耀先烈士故居位于土默特左旗察素齐镇博彦路西园街4号，此处清初即为荣耀先祖上户口地。

清王朝西征准噶尔部后，为了巩固其疆域和统治设立驻军时，将位于呼和浩特通往乌拉特地区路边的荣家户口地视为最佳驻军要地。故清朝官员与荣家订立契约，于清康熙三十八年（1699年）占用荣家户口地建立清军驻防城堡。清军撤离后，城堡归于荣家。

城堡型营区占地面积为南北各七百步，形制为一座坐北向南的驻军城。城高二丈有余，城墙筑有垛口，城四角有四座简易角楼，为岗楼。城中建硬山正厅房三间，左配房三间，右配房二间，为驻军官员居住与办公使用，后院为军马场，前院有东西房各九间，为留守驻军食宿用房，南门为起券拱门，上方镶有"戍边卫国"的门匾。门前筑有砖砌影壁，上面雕有"威震漠南"四个砖雕大字。

辛亥革命推翻清王朝，留守驻军撤到大同，荣耀先的父亲根据契约收回属地，全家居住该城。

抗日战争期间，日军为修筑工事，拆毁该城大半部分。荣家变卖了部分房屋，残留地址。

2002年12月30日，经内蒙古自治区人民政府批准，荣耀先烈士故居被列入自治区重点文物保护单位。2003年对故居院落及周边环境进行治理，修复了大门及围墙，完成了一期工程。2012年，由自治区人民政府和土默特左旗人民政府先后出资对烈士故居进行了彻底修缮。2019年，故居对外正式开放，开始接待参观群体。

大青山抗日根据地万家沟

王兰柱

1981年被呼和浩特市人民政府公布为呼和浩特市级重点文物保护单位的大青山抗日根据地万家沟革命旧址，位于土默特左旗境内的大青山万家沟深处。大青山抗日根据地是全国19个抗日根据地之一，是晋绥抗日根据地的重要组成部分，陕甘宁边区的北方门户，保卫延安的桥头堡，也是通往蒙古、苏联同共产国际、世界反法西斯阵线联系的国际交通线。

大青山横贯阴山山脉中段，东起集宁以北的灰腾梁，西接包头以西的乌拉山，东西绵延240多公里，南北宽20至60公里。万家沟地处大青山的偏西地带。大青山南麓有美丽富饶的土默川平原濒临黄河，山前，平绥铁路沿大青山南麓东西蜿蜒直抵包头，将集宁、归绥、包头三大重镇连接起来，北麓是辽阔坦荡的大草原，东南方向有蛮汉山与之相连，并与晋西北山水相连。抗日战争时期，地处归绥、包头中部的万家沟深山腹地也成为了抗击敌寇很好的隐身之地。

根据中共中央和毛泽东关于创建大青山抗日游击根据地的决策部署，八路军120师决定由358旅715团和师直骑兵营一个连，组成大青山抗日游击支队。由李井泉任支队长兼政委，姚喆任参谋长，彭德大任政治部主任。并于1938年7月29日，连同战动总会晋察绥边区工作委员会（简称总动委会）、太原成成中学师生组成的抗日游击队改编的战动总会抗日游击第4支队2300多人一起挺进绥远敌占区，创建大青山抗日游击根据地。

9月初，八路军大青山支队及总动委会、4支队历经月余，跋山涉水，通过日本侵略者的重重封锁，到达大青山腹地，胜利完成了挺进大青山的任务。不久，部队在绥中的面铺窑子村与杨植霖领导的抗日游击队胜利会师。与此同时，贾力更、勇夫也在白只户村与支队接上头。到1938年12月，八路军大青山支队牵住日伪军的牛鼻子，机动灵活地开展游击战争，成功开辟了绥中、绥西、绥南3块游击区，出色地完成了北上敌占区建立抗日游击根据地的光荣任务。支队司令部驻在万家沟，把抗日的红旗牢牢地插在了大青山上。

土默特左旗境内大青山的万家沟，纵深30多公里，地势险要，山水相连，沿沟分布着大小不同的20个自然村。山后紧连武川县，是贯通阴山南北的重要通道之一。

在八路军挺进大青山时，中共晋西北临时区委曾成立中共大青山特委，与部队同上大青山开展工作。1939年2月，原中共绥蒙工委也根据中央指示到达大青山地区。为了全面加强绥远敌占区工作的领导，中共中央决定撤销大青山特委和绥蒙工委，建立中共绥远省委。中共绥远省委由白如冰任书记兼蒙民部长，李井泉兼任军事部长，武新宇任宣传部长，白成铭任组织部长。中共绥远省委成立后，省委机关也常驻在万家沟，同时绥西地委也驻在万家沟。

在中国人民进行伟大的反法西斯抗日战争中，大青山抗日根据地万家沟的中共绥远省委机关、大青山司令部起到了重要作用，特别是在领导和指挥大青山的抗日斗争中的地区党组织建设、政权建设、统一战线工作、群众工作、民族工作、地下斗争、反顽斗争中起到了重要作用。在没有巩固的后方可依托的游击战争中，坚持大青山抗战的八路军主力部队始终处于日伪军的"围剿"之中，生存条件十分艰苦，加之大青山地区寒冷期长达7个月之久，从当年的10月到来年的4月，大雪封山，冰天雪地，抗击日本侵略者的八路军经常陷入饥寒交迫的困难境地。我万家沟抗日根据地人民群众出粮、出资、出牛羊和马匹支援八路军共渡难关，特别是万家沟一前晌杨家西沟的杨广德一家，曾是大青山支队司令部的老房东。

除了为八路军支援牲畜、物资外，万家沟的群众还积极主动为八路军送信、站岗、放哨和报告敌情，八路军犹如长了千里眼、顺风耳，能够机动灵活地打击敌人，壮大自己。群众把八路军称为"咱穷人自己的队伍"，年轻人纷纷要求参加八路军，有的组织起游击小队和游击队，站岗放哨，配合作战。更是八路军的采购队与运输队，在青黄不接的时节，群众都在吃糠咽菜，为支持抗战，当地群众将种子作为给养送给八路军；同时，他们争先收留八路军伤病员，精心医护，成为八路军坚实的后勤保障。

万家沟沟口沿线的把什村、古城村、沙尔沁村、白只户村等村庄的不少年轻人，也在地下工作者王威、张万精等同志的引导下，投身到了抗日斗争中，出人、出力为八路军传递情报、购买药品等。

根据大青山地区的地理环境和对敌斗争需要，大青山支队逐渐由步兵转变为骑兵。同时，中共绥远省委组建了直属省委的地委级中共土默特旗工作委员会，开展当地蒙古族抗日各项工作，贾力更同志任书记，奎璧、勇夫、赵诚、李森都参加了工委工作。并组织成立了蒙古抗日游击队，李森同志担任队长。在大青山支队的步兵改建为骑兵工作中，土默特工委、土默特蒙古抗日游击队积极筹备马匹、粮草、马具等，做出了巨大贡献。

八路军大青山骑兵支队在开展游击战的过程中，还开展了反对国民党顽固派的斗争。1940年2月13日（正月初六），我大青山支队在绥西的4个连打垮了自卫军的总指挥部、三路军指挥部和两个团的顽军，取得了反顽胜利。为避免和顽军继续激化矛盾，我大青山支队和绥远省委、绥西地委一起撤到了武川县的德胜沟和小井沟。大青山支队司令部、中共绥远省委在万家沟的（1938年9月到1940年1月）一年多时间里，大青山骑兵支队与日伪军进行大小战斗120多次，击毙日本侵略者千余人、伪军500多人，俘虏伪军500多人，给予日伪军沉重的打击。

1941年，日本侵略者开始了秋季大"扫荡"。一天，我党绥察区党委社会部长兼绥西地委书记王聚德，蒙古抗日游击队长高凤英一行7人在万家沟大火烧营地驻宿，日军从前山翻越到我驻地，连夜设下埋伏发起袭击，高凤英一行人被包围。战斗打响后，在敌人占据地理优势的情况下，王聚德、高凤英及12人壮烈牺牲，这是绥西地区抗战以来一次巨大的干部损失。

抗日战争中，八路军、游击队和大青山根据地的各族人民为坚持大青山抗日斗争付出了极大的牺牲，据不完全统计，在大青山地区抗日牺牲的烈士有1000多人，其中较高级别干部有彭德大、刘洪雄、王贤光、王聚德、崔岩、程仲一、张云峰、贾力更、高凤英等人，他们用鲜血和生命实践了忠于党、忠于人民的誓言。

曾经在艰苦卓绝的伟大抗日斗争中战斗在大青山的老首长、老领导、老革命们，在他们的战斗日记和回忆录中多次提到了万家沟很多机关驻地、沟壑名称、防御工事。这些记录和回忆犹如一朵朵盛开的战地之花，香飘四溢。岁月在流逝，但这些革命遗迹仍留存在很多人的记忆里。

2019年，由土默特左旗文物部门和各方关注大青山抗日根据地、万家沟抗日战争期间的遗迹及遗址的人士、参加过万家沟革命斗争的先辈后代组成的志愿者考察团，先后4次进入大青山深处。分别考察了万家沟，万家沟支沟大南沟、菜园子沟、杨家西沟、一前晌沟，西梁会议旧址等抗日战争革命遗址。在万家沟及其支沟内，志愿者们通过实地踏查和细致的调查、走访，寻找到了当年八路军司令部驻所、枪械修理所、服装厂、卫生队、电台处、供给处、教导队、训练场、驻宿点、山洞窑洞等；还有牺牲烈士安葬地、高凤英等12烈士牺牲地、骑兵驻地、防御工事等红色遗迹遗址21处，征集和采集到了一批珍贵的革命文物。如今，在那场伟大的抗日斗争中留下的这批革命遗址，仍在静静地追忆着当年炮火硝烟的战争，追忆着抗日战争烙下的深深印记和抹不掉的记忆。

抗日战争时期，在中国共产党的坚强领导下，挺进大青山地区的八路军部队，创建发展了大青山抗日游击根据地，圆满完成了党中央交给的光荣使命。大青山地区的抗日斗争中，万家沟特殊的历史地位和作用将载入抗日战争的光辉史册。历史启迪我们，坚持中国共产党的领导，是中华民族和中国人民的命运所系，前途所在。今天，我们继承和弘扬抗日精神，就是要铭记历史，缅怀先烈，珍爱和平，开创未来。

青城春秋

草原建城人阿勒坦汗

张继龙

阿勒坦汗是呼和浩特的建城人。他的一生中曾建起过三座城，除呼和浩特外，还有也为人们熟知的今内蒙古自治区包头市土默特右旗的美岱召。第三座清初已成废墟，不为人们熟知，这座已成废墟的城市就在今内蒙古自治区包头市达尔罕茂明安旗赵王城遗址的上层。

阿勒坦汗建的第一座城为美岱召。美岱召位于包头市土默特右旗的宝丰山下，城内曾有明洪武三年（1370年）遗存的石碑，今石碑无存，碑首仍在，证明这里在1370年就是明朝的屯兵堡。有明朝驻军。明洪武四年（1371年），这个屯兵堡归于今呼和浩特托克托县境内的东胜卫。明洪武五年（1372年）七月，明朝把东胜卫内迁至今山西大同附近，美岱召屯兵城堡废弃。

关于阿勒坦汗在这个废弃的城堡重新建城最早的信息来自《万历武功录》的记载："其二十五年（指嘉靖二十五年，即1546年）……是年四月，俺答阿不孩及兀慎娘子建砖塔城，用牛二犋耕城，约五六顷，所种皆谷、黍、薯、秫、糜子，又治窑一座。"文中的俺答即阿勒坦汗，阿不孩为明朝时蒙古还没有借用明朝"太子（台吉）"一词时对王子的称呼，兀慎娘子则是指阿勒坦汗的大哈屯，《蒙古源流》称其为"莫伦哈屯"，她原是阿勒坦汗的父亲巴尔斯博罗特的第三位哈屯。巴尔斯博罗特去世后，她又按照蒙古族收继婚习俗嫁给阿勒坦汗，成为阿勒坦汗的大哈屯，因她是蒙古兀慎（今译写为乌审）部人，所以被《万历武功录》称为"兀慎娘子"。从当时土默特地区还没有汉族进入，缺乏建筑工匠的情况看，《万历武功录》所记载的阿勒坦汗与其大哈屯所进行的"建砖塔城"，应是对明朝残留美岱召屯兵堡进行的修缮。1551年，被明朝抓捕的山西白莲教首领、山西左卫（今左云）人邱富归降阿勒坦汗。为了博取阿勒坦汗的好感，邱富同年即和其弟丘全等在这座初步修复的城堡内为阿勒坦汗建起了楼房三区。《万历武功录》记载："答大喜，迺留富居营中矣。而会富有弟曰全，辄习梓人艺，即为答造起楼房三区，其壮丽。"这个建起的"楼房三区"的"区"，应是"小""不大"的意思。也即是说丘富的兄弟为阿勒坦汗建起了三间不大的楼房，但很是壮丽，这三间不大的楼房楼高应是二层。从美岱召存在的历史建筑分析，丘富、丘全兄弟俩为阿勒坦汗所建的这座小楼，应是现在美岱召的达赖庙。随后，阿勒坦汗为丘富改名为"一克喇把"，封其为首领。据《万历武功录》和《阿勒坦汗传》记载，1556年，城上又建起了"滴水楼五座"，这五座滴水楼应是今美岱召城门楼和四角角楼。

明嘉靖四十年（1561年），丘富在引领阿勒坦汗军队进攻榆坡时中流矢身亡。山西雁北白莲教教首赵全成为阿勒坦汗军中山西白莲教的首领。明嘉靖四十五年（1566年），赵全与同是白莲教首领的李自馨，明朝降兵首领张彦文、刘天麒等又为阿勒坦汗在城内进行重新建设，

《万历武功录》记载："遣汉人采大木十围以上，复起朝殿及寝殿，凡七重，东南建仓房凡三重，城上起滴水楼五重，会画工绘龙凤五彩，艳甚。已，于土堡中起大宅凡一所，大厅凡三重，门二。于是提大门曰石青开化府，二门曰威震华夷。已，建东蟾宫、西凤阁凡二重。滴水土楼凡三座。亦题其楼曰沧海蛟腾，其绘龙凤亦如之。"《万历武功录》记述的这些建筑，"朝殿"应为今美岱召城内的大雄宝殿，"寝殿"应为今美岱召城内大雄宝殿后的歇山式三层琉璃殿，东南建的"仓房"应为美岱召后来的召伙房，"城上起滴水楼五重，会画工绘龙凤五彩"则应是为1556年就建起的四个角楼和大门门楼进行彩绘。"石青开化府"应为建于城门到今大雄宝殿之间的建筑，"石青"应为蒙古语"斯琴"，是"聪明"之意。这个"石青开化府"应是阿勒坦汗汗权办公人员办公的场所。"东蟾宫"应是指现在的西万佛殿，而"西凤阁"则自然应是指现在的"太后庙"。"滴水土楼凡三座"则应是指当时的后宅，现已消失的"公爷府"。阿勒坦汗信奉藏传佛教后，又在美岱召东城墙外建起佛寺。

1575年，呼和浩特城建成，阿勒坦汗把亲领部落分为左右两翼，左翼归于第三哈屯乌彦楚，《万历武功录》记为"也儿克兔"，意为"有权势"，右翼归于伊克哈屯莫伦。每年冬季，阿勒坦汗到美岱召居住。1582年1月13日，阿勒坦汗去世，伊克哈屯莫伦也在这年冬或1583年新年后去世。美岱召归于伊克哈屯莫伦和阿勒坦汗所生独子铁背台吉的独子把汉那吉（又称大成台吉、大成矮吉台吉、岱青额哲）。1583年四月三十日，把汉那吉外出行猎，坠马而死，遗妻把汉妣吉和朝木台吉、克木台吉两个幼子。明朝让朝木台吉袭把汉那吉的昭勇将军职位。因两子年幼，把汉妣吉开始主持伊克哈屯莫伦及把汉那吉的封地、部落人口及板升人口，成为土默特部内的强盛部落领主。因看到把汉妣吉势力强大，时任土默特大汗的僧格长子那木岱为了壮大自己的势力，准备向把汉姒吉求婚。而第三哈屯乌彦楚也想扩大儿子博达希利的势力，准备为儿子续娶把汉姒吉。并由比引发了土默特部历史上有名的大板升之战。大板升之战以那木岱与把汉姒吉成婚结束。1586年初，扯力克承继土默特汗位，为了缓和内部矛盾，他于1586年十月与乌彦楚成婚，而把把汉姒吉让出让其与博达希利成婚。博达希利去世后，伊克哈屯莫伦和把汉那吉所有遗产又归于把汉姒吉及其和把汉那吉所生的朝木台吉和克木台吉。1606年，在把汉姒吉的主持下，美岱召大部分建筑改成了藏传佛教寺庙。自此，美岱召城主要建筑除"滴水土楼三座"仍为把汉那吉后裔住宅外，其余全部成为寺庙。

在美岱召城门泰和门上方，镶嵌有一块石匾记载了当时把汉姒吉起盖灵觉寺（即美岱召城）泰和门的事迹，石匾中把把汉姒吉称为"七庆大义好五兰姒吉"。在《蒙古源流》中，记载有把汉姒吉在迈达里呼图克图15岁时的甲辰年（1606年），将迈达里呼图克图请到美岱召，"为诸色珍宝塑成之弥勒佛像开光"的记载，把汉姒吉被《蒙古源流》中记为"托克堆·达赖夫人"。也正是从此时开始，美岱召成为迈达里呼图克图的驻锡地。在《阿勒坦汗传》的记载中，这位迈达里是阿勒坦汗曾孙四世达赖喇嘛派到蒙古地方扶助宗教的。但是在《蒙古源流》中，记载迈达里呼图克图到蒙古地方执掌宗教，是蒙克（指拉萨）地方之诸呼图克图，诸贤者共议的。迈达里呼图克图的来历，是藏传佛教宁玛派祖师巴特玛三博（莲花生）之高徒津巴扎木苏之化身。这也说明，这位迈达里呼图克图应是宁玛派僧人。如果这位迈达里呼图克图是四世达赖喇嘛所派的格鲁派代表，他来到土默特代表四世达赖喇嘛到家乡扶助宗教，应在呼和浩特大召驻锡才对。而且在美岱召城大雄宝殿壁画上，被认为是迈达里呼图克图的僧人头戴红帽，身后还有疑似其妻的妇人，也确为宁玛派僧人。而西藏拉萨诸呼图克图、诸贤者把宁玛派僧人派到土默特，应和把汉那吉所领部众有关。把汉那吉的父亲铁背台吉在史籍中也被称为"铁背台吉""图伯特台吉"。而"铁背"和"图伯特"这两个名字都并非真实名字，而是其所管部落的称呼。"铁背"为"吐蕃"的谐音，"图伯特"的"图伯"也是"吐蕃"的谐音，"特"为复数词。这是因铁背台吉所领部落为阿勒坦汗从青海带回的元朝即在青海驻牧的蒙古人得来的称呼。因他们长期在青海与藏族相邻居住、通婚，习俗、衣着、外表都有了藏族特点，因而被称为"吐蕃""图伯特"。青海是藏传佛教后弘地，明代后期的青海广大地区，宁玛派仍居于主要地位，阿勒坦汗从青海带回元朝时就居于青海分给铁背台吉的属民，应也都是信奉宁玛派的信众。所以才有了西藏诸呼图克图、诸贤者往土默特地区派宁玛派高僧津巴扎木苏的化身迈达里呼图克图的举动。

1626年，把汉姚吉去世。美岱召仍属于把汉姚吉与把汉那吉的后裔，并在宝丰山半山腰建起家族墓地。三层琉璃殿后的院子仍为其后裔居住。1627年林丹汗占领呼和浩特后，把汉那吉的后裔归降。1632年，后金皇太极率归附的蒙古各部和后金部队到呼和浩特征伐林丹汗，把汉那吉和把汉姚吉的后裔随林丹汗带领有牛两头以上部民随林丹汗过黄河进入鄂尔多斯躲避，没有躲藏的部民全部被后金带到东北。迈达里呼图克图也因为没有躲避随蒙郭勒津右翼部民和把汉那吉部部民被带到东北，并在当时属蒙郭勒津部的今库伦旗厚很河北岸建起新的迈达里召。此后，寺庙所在地被清朝划给唐古特喀尔喀旗借牧，迈达里召也成为唐古特喀尔喀旗的寺庙。1635年迈达里呼图克图圆寂，他的转世共转八世，第八世迈达里呼图克图为宝音楚古拉。1635年，后金再次到呼和浩特、鄂尔多斯征伐林丹汗。土默特部归降后金，后金和以后的清朝保持了把汉那吉家族"台吉"的称号和部分特权。1755年到1756年，把汉那吉的后人剌麻札布因献马和擒获反叛的女婿被清廷封为辅国公，并以大青山区及后山四个苏木增设一个土默特札萨克旗，任剌麻札布为札萨克，美岱召后宅"滴水土楼"楼房院也因"辅国公"居住而改称为"公爷府"。土默特札萨克旗成立不久。就因剌麻札布不遵守清朝制度，被削去札萨克职务，成为闲散王公，但仍为其保留了四个苏木的封地。有清一代到民国初，美岱召公爷府始终为把汉那吉后人居住。1947年去世的最后一代辅国公（民国二年晋升为镇国公）色楞鲁汝精札布年轻时还主要居住在公爷府，后因俸禄断绝，又搬到武川县的镇国公府居住经营畜牧、土地，公爷府及美岱召由住寺喇嘛照料。中华人民共和国成立后，美岱召被收归国有。

阿勒坦汗建的第二座城市即为现在的内蒙古自治区首府呼和浩特。由于过去钦乏相关资料，并因阿勒坦汗1582年1月13日即去世，呼和浩特被认为是由三娘子（即阿勒坦汗第三哈屯乌彦楚）主持建设。呼和浩特建城时间一度被确定为1581年，呼和浩特市还于1981年举行了庆祝建城400周年活动，编排上演了歌舞剧《三娘子》。1991年1月，由珠荣嘎译注的诗歌体文献《阿勒坦汗传》出版，该书明确记载了动工修建呼和浩特的情况。书中记载：

名圣阿勒坦汗于公水猴年，
又倡导仿照失陷之大都修建呼和浩特，
商定统领十二土默特大众，
以无比精工修筑（此城）。

于哈鲁兀纳山阳哈敦木伦河边，
地瑞全备的吉祥之地，
巧修拥有八座奇美楼阁的城市，

及玉宇宫殿之情如此这般。

文中的公水猴年，为明隆庆六年，公历1572年。

在《明神宗实录》万历三年（1575年）十月丙子条下，记载呼和浩特城建成于当年，记载为："顺义王俺答遣夷使乞佛像、经文、蟒缎等物，所盖城寺乞赐城名。镇臣以闻。部复谓：俺答恪守盟约，禁戢部落，迄今五载，劳委可嘉，所请勿拒也。上然之，赐城名曰归化。"《万历武功录·俺答列传》中也记载："其三年（指万历三年，1575年）……其十月，又市得胜。是月，俺答请城名，上以贡事积功劳，会五年，法当上赏，于是赐金币，名其城曰归化。"明清朝时人谈迁编著的《国榷》卷七十一也记载："（万历三年）十月丙子，俺答乞佛像、蟒缎，且城市成，求赐名。赐城曰归化，量给佛像。"上述资料证明，呼和浩特城于1572年动工，1575年完工。

呼和浩特意为青色的城。阿勒坦汗建起的呼和浩特城周二里，有南北二门，城墙在清朝仍被利用。呼和浩特城建成后，阿勒坦汗曾想把呼和浩特作为和明朝的贸易城市。在呼和浩特建成的第二年，时任都察院右副都御史、巡抚大同的郑洛在其所著的《抚夷纪略》中记载："十二月，俺答差夷使赍顺义书云：顺义王俺答顿首顿首郑老大人。我为款贡大事筑城，意在久远，圣上赐我城名，给我字匾。须是每春秋二季军民出边，在我城内交易，给我粮食。望乞早行题请。"但是，阿勒坦汗的这个建议被郑洛以"买卖原有市口，是两家交界，甚便。若说往你新城，不但路途驾（音吊，距离之意）远，军民不肯轻出，且华夷自有定限，朝廷设有大法，此不敢从"而拒绝。

万历九年（1581年）春二月，阿勒坦汗又计划修建呼和浩特外城，方圆为二十里。并向已升任兵部左侍郎，总督宣、大、山西军务的郑洛请求帮助。郑洛在其《抚夷纪略》中记载此事说："虏王议修罗城，盖佛殿，方二十里，群酋惧役重不能支，乃唆虏王城工须汉人助始得完。王乃使屈儿克首领、海大首领、土骨赤、突留素等持王书，书云：'顺义王俺达顿首军门郑老大人。我通贡十年来秋毫无犯，适迎佛归化城，欲于城外修罗城，周围二十里，望大人助夫五千名，车五百辆，匠役三百名，各色颜料铜铁夫匠食米一一给付。'"郑洛收信分析情况后，回复："王使来，知新春人马平安，王甚纳福。修城是王好事，王所用该资助，但使讨事体甚不便。且如夫匠数千人，人众，不能皆守法，到王所或修寺，或勾引，便惹事不可言。且许多人出塞，须奏朝廷。"在记载时任明朝首辅张居正事迹的《张文忠公全集》中，还记有郑洛和时任大同巡抚贾春宇在向张居正汇报阿勒坦汗要求助人夫、车辆、物资后，张居正对此事的态度。在张居正主导下，没有得到明政府的同意和支持，扩建呼和浩特城没能实施成功。

1582年1月13日，阿勒坦汗去世。1627年呼和浩特被林丹汗占领，1632年皇太极率归降蒙古部落和后金军到呼和浩特地区征伐林丹汗，林丹汗驱有两牛以上富民过黄河进入鄂尔多斯躲避。皇太极在占领呼和浩特11天后撤离，撤离时"烧绝板升"只留寺庙，呼和浩特城内被烧为灰烬，只留下城外的大召、小召、席力图召，没有躲避的土默特部民10多万人被强迫东迁，后与土默特部的兀良哈部形成东土默特左右两翼旗。

1634年六月，后金以多尔衮、丘托、萨哈廉、豪格为统帅，再次西征林丹汗。1635年，土默特部第五代大汗俄木布率残余部民归降后金。1638年七月，13000多残余土默特部民被编旗。旗两翼都统府仍设在呼和浩特，但原城内建筑已不复存在。康熙三十年（1691年），为应对准噶尔的威胁，呼和浩特又扩建了外城。外城包着原城的东、南、西三面，原南门改建为城中鼓楼，但是北端没有与原来的北城墙取齐，保留了原北门，形成了别具一格的"凸"字形城垣。修建了东、南、西三个城门，在四门增建了瓮城。新建的东门在今玉泉区朝阳巷东口，西门在九龙湾街西口，南门在大北街南口。此后直到清末，城郭没有再扩大。

阿勒坦汗建的第三座城为今内蒙古自治区包头市达茂旗境内赵王城遗址的上层，在呼和浩特大青山北。从其建设意义看，这应是阿勒坦汗避暑、礼佛的一座城堡。最早记载修建这座城的为《万历武功录》，其记载为："其五年（指万历五年，1577年）……而俺答、兵兔亦复得修城青山，以故俺答益求索亡厌。"《万历武功录》文中的"兵兔"，为阿勒坦汗的四子，土默特畏兀儿津部的首领，但是兵兔台吉在1559年就已迁到青海，这应是阿勒坦汗以他和兵兔台吉之名在兵兔台吉留有的牧地上建城。而1577年的四月，正是阿勒坦汗准备前往青海的时候。在郑洛的《抚夷纪略》中，也记载本月阿勒坦汗在给郑洛的信中说："我起身后，该进贡开市日期，我留下好人，定不误。有各头目、妣吉、哑不害（对大汗女儿的称呼）等，赏赐照旧规行，我留下修城盖寺的人所用颜料诸物，望乞讨与。"万历七年（1579年）十一月，阿勒坦汗从青海回到呼和浩特。万历八年（1580年）四月，阿勒坦汗给郑洛去信，邀请其到新建成的城中作客并给派一个好阴阳择日进城。《抚夷记略》记载："四月，王使使来书称：城已修完，是老大人之力，烦差一好阴阳来与我择吉进城，我具筵宴请老大人光临。"郑洛回复："城完后王好进城住，阴阳我请好者去。王请我是王敬，但我朝廷大臣总督地方，无出边理。王如实敬我，我新任，尔亲来阳和见我，我有筵席花缎犒赏你。"

赵王城遗址至少分为两个主要层次。上层是明代层，下层是元代层。在当地被称为"敖伦苏木""敖伦苏默""姥弄苏木""阿伦斯木""伊逊苏默"等。这些称呼中，除伊逊苏木为九座庙的意思外，都系"很多庙宇"的意思。"很多庙宇"的来历，是因当地牧民在城内发现了好多寺庙、佛塔遗址、泥塑佛和蒙藏文经卷碎片，而估计这个地方过去应是一个建有许多庙宇的地方而称为敖伦苏木。敖伦苏木古城呈长方形，方向偏东约45度。北墙长960米，西墙长580米。南墙长950米，东墙长560米，城的四面都有城门，并有瓮城，城的四角有角台，周长6里，比呼和浩特城大2倍。1927年6月，由中国和瑞典科学家组成的西北科学考察团在这里考察时，考察团成员、考古学家黄文弼先生在古城的建筑废墟中和城外分别找到一通石碑，黄文弼在其考察文章《西北科学考查团之工作及其重要发现、贝勒庙北之古城》这样记载了发现经过："二日至姥弄苏木（多庙之意），有古城遗址。房舍庙基尚能见其仿佛。复在城中觅得汉文蒙古文石碑各一方。"建筑废墟中找到的石碑为"王傅德风堂碑记"，碑文记载了汪古部与元皇室、宗室世代联姻的情况及地理位置。确定了敖伦苏木为元代汪古部的政治、经济、文化、宗教中心赵王城。对找到的蒙古文石碑，没有进行识读。这块蒙古文石碑在1935年10月2日被前来考查的日本学者江上波夫发现后拉到百灵庙摄影并拓片，蒙古文石碑两面都有文字，一面已模糊不清。江上波夫走后，此碑不知所终。直到2004年才在一户牧民家里被发现。发现时，这块石碑被这户牧民作为台阶石使用，发现的石碑被称为阿勒坦汗石碑。碑高116厘米，宽66厘米，厚16厘米，正反两面都刻有蒙古文，碑文记述了阿勒坦汗生前活动情况，教导人们继续信奉藏传佛教，时常祭祀神灵，立碑时间约为1582年，也即阿勒坦汗去世当年。敖伦苏木古城内地表遗物非常丰富，有汪古部当时信奉的景教教徒墓顶石，建筑柱基石、石条，生活用石磨、石臼。城内还存有台基遗址43个，土包型建筑遗址48个，其中有一个为教堂遗址。地表散布着成堆的砖瓦残块，其中很多遗址旁有黄、白、绿釉琉璃瓦碎片。城北有排列的佛塔遗址，成堆的小泥质佛、泥质小塔等。城东北的一个大土堆里曾挖出蒙藏文经卷碎片。1932

年，美国人欧文·拉铁摩尔到敖伦苏木考察，在他写的考查文章《内蒙古的景教古城废墟》中，这样记述了当时看到的情况："城内有很多土石堆，这是建筑物的废墟，其大小对这样的城来说，确实很可观，它们大多数是长方形的，有的则是底部呈圆形的。就其大小来判断，它们原来很可能是宫殿、庙宇和衙门，而不太像私人住宅。人们为了挖掘砖头，在这些土石堆上挖的很深。新近挖下的壕沟以及通往城外的车轱辘印，表明这里的砖是如何被挖出并拉走建筑东贝勒的宫殿的。除了这些表层挖的深坑以外，还有一些洞穴和深沟，说明人们曾在这里挖过宝。"欧文·拉铁摩尔的记述，不仅反映了敖伦苏木当时存在的现状，也记载了城内还可使用的砖头（应还有石条、构件等物）被拉去建宫殿（建百灵庙），盗挖严重的情况。1935年，日本学者江上波夫在考查敖伦苏木后写下了他对敖伦苏木的认识："看到许多宏大的砖木建筑物遗址，现在还没被埋没，俨然矗立在地面上，其中还保存下了穹窿形屋顶和矩形砖壁的的原状。对于这些意料之外的事情，我感到惊叹。"1936年，法国人D·马丁到敖伦苏木考查，他在调查报告《关于绥远归化北的景教遗址的初步调查报告》中，特别提到敖伦苏木从废弃后就被当作了建筑材料开采场，除百灵庙建设使用它的建筑材料外，也帮助了达尔罕贝勒的首府云王府的建造。在盖山林、盖志勇先生写的《内蒙古敖伦苏木古城考辨》一文中，则更多地写了敖伦苏木明代藏传佛教的情况，文中说："敖伦苏木古城作为明代蒙古封建领土统治中心和喇嘛教的圣地这段历史事实，往往被人们所忽视。其实古城的这段历史也是富有声色的。明代蒙古封建主曾以敖伦苏木古城作为政治和宗教中心，从文献记载和考古发现中都可以得到证实。""目前在敖伦苏木古城内所看到的高大的建筑物废墟，以明代的居多，而且多为喇嘛教的佛塔或庙宇遗存，……在明代的庙塔废址中，有藏文经卷、泥制小佛、泥塑佛像、佛像铜印模等。1974年我们在清理那座废庙时，在泥塑的佛像下发现，压着厚约3厘米的藏文经卷，不过经卷已被烧过，杂乱无序。1980年当地居民在城内北部一座明代塔腹中，也发现了近30页的藏文经卷，这些无疑都是明代遗物。……O·拉铁摩尔称敖伦苏木为景教的废城，但从古城星罗棋布的喇嘛塔、庙废墟看，称作喇嘛教废城则更为贴切。几乎城中所有规模宏大的建筑物都与喇嘛教有关。"

1580年四月夏都城建好后，阿勒坦汗应在城中度过了当年和1581年的夏天。1582年1月13日阿勒坦汗去世后，这里先后成为其汗位继承人僧格、扯力克、博硕克图的夏都。1627年末林丹汗占领呼和浩特后，博硕克图收集残部固守夏都城。1628年秋九月，林丹汗率兵翻越大青山进攻夏都城，博硕克图联合喀喇沁部所属的永谢布部、阿苏特部在夏都城前的艾不盖河布防抵抗，结果被林丹汗打败西逃，夏都城从此不见于记载。夏都城的消失，一种可能是博硕克图在逃离时感觉返回无望自己烧毁；第二种可能是林丹汗占领后觉的此地偏远，因无大量部队驻守而毁烧；第三种可能是皇太极离开呼和浩特时"烧绝板升"时烧毁，但从他保护美岱召和呼和浩特寺庙看，他烧毁的可能性并不大。《内蒙古敖伦苏木古城考辨》文中还记述："我们清理一座喇嘛庙的废墟时，发现有火烧的藏文经和红烧土，可见它是被焚毁的，当地居民取砖挖土时，也不时发现被烧的木柱和红烧土，足以证明这座古城毁于战火。"

西迁青海的土默特人

张继龙

根据史料记载，1559年，阿勒坦汗在第四次前往青海征服叛逃的蒙古部落首领亦卜剌、博喇海残余部落后，把他的第四子兵都（史籍中称为兵兔）台吉及其所领土默特畏兀尔津部，其四叔我折黄台吉后裔多罗土默部圪抽、克臭、火落赤、威静阿拜、招力兔5位台吉所领多罗土默部落，永谢布部巴尔虎（由所领部落得名）台吉所领巴尔虎部落7支部落留在了青海。从此，土默特部和永谢布部开始驻牧于青海。

青海湖古称"西海""仙海""鲜水海""卑禾羌海"等。"库库淖尔""温波措"，都是"青色的湖"之意。被阿勒坦汗征服的亦卜剌出自畏兀尔津部，畏兀尔津部最早被称为野乜克力，后称为委兀儿慎、威武儿慎、委兀儿趁、畏兀尔沁、畏兀特等，《史集》记载他们为"类似畏兀尔的人"。所以"畏兀尔津"应是该部落的正确称呼。他们的驻地原在察合台后裔们的领地内，亦卜剌作为该部首领为察合台后裔的可

43

能性较大。亦卜剌原为蒙古太师、永谢布部首领，1508年他和鄂尔多斯部首领满都赉阿哈剌忽合谋杀死了达延汗次子乌鲁斯博罗特发动叛乱。明正德四年（1509年）末或五年初，亦卜剌和满都赉阿哈剌忽被达延汗打败后逃往甘州、凉州边外，并从明正德七年（1512年）开始不时越过祁连山出现在青海一带劫掠驻牧，在明正德十五年（1520年）左右，又有畏兀尔津部亦思马因与达延汗母亲锡吉尔所生的儿子博喇海受排挤也逃到青海和亦卜剌一起驻牧。其后，又有蒙古本部的整克、大同带领一些蒙古部众归附亦卜剌。约在明正德十六年（1521年），亦卜剌和满都赉阿哈剌忽等人开始长驻于青海地区。

亦卜剌和满都赉阿哈剌忽叛乱西逃后，蒙古本部曾于明正德十六年（1521年）到明嘉靖六年（1527年）到青海征伐。《蒙古源流》记载"在纳臣柴达木地方杀死了满都赉阿哈剌忽"，并于1527年把满都赉阿哈剌忽带到青海的一部分的鄂尔多斯部民带回河套地区，满都赉阿哈剌忽残留在青海的鄂尔多斯部众归于亦卜剌。

为了收服仍在青海的这些叛离人员，1532年和1534年，阿勒坦汗与其兄衮必里克两次出征青海，打败亦卜剌等人，并收降其大部分部民。1534年的征伐中，亦卜剌出逃后死亡。从此，博喇海成为叛逃青海残余人员的首领。1542年，衮必里克去世。阿勒坦汗独自率兵到青海征伐博喇海，并在甘青一带的合鲁勒合雅之林战胜并俘获了博喇海。1559年，阿勒坦汗第四次进兵青海，彻底征服了残留在青海的亦卜剌、博喇海余部。并留兵都台吉等7部驻牧青海。

1574年，阿勒坦汗为了与西藏格鲁派领袖索南嘉措见面，令兵都台吉在青海建寺，兵都台吉在今青海省共和县恰不恰镇北面8公里的加拉村建寺。寺庙建成后，称为"察卜齐雅勒"，明廷赐名"仰华寺"。

1577年，阿勒坦汗到青海与索南嘉措会面后，土默特多罗土默部仅留火落赤一支驻牧青海，土默特兵都台吉及其所领畏兀尔津部，永谢布部巴尔虎台吉及其所领部落继续驻牧青海。约1588年，永谢布部瓦剌他卜囊也开始驻牧于青海。这4支部落夏季驻牧于青海湖周边广大地区，冬季驻牧于黄河南的莽拉川和捏工川。

1632年，因争夺被林丹汗打败逃入外喀尔喀的土默特、喀喇沁、永谢布等蒙古部落人口，向同族动武被逐出故土的外喀尔喀贵族绰克图来到青海，打败了驻牧青海湖周边广大地区的土默特部和永谢布部。土默特部和永谢布部残部进入他们的冬营地青海黄河以南的莽拉川和捏工川的黄河、洮河流域。从此，土默特部和永谢布部结束了对青海湖周边广大地区的统治。

一、河南蒙古族自治县的土默特人

河南蒙古族自治县的土默特人，主要聚居于该县的多松乡、赛尔龙乡尖克牧委会。多松乡下辖拉让、多松、夏日达哇3个牧委会，吉岗山位于境内中部，主要河流有兰木措河、夏拉河，境内平均海拔3470米，年牧草生长期171天；谷地、滩地年无霜期仅有24天，山地无绝对无霜期。2018年户籍人口2841人。其中，土默特人和土尔扈特人约各占一半，都使用藏语，他们都清楚地知道谁是土默特人、谁是土尔扈特人。

关于他们的来历，清代黄河南部蒙古前首旗亲王府秘书仲优·昂青嘉布于1848年编撰的《先祖言教》中记载："第一个占据黄河河曲的广阔区域者是土默特部和土尔扈特两个'达（苏木）'。从前，忽必烈率军南下，从四川攻入南宋之时，土默特部就占据此方地区，其来历在土默特火落赤史书图克中有这样的记载：'蒙古骑兵从四川向南宋进军时，为了建立供给军马的马场及驿站，蒙古土默特部赶来数万匹军马，在若尔盖郎迪、也什茂塘等地方建立马场、驿站，饲放军马，继而留驻一部分，守护领地。'"但在其后他又记述说："又据夏日库明基的历史记载，当时也有把这批蒙古人写为突厥蒙古的情况。"《先祖言教》中记载的元朝时第一批进入黄河南河曲地方的土默特人，被称为"土默达尔吾部"。但是"土默特"这一部名是在阿勒坦汗晚年才出现的。显然，这些"土默达尔吾"人原来并不是土默特人，应是土默特部占据青海黄河以南地区后归附于土默特部，所以才有了"土默达尔吾"这个称呼。而多松乡与土默特人共同生活的"土尔扈特人"，则应是《阿勒坦汗传》记载1578年阿勒坦汗在青海时，派官员到"浩瓦那姆"侦察时，在"额尔克楚特中明安之边地"，收降的"满德勒巴图尔为首离散之民"。《阿勒坦汗传》中的"额尔克楚特"，又称"额尔克彻库特"。在历史上，共有两个部落有这个称呼。一个是驻牧于今内蒙古中部大青山前后的白鞑靼，另一个是客烈亦特部，客烈亦特部的一部分后来演变发展成为土尔扈特部。《阿勒坦汗传》中在额尔克楚特中明安之边地收降的满都勒巴图尔为首离散之民，应为土尔扈特人无疑，这也表明，他们归降阿勒坦汗后没有被带回今呼和浩特地区，而是被留到了离他们故地较近的青海。

随后，《先祖言教》又记载了元朝第二批到达黄河南河曲地方的土默特人的情况。记载说："后来，别离喀尔喀的青海土默特，由于遭到却图汗（绰克图的又一称呼）的洗劫，逃往阿卿雪山，之后徙至达木库，便形成了名叫达木苏乎代嘛的蒙古部落。《西藏王统记》中所说的'土默科尔洛且'，便是土默火落赤的名称。他们从达木苏乎代嘛那里回到札陵湖，尔后来到此地，与黄河河曲部的土著土默特部杂居，这就是称作土默土尔扈特的土默特部。"

在《先祖言教》中，还记载说："1632（水猴）年，却图及其军队进入青海，征服了土默特火落赤部的很多部落，占据他们的土地，却图汗的权势，在青海方面强盛一时。以前，在1579至1632年间，土默特的青巴图尔、洪台吉和两位拉尊等，势强权大，一度统治了拉萨和青海，但在此时亦已告终。于是，克亚台吉和普塔尔火落赤等诸多台吉官员集中到玛、洮两河流域的土默火落赤部的地方，对在此处的许多农区进行掠夺，赤达马尔坚的部众占据了热贡地方，故形成苏乎日部落，普塔尔火落赤在阿木却乎地方建城，并统治农区的许多地方。在阿木却卓曲河边，至今仍有称作普塔尔城遗址的城墙遗迹。"

赛尔龙乡尖克村同样以牧为主，全村人口1000多人，该村1956年之前叫土默村，后改为尖克村。村子附近有洮河源国家湿地公园、黄河大峡谷。

1637年正月，卫拉特蒙古和硕特部顾实汗和准噶尔部首领巴图尔珲台吉及土尔扈特、杜尔伯特部联军受格鲁派邀请进入青海，打败绰克图占居青海。并把青海交给顾实汗管辖。1639年顾实汗又征服康区，1641年，顾实汗占领前藏，1642年3月，占领全藏。建立了由蒙古汗王和格鲁派联合统治藏区的政权。把青海、川西、甘肃西部分为左右两翼由其10个儿子率部驻牧，成为和硕特的根据地。关于和硕特部进入青海黄河南地区，《先祖言教》和《青海史书·锦缎彩纹》都记载是受到邀请或友好接触后定居的。《先祖言教》这样记载："原前达尔加博硕克图（顾实汗第五子策楞伊勒都齐的次子）居于青海湖北部地区的时侯，在黄河首曲两岸及作尔盖朗杜（今甘肃玛曲，四川若尔盖、红原、阿坝）等地区，居住的只有土默特火落赤诸部及其属部，此外空旷无人。1651（金兔）年，土默特部的诸位台吉带去膘厚一指的羔羊肉，为达尔加博硕克图设筵款待，羔羊的肥大使与会蒙藏人士很惊讶，问其何故。他们回答说：'草原肥美，帐群稀少'。据此，作出将部帐迁往黄河南部的方案。"《青海史书·锦缎彩纹》的记载和《先祖言教》的记载基本相似，但去见达尔加博硕克图的部落中增加了土尔扈特部。记载如下：
"因为土默特和土尔扈特的诸台吉拿着肥大鲜嫩的羔羊肉，骑着健壮骏
烈的良驹远道而来，即能料到是块极好的地方，所以博硕克图决定迁移
部帐。由于他们骑着烈性马驹，藏族人就把蒙古语的土尔扈特改称藏语
的托尔郭。"

根据记载，达尔加博硕克图的15000户部帐用了六七年的时间到达黄
河南地区。约于康熙十四年（1675年）到达今河南县一带，并向四周扩
展。用23年时间，将卓不俄卡以西，夏河、碌曲、玛曲三县全部占领。
俄哇（阿坎）、然木多、察科、松潘漳腊岭以北、果洛、年措、玉树部
分地区、上下热贡、多维、文都等藏族部落置于其统治之下。土默特火
落赤后裔们及和他们一起驻牧的土默达尔吾人、土尔扈特人都归于达尔
加博硕克图。此外，迁入这一地区的永谢布巴尔虎部、塔布囊部落也归
于达尔加博硕克图。这些地区的土默特兵都台吉的很多后裔、部民也被
抢掠成为达尔加博硕克图的部民。在清朝的有关资料中，记载驻牧青海
的土默特台吉楚呼尔于1698年逃到清松潘总兵官处，并向清廷上书，请
求将以前被达尔加博硕克图掠去的700户及叔父、兄众子及奴仆，现被
劫去的80户以及在河州、洮州边外搭盖房屋耕种居住的近2000户所属番
子，全行收集带往主子前（指康熙）身边，完聚谋生。经理藩院协议并
报康熙同意，决定将楚呼尔台吉所属200多户迁居到呼和浩特，由地方官
相应捐助驼、马、行粮等物，等这200多户到达西宁后，给驿车带往呼
和浩特，对楚呼尔台吉提出的以前被达尔加博硕克图抢去的700户、现
今所劫80户查清后再议。然而，就在清朝地方官员将骑乘马400匹，驮牛
600头及行粮准备充足，让楚呼尔台吉动身启行时，楚呼尔台吉又以兄噶
勒丹火落赤、弟温春台吉前往达赖喇嘛处，不能立时迁移为由，向松潘
总兵官、道员请求，提出等噶勒丹火落赤、温春回来后再行迁移。经四

川巡抚于养志、提督岳升龙上奏后，清廷又让"就近安置游牧，内外互为照应，于边疆事务甚有裨益等因，暂停迁移台吉楚呼尔等。"从此，楚呼尔及其200多户驻牧于松潘地区。从楚呼尔的兄长称为"噶勒丹火落赤"看，楚呼尔之兄不可能起一个最多是其曾祖辈的名字"火落赤"为自己的名字。从楚呼尔管有河州、洮州边外搭盖房屋耕种居住的近2000户所属看，他们应是《先祖言教》中迁到"玛、洮两河流域的土默火落赤部的地方"的"克亚台吉和普塔尔火落赤等诸多台吉官员"，应为兵都台吉的后裔。这也表明，兵都台吉的后裔被绰克图打败后，直到1698年仍有部落保持着独立的状态。而且，在《五世达赖喇嘛传》中，记载有五世达赖喇嘛于1676年、1677年、1678年、1679年接待土默特台吉岱青火落赤父子、额尔格、诺布、丹巴和其侄子、孙子的记载。《五世达赖喇嘛传》也明确记载，他们受到五世达赖喇嘛的接见，都是单独接见，而不是在顾实汗子孙裔带领下接见，这表明他们来自兵都台吉后裔可能性较大，来西藏时还没有归降顾实汗的子孙们。而这其中的"岱青火落赤"应与楚呼尔台吉所说的其兄"噶勒丹火落赤"，和《先祖言教》中提到的"普塔尔火落赤"为同一人。因为这几个名字中，"岱青火落赤"中的"岱青"为"大臣"的谐音，而"噶勒丹火落赤"中的"噶勒丹"源自"甘丹"，意为兜率天，都是称号，只有"火落赤"是名字。

达尔加博硕克图晚年去世前，把土地、部民分给4个儿子，归属于他的土默特火落赤后裔属众及兵都之子兄弟后裔属众被划分为4部分，4个儿子各领一部分。其中，分给长子岱青巴图尔·才项华贲的土默特部人主要居住于现黄河南蒙古族自治县赛龙乡尖克村。分给次子墨尔根诺颜·丹律色布腾的土默特部人主要居住于今青海省同德县河北乡和果洛州玛沁县拉加乡。三子岱青和硕齐·察罕丹津分到的土默特人最多，土默特达尔吾部和土尔扈特部也都分给他，共1000多户。现主要居住于河南县多松乡。另外，永谢布部1000户也分给了他。永谢布塔布囊部被分给其次子墨尔根诺颜·丹律色布腾。分给四子噶尔丹博硕图·根特尔的土默特部，在雍正元年罗卜藏丹津事件中因噶尔丹博硕图·根特尔子洛桑丹羌当时已亡故，其8个苏木在宰桑的率领下在四川松潘投顺清军，被安置在潘州地区（今四川阿坝若尔盖县）。

清代，黄河南蒙古族王公贵族和普通百姓都是虔诚的藏传佛教格鲁派信徒。黄河南先后建起了古鲁寺、德千寺、拉加寺、石藏寺、拉卜楞寺、郎木寺等，大量蒙古族人口出家为僧。罗卜藏丹津事件中，人口再一次减少。罗卜藏丹津事件后，推行蒙藏分治政策，藏族各部划归厅卫，不再隶属于蒙古统治。青海蒙古30个分支被划分为30个旗，不相隶属。由于各旗大部分人口不多，旗民要承担王公贵族繁重的建寺、拜佛、日常生活所产生的赋税和差役。广大旗民生活日异贫困，为了追要赋税，一些札萨克还对旗民使用残酷无情的刑法，使旗民纷纷逃往临近藏族部落避难，并逐渐演变为藏族人，很多土默特人也逃亡演变为藏族人。

二、土默特人二世察罕诺门汗与其所领的土默特人

清朝时的青海黄河南地区，曾设有5个札萨克旗，其中3个为达尔加博硕克图后裔的世袭旗，1个为随达尔加博硕克图来到河南的土尔扈特旗，还有1个为察罕诺门汗札萨克喇嘛旗。"察罕"意为"白色"，"诺门汗"意为"法王"，"察罕诺门汗"意为"白佛"。察罕诺门罕一世为拉莫措尼嘉措，为西藏达孜县拉莫仁钦岗人，入拉萨哲蚌寺学习后成为一名大学者。在下密院任翁则时受三世达赖喇嘛派遣到青海地区传教，受到土默特多罗土默部火落赤的供养。二世察罕诺门罕洛哲嘉措

是火落赤之子，由四世班禅罗桑却吉坚赞认定为一世拉莫措尼嘉措的转世，并曾拜四世班禅为师。清顺治皇帝时曾赐给拉莫措尼嘉措札萨克印。也是从他开始有了察罕诺门汗称号，并使得该系统成为青海藏传佛教界影响最大的活佛转世系统。清雍正时的《理藩院侍郎鄂赖等奏请青海编旗管理事折》中称他的转世为"全青海人皆奉伊为法师喇嘛"。二世察罕诺门罕洛哲嘉措1610年出生于火落赤家中。顾实汗占据青海后，洛哲嘉措被顾实汗奉为上师，授予他察罕诺门汗并为他布施了许多财物，还奉献了一大批农业村庄和牧业部落。加上洛哲嘉措自已的土默特属众和投奔的民众，使洛哲嘉措有了很多的属民，1646年（清顺治十三年）洛哲嘉措在今尖扎县加让乡黄河边创建古日殊胜寺（意为黄河之滨殊胜蒙古包寺），该寺建筑壮丽，造像精美，聚僧300人，被简称为古鲁寺。他还调解过很多部落的纠纷。成为青海左右两翼蒙古部众的上师，洛哲嘉措在1669年进藏拜谒五世达赖喇嘛时圆寂。其所管领人众在雍正三年三世拉莫时被编为一旗，称察罕诺门旗，统辖藏族1000户，蒙古族4个佐领，600多户，这600多户蒙古族，主要是土默特蒙古族。嘉庆时蒙古族有16族、藏族有12族，共1200户。道光十九年时，因六世拉莫（1832—1872年）年幼无力管理旗务，旗民逃散，由察罕诺门旗宰桑等率所部善良之人271户1122人，渡过黄河移居到湟水河西源到海晏达如玉地方游牧，一部分游牧属民和大部分农户仍留居原地，其中，游牧属民居牧于芒巴夏松、哈力克、德千寺等地。

三、玉树称多县的土默特人

据清朝杨应琚纂修、成书于乾隆二十七年（1762年）的《西宁府新志》卷十九，《武备·番族》中的《塞外贡马番族》记载，"玉树纳克书等处番人三十八族，共八千三百四户。"这其中，"住牧蒙古尔津地方蒙古尔津族：距雍熙叶布族五百余里。百户一名，百长四名。番人三百八十户。"

文中的雍熙叶布族："住牧扎苦地方雍熙叶布族：距阿里克四百余里。百户一名，百长二名。番人一百二十二户。"文中的蒙古尔津族即蒙郭勒津人，而雍熙叶布族则是永谢布部人。可见，在清朝乾隆年间，这些蒙古尔津人就已被当作藏族人。在青海省社会科学院藏学研究所1991年出版的《中国藏族部落》中，这样记载蒙古尔津人："蒙古尔津部落，自称为蒙古人的后裔，解放前早已藏化，其先民可能是蒙古人或是部落兴起时以蒙古族人为主。……至于属于哪一部蒙古，何时迁至青海，何时移牧巴颜喀拉山两侧，尚无定论，有待进一步调查研究。"在介绍永夏百户部落时，《中国藏族部落》介绍说："永夏部落在《卫藏通志》《西宁府通志》中作雍希叶布族、雍熙叶布族，亦称永沙普、永沙豹等，是称多地区较早出现的部落之一，……据青海社会科学院周生文先生的调查，永夏部落百户文青家中保存着祖传蒙古衣冠，自称其部落为蒙古后裔，然不知其祖宗原属蒙古哪一部。无文字记载，难以考证。"据陈光国著的《青海藏族史》记载，在1949年前夕，"蒙古尔津族、永夏族、竹节族，三族同驻鸦珑江上流咱曲河流域，统称加迭喀桑（三族人民合驻之意），又称咱曲喀娃（居住在咱曲河地方的人）。三族驻地东与川边石渠县为界，南与扎武为界，西与迭达拉布寺、称多、固察为界，东北与果洛为界，地处奢拉山（巴颜喀拉山）南麓，风气高寒，属民多数帐居畜牧；从竹节寺往南越过加浪拉山经歇武沟至通天河一带，也有少数人从事耕种。蒙古尔津百户，驻于奢云水与咱曲河的汇合处。百户之下无百长，属民900户4000多人。永夏百户，驻东群河上流，下有百长1员，属民130户600多人。竹节百户兼喇嘛，驻竹节寺。

竹节族从蒙古尔津族分出，下属休玛、歇武、阿尼日瓦3百长，属民130户500多人。他们多数放牧于巴颜喀拉山南麓，牧地交错，岁时迁徙无定。"到1958年时，蒙古尔津部已分为百日麦玛、百日多玛、休玛、阿尼（以前的阿尼日瓦）4个部落，歇武部归于扎武部，有2000多户11000多人。而永夏部也分为了永夏和喀耐两个部落，其中，永夏部138户500人，喀耐500户2575人。并分别建有属于宁玛派的永夏寺，和格鲁派的卡纳寺。关于这个喀耐部落，传说是以前有7户蒙古人逃亡流落到喀耐滩，看到这里水草丰美，遂定居下来，故称"喀耐豆登玛"（意为住在喀耐的7户人家）。后来，西宁大臣将他们与永夏部合并到一起。但是这个"喀耐豆登玛"显然来自于"七营喀喇沁"，是喀喇沁部人。

珍秦镇竹节寺座落于珍秦镇珍秦沟口的俄布嘎保山下，"竹节"是"修行"的意思。寺前不远就是扎曲河，竹节寺最早是宁玛派寺院，后改宗为直贡噶举派。第一世活佛为竹节巴吾当项（亦称百户喇嘛竹节）。活佛兼任百户，活佛与寺主组成议事会，处理寺院与部落内的主要事宜，使竹节寺一度成为原玉树地区出名的政教合一寺院。竹节寺1937年前管辖有蒙古尔津人中分出的休马、歇武、阿尼日哇部族。竹节寺周围的藏族信众来源不单纯是藏族，还有由汉族和蒙古族演变而来的藏族。所以现在竹节寺的寺庙中，不仅有藏式经堂，还有宏伟的蒙古包式经堂和汉式经堂。

秦珍镇第十一牧委会牧民久美旦周，50多岁，曾担任过牧委会主任。祖上是蒙古尔津人，现在他们自称为"百日麦玛"部族。久美旦周一家住着二层小楼，一楼开着一个小商场，家里人都住在楼上，穿着藏族服装，房子的装饰也都是藏式，久美旦周能说流利的汉语，喜欢历史文化。他说，他们祖上是蒙古人，最早住在内蒙古，后来来到青海，迁到现在住的地方约四五代人。在他使用的水杯上还印着《蒙人伏虎图》。久美旦周还自己编撰了历史传说小册子。

　　根据称多县的历史资料，和称多县最高的山脉被称为"巴颜喀拉"山，县内还有不少地名推断，蒙古尔津人和永谢布、喀喇沁人（即当地所称的永夏人和喀耐人）应为称多县最早的居民。他们进入青海，应是1629年土默特、永谢布、阿速特联军在艾不盖河被林丹汗打败后进入青海，后成为顾实汗子孙们的属民。在清雍正二年（1724年）征剿罗卜藏丹津叛乱时，逃到当时人口稀少的今称多县驻牧。

呼和浩特市区内最早的建筑

——席力图召古佛殿

张继龙

据《明神宗实录》万历三年（1575年）十月丙子条记载："顺义王俺答遣夷使乞佛像、经文、蟒缎等物，所盖城寺乞赐城名。镇臣以闻。部复谓：俺答恪守盟约，禁戢部落，迄今五载，劳委可嘉，所请勿拒也。上然之，赐城名曰归化。佛经、佛像，许该镇量写铸给予。"《明神宗实录》中，赐城名曰"归化"的城就是现在的呼和浩特。根据词歌体文献传记《阿勒坦汗传》的记载，呼和浩特城动工于"公水猴年"，也即明隆庆六年（1572年），这也说明，建城历时4年。

在《明神宗实录》的记载中，阿勒坦汗当时建起的不仅是"城"，还有"寺"。并且还把寺内用品"佛像、经文、蟒缎等物"放在"乞城寺名"的前面，可见"佛像、经文、蟒缎等物"的重要性。1632年，皇太极率后金军和归降的蒙古部落征伐林丹汗，撤离时，"烧绝板升"，呼和浩特城以及所有土默川上居民建起的房屋全部被烧毁，没有躲避的10多万土默特部众全部被带到东北。但是，呼和浩特土默特部的寺庙都被保护了下来。皇太极离开时还在大召前悬挂谕旨保护大召，载于《清朝太祖太宗世祖朝实录蒙古史史料抄》的谕旨如下："满洲国天聪皇帝敕谕，归化城格根汗庙宇理宜虔奉，毋许拆毁，如有擅敢拆毁并擅取器物者，我兵既已经此，岂有不再至之理，察出决不轻贷。"这个谕旨，使得当时已建于呼和浩特城南、城东南的藏传佛教寺院大召、小召、席力图召都得以保留。建于北大青山下的乌素图寺庙群（当时已建成寺院三座）、今呼和浩特赛罕区苏木沁村堡子庙，今包头市土默特右旗美岱召等寺庙都得到保留。按照这种情况，与呼和浩特一起建起的这座寺庙也应被保存了下来。

那么，大召、小召、席力图召这3个寺庙中，哪一个是和呼和浩特城一起建起的寺庙呢？大召，又称伊克召。为阿勒坦汗1579年末从青海回来，根据三世达赖喇嘛倡议"为普传宗教应将寺庙修建"和自已的许愿而兴建，于1580年开工建设，并在当年建成，明廷赐名弘慈寺，因寺内供奉银质释迦牟尼像，又称银佛寺。年代上，大召比呼和浩特晚建成5年。显然，和呼和浩特城一起建成的寺院不是大召。小召，又称巴格召。根据《内齐托因一世传》记载，小召为阿勒坦汗之孙俄木布洪台吉所建，记载说："喇嘛格根到达呼和浩特之后，在小召之南建房居住。彼时，土默特旗长楚唬尔前来叩见喇嘛，与之交谈。喇嘛问道：'这小召系何人所造？'楚唬尔答道：'这是格根俺答汗之孙俄木布洪台吉所建。'"楚唬尔所说的这个俄木布洪台吉又称温布、苏都那木，为阿勒坦汗与乌彦楚所生博达希利与把汉妣吉之子，汉文史籍称其为素囊。文中的楚唬尔为当时的土默特左翼都统古禄格。而《阿勒坦汗传》则记载，小召是由温布鸿台吉的父亲博达希利所建，温布鸿台吉是在博达希利所建庙中塑造了"召阿格素毕身像"。《阿勒坦汗传》中这样记载了此事：

> 转轮阿勒坦汗之孙，
> 信仰无边的温布鸿台吉，
> 仿照察罕塔喇菩萨所请的召阿格素毕，
> 使以无数各种珍宝（将其）造成；

> 于额尔德尼召释加牟尼东侧，
> 梵天转轮阿勒坦汗之子，父博达锡里鸿台吉
> 所建尊三世善逝身像之庙内，
> 使各种能工巧匠塑起召阿格素毕身像。

> 在召庙前建立第二座（与之）无别的寺院，
> 以全备一切的各种供品（将其）供养，

从两书反映的情况看，《内齐托音一世传》中介绍此事的古禄格原为叶赫那拉部人，约在1619年才加入土默特部。而《阿勒坦汗传》的作者则应是和博达希利与苏都那木同时代的人，其较祥细的记载应更为可信。博达希利出生于1568年，1580年大召建成时才13虚岁，小召显然是晚于大召很久才建起的寺院，也不是和呼和浩特城同时建起的寺院。席力图召的"席力图"意为"坐床""首席"，名称来源传说是三世达赖喇嘛来蒙古地方时，西藏方面派锡（有资料译写为"希"）迪图嘎布楚（有资料译写为"嘎布齐""嘎布吉"）陪同，他是三世达赖的重要助手，学识渊博，精通藏、蒙古文，曾把17种藏文佛教典籍翻译成蒙古

文，著有佛学著作《本义必用经》，文献中被称为"锡埒图·固什·绰尔济"。传说中锡迪图嘎布吉被称为"锡埒图"，一是三世达赖喇嘛在内蒙古去世时留下遗言，让锡迪图嘎布楚坐他的法座，并处理他的后事，从东方寻找其转世等事宜。二是四世达赖云丹嘉措被认定后，他被定为是四世达赖云丹嘉措的经师，四世达赖举行坐床典礼时，由他抱着坐在法座上，从此他被称为"锡埒图"。三是1602年四世达赖云丹嘉措赴藏，锡迪图嘎布楚作为经师随同入藏。四世达赖云丹嘉措受戒后，赐予锡迪图嘎布楚"班智达席力图固什绰尔济"尊号。回到呼和浩特后，古佛殿寺院成为了他驻锡的寺院，从此这座小佛寺以"锡埒图"著称，随着年深日久，"锡埒图"也被人们写为"舍力图""锡力图""席力图"。但是，这位"锡迪图嘎布楚"这个称呼，本身并非其真实姓名，"锡迪图"本身就是"首席"的意思，而"嘎布楚"则是藏传佛教学位格西中的一种学位称呼，也并非名字。"锡迪图嘎布楚"的称呼，表明他当时是三世达赖随行嘎布楚们中的"首席嘎布楚"。关于这位"锡迪图嘎布楚"的身世，有资料介绍他为青海阿里克（现称阿柔）人，叫贡桑扎巴。乔吉先生著的《内蒙古藏传佛教寺院》中记述他的生卒年为1564—1625年。明代时的席力图召是一座小寺，即现在的席力图召古佛殿寺院。始建年代在《土默特志》中记载为1585年，由三世达赖倡议僧格建成。在德勒格先生编著的《内蒙古喇嘛教史》、乔吉先生编著的《内蒙古藏传佛教寺院》中，记为万历十三年（1585年）三世达赖喇嘛来土默特时由阿勒坦汗之子僧格杜棱汗建造。但是，在《阿勒坦汗传》记载的僧格和三世达赖喇嘛的活动中，并无僧格建寺的记载。同样，在五世达赖喇嘛阿旺洛桑嘉措著的《三世达赖喇嘛传》中，也没有三世达赖喇嘛和僧格建寺的记载。

明朝时所建的席力图古佛殿寺院主建筑分为前殿和后殿，前殿俗称古佛殿，后殿俗称古庙。其中古庙被传是该寺庙最早的建筑。在荣祥先生和荣赓麟先生著的《土默特沿革》中，在介绍古佛殿寺院时记述"有人问起它的年代，住寺喇嘛们往往回答这是'宋'时的遗迹"。北宋时期，呼和浩特地区归属于辽，辽于1125年灭亡后，呼和浩特地区归属于金。在网络百度中和一些学者的文章中，席力图召古佛殿还被介绍为是与呼和浩特东南辽代白塔同时期的辽代建筑。古佛殿寺院之所以被认为是宋辽时期的建筑，应与其口口相传和其建筑、早先供奉的佛像及壁画等有关。首先，现存的席力图召古佛殿建筑不是同时建成的，现存的古佛殿为汉藏合璧式建筑，详细观察就可发现，该建筑是先建汉式主佛殿，以后又在佛殿前加筑藏式经堂。而且，《阿勒坦汗传》在记载温布鸿台吉在小召塑"召阿格素毕身像"时，还提到小召是"在召庙前建立第二座（与之）无别的寺院"。《阿勒坦汗传》介绍的"在召庙前"是指大召，也即是说小召是继大召后建起的第二座寺庙，而没有提到西距大召一百步，东距小召一百步的席力图召，否认其存在。《阿勒坦汗传》记载内容止于1607年，温布鸿台吉去世于1625年。那么，席力图召不被《阿勒坦汗传》提到，一定是另有隐情。细读《阿勒坦汗传》就可以发现，《阿勒坦汗传》不但没有提到席力图召，而且连阿勒坦汗早期汗城美岱召城，阿勒坦汗建于赵王城废墟上以庙宇、佛塔、宫殿为主要建筑的夏宫、明朝史料中封职最高的土默特部喇嘛哈望喷尔刺都没有提到。分析原因，可能性较大的是当时席力图召古佛殿寺庙、改寺后的美岱召城、赵王城遗址上的寺庙和哈望喷尔刺并非格鲁派寺院和僧人。

三世达赖喇嘛到呼和浩特时的拉萨地区，政教权力的执掌者是帕木竹巴噶举派。此外，后藏还有刚刚推翻仁蚌巴家族，比仁蚌巴家族更推崇噶玛噶举派反对格鲁派的辛厦巴家族，格鲁派力量当时还不大。在阿勒坦汗派人邀请三世达赖喇嘛到青海会面时，三世达赖喇嘛还曾亲自到帕竹第悉驻地征询意见。在《三世达赖喇嘛传》中也记载索南嘉措与阿勒坦汗见面主要是帕竹第悉同意。记载说："索南嘉措去到贡日噶波城。施主和僧人们对索南嘉措亲自去蒙古是否合适有不少议论，主要的还是朗氏家族的帕竹王阿旺扎巴认为满足那位偏僻地区的汗王的意愿是合适的。他们经过商议决定后，索南嘉措返回了哲蚌寺。索南嘉措与俺答汗的使者们就福田施主将在青海湖滨举行会晤的有关事宜进行了详细的磋商"，根据索南嘉措和阿勒坦汗会面请示帕竹第悉的情况，在索南嘉措与阿勒坦汗在青海会面，到土默特地区应均有帕木竹巴政权的代表。那么，这个锡迪图嘎布楚很可能就是帕竹第悉的代表。《额尔德尼昭史》记载，1587年今蒙古国第一座藏传佛教寺庙额尔德尼昭建成开光时，土谢图汗阿巴岱曾请三世达赖喇嘛光临，三世达赖喇嘛虽然谢绝了邀请，但派了一名萨迦喇嘛罗追宁布代表他为额尔德尼召举行了开光仪式。在额尔德尼昭《第七世锡力图丹巴多尔记传》及其他流传的一些作品中，反复记载着锡力图固始绰尔济是额尔德尼昭第一代锡力图。而现在研究也表明，初建时的额尔德尼昭并不是格鲁派寺院。还有就是席力图嘎布楚翻译的佛教作品中，还有其受外喀尔喀绰克图台吉母子所请翻译的被噶举派奉为第二代祖师米拉日巴的《瑜伽上师米拉日巴及其示涅槃，说一切道之传记》。并还翻译过《米拉日巴传道歌广集》。此外，席力图召第三、四世席力图呼图克图均出生于阿木多（即安多、又称多麦，地理范围包括青海省果洛、海西、海南、海北黄南自治州；甘肃甘南自治州，天祝藏族自治县；四川阿坝藏族羌族自治州等地区）达隆寺（有关资料有译为"德伦"，还有译为"达噶隆"的），而达隆寺则是达隆噶举派的寺院。这也表明，席力图嘎布楚为噶举派喇嘛的可能性较大。

结合阿勒坦汗时期席力图召不被格鲁派认可和阿勒坦汗早期信奉的

藏传佛教并非格鲁派及第一世席力图召呼图克图的情况，席力图召古佛殿、古庙建筑，应就是1575年和呼和浩特城一起建成的寺庙，早于现在的大召，是呼和浩特城区内现存最早的建筑。

不凡的《绥远通志稿》

梁国柱

绥远通志馆的创立

"绥远"是我国的一个旧省名，在今内蒙古自治区的中部。它的名称来源于清代乾隆四年（1739年）建成的绥远城。1913年，中华民国政府将原清朝绥远城将军防区内归山西省管辖的归绥观察使公署所属12个县，清朝时的乌兰察布盟、伊克昭盟、土默特两翼旗划设为绥远特别行政区。

1928年绥远特别行政区辟建成省，是全国28个行省之一，省会仍设在绥远城内。既然成了行省，已与山西分治多年，编写省的通志就提到了日程上。1930年李培基任省政府主席时，遵照南京中央政府内政部颁发的修志事例概要，开始筹建编写通志的机构，第二年正式成立了绥远通志馆。馆址在西得胜街（今玉泉区境内）"大盛魁"的后院，有十多间办公用房。馆长郭象伋，副馆长阎肃，主任纂修荣祥，总纂李泰棻。他们都是知名人士。

郭象伋，现本市土默特左旗兵州亥人，18岁考中秀才，后来入选为宣统已酉科拔贡，曾在故宫保和殿参加朝考。他是全省有名的文人。民国年间曾经担任省教育厅长等职。

阎肃，托克托县人，地方上知名人物，有学之士。民国年间任过绥远特别行政区（省的前身）教育会长。出任副馆长时，还兼任绥远平市官钱局的理事。

荣祥，今土默特右旗美岱召人，有"塞北文豪"之称，当时有《瑞芝堂诗钞》刊行于世。他是1918年的山西省议员，后还任过土默特旗总管等职。

李泰棻，察哈尔省阳原县（今属河北省）人，原来在北京大学等学府当教授，后受聘来绥远任通俗讲演所所长、教育厅厅长等职。他对史学有研究，对方志有独到的见解，著有《方志学》等书。

除上述4位先生，通志馆还聘请了20多名学者。馆内分内务和外勤两大部分。

内务包括馆长、总纂等，设公办室、庶务、编辑等部门。办公室主任是亢仁山，本市巧报村人，是位有学问的人。庶务主任牛赞岑，是荣祥先生的朋友。

编辑室是内务的主要组成部分，内务人员中编纂最多，建馆时有6人。其中王森然是著名的教育家、文学家、史学家，在陕西榆林中学任教时，当过刘志丹、习仲勋等人的老师。编纂们的任务是翻阅古籍，查找资料，整理素材。主任纂修是他们的领导人。

外勤主要是调查人员，其任务是到省内各地搜集资料。

通志馆的经费很充足，建馆之前就筹集到了10万元的款项。馆内工作人员的薪水很高，如王庆先生当时任调查组翻译员，并不是什么高级职员，月薪竟达50元。赵国鼎老先生时任教育厅科长，通志馆借任期间，除教育厅照发薪水，通志馆也给一份薪金，每月挣着双份工资。此外，通志馆人员外出调查时，每天还有2元的旅差补助。

通志馆创立之后，搜集购买了一大批史籍和方志书做为参考。还购置了大量拓碑用的材料、物品和照像器材。

调查采访概况

通志馆外勤人员的任务是调查采访。分成绥东、绥西两个采访组。每组有组长1人，组员3人，书记员1人，勤杂员1人。绥东组的组长是赵国鼎（本市人，归绥中学毕业，文字水平较高，1918年开始当教师，后在教育厅、民政厅工作多年，曾担任内蒙古自治区政协委员），组员有张蕴之（山西定襄人）、韩桂（字子丹，本市人）、任焕奎（凉城县人），书记员是王雄佐（山西右玉县杀虎口人），勤杂员是王雄佐的内弟赵俊（也是杀虎口人）。绥西组的组长是刘继尧（托县人），组员有王印（托县人）等五人。

采访组下去之前，先在本市集中学习了一个多月。学习的主要材料是本馆编写的《调查要点》。《调查要点》是铅印的16开本。其内容分古今两个部分。对古主要是论述查阅史书事宜；对今主要讲了实地考察事项。它对采访的范围、内容和采访要求等都做了详细的规定。

在去盟旗调查之前，对采访组进行了一次整顿。增加了蒙古语的翻译人员。绥东组的翻译是王庆（字子余，凉城县人）。到通志馆之前，他在本市小召当喇嘛，是喇嘛中文化水平较高的人。通志馆人员在归绥调查召庙情况时，王庆正兼任着喇嘛印务处的浩日根达（意为"掌案"，相当于喇嘛印务处的秘书长），是掌印札萨克达喇嘛的主要助手，对东部各旗（特别是察右四旗）的情况比较熟悉，于是聘请他当了绥东组的翻译员。

学习结束后，两组于1931年9月各奔东西，分别下去采访。他们先采访了各县。每到一县，先去县政府查阅文牍档案，然后访问当地的老年人和知情者，最后再进行实地调查。凡是名胜古迹、游览胜地和古遗址，都一一亲自查看，对有价值的都进行了拍照。他们还抄录和拓印了不少碑铭。

1984年笔者采访时，绥东组赵国鼎和王庆两位先生都健在，赵老91岁、王老81岁，二人思维敏捷，精神矍铄。他们回忆：1931年8月，李培基卸任，傅作义接任绥远省主席，对编写通志也很重视。大约是阴历八月十五过后，他们就立即赶往各县去调查。绥东组的第一站是丰镇县，然后到凉城县、归绥县、武川县、和林格尔县、集宁县、兴和县、陶林县，最后去的是清水河县。对各县的调查采访历时一年，搜集到许多材料。

1932年阴历九月，绥东组再次从本市出发，乘火车到了包头。包头县政府派十余名护兵，把他们护送到乌拉特前旗。采访完前旗，又转赴其他各旗，最后经武川返回归绥。

到盟旗调查要更辛苦一些，因为没有什么文牍档案可查，全凭实地调查访问。到旗里见王爷时，他们带着礼物。各旗的王爷也都热情地接待了他们。在乌拉特中旗，采访组碰上了王爷结婚，他们参加了婚礼，还拍摄了婚礼盛况的照片。

这次走访了6个旗，大约用了3个月的时间，数九天他们才返回归绥。

第二年春天，绥东组再次出访，去察哈尔右翼四旗。这次与前两次不同的是自备了马匹。他们骑着通志馆的马从归绥出发，第一站到镶蓝旗，然后去镶红旗，再到正红旗，最后是正黄旗。现在这四个旗名已经不存在，演变成了察右三旗（前旗、中旗、后旗）。

从察哈尔右翼四旗回来以后，阴历五月十三日他们又去了一趟后山。上蜈蚣坝时热得汗流浃背，而40多岁的韩桂却带着一件狐皮大衣。比他小十几岁的王庆开玩笑说："这老汉，五黄六月还要穿皮袄。"韩桂却一本正经地说："唉，后生家，明天早起你就知道它的妙用了！"果然，翻过山就冷了。第二天正赶上变天，穿着单衣服的王庆被冻得直打颤。后来武川的一位法官借给王庆一身毛衣穿，他们才按计划奔赴了目的地。

采访组历尽艰辛，搜集到大量资料，源源不断地送回通志馆。王庆老先生回忆说："采访十个旗跑了多少路说不清了，光民国二十一年去乌盟六旗一趟，我就先后骑过57匹马。"

《绥远通志序》中写道：为了搜集近代的资料，采访人员"各地分行，取诸实验……从事诸人，沐风露，犯冰雪，毡帐驼城，车尘马足，旅途况瘁，迥非恒人所堪。而采获周详，亦视传闻为审。"

第一个稿本的问世

采访组用了不到2年的时间，集中调查、采集了一大批素材。同时馆内人员也查阅了许多史志书稿，辑录了数量可观的历史资料。这就为编纂工作奠定了雄厚的基础。其后，解散了采访组，再有零星采访或核实材料的任务，临时抽调人员去完成。从1933年3月起，通志馆的工作转入了内务处理阶段，各位编纂开始分头撰稿，计划用1年时间写出初稿。期间，总纂李泰棻与地方人士发生矛盾。1934年4月1日，馆长郭象伋向省政府提出闭馆报告，当时李不在归绥。他回来后，致函傅作义，提出要是由他主持编写，再有半年时间就可以完成任务。如果郭象伋要干，他就让给郭，自己辞职不干了。傅作义没有正面答复他的意见，只是说"应尊重地方人之意见"。结果这场纠纷以李泰棻去职而告终。

李泰棻走后，郭象伋和荣祥预定2年完成初稿。此后，郭、荣二人分兵把关，各自负责若干卷的修辑任务。通志馆的工作人员个个辛勤努力，废寝忘食。据赵国鼎老先生回忆："郭象伋和荣祥二人里外屋办公。有时工作了半天，两个人竟忙得连一句话都顾不上说。"

过去，著书立说总要请名家作序题跋，以提高书的名望。绥远通志馆为了抬高书的身价，同时也是为了提高书的质量，于是去请当时名流傅增湘。据说请傅任总纂的代价是笔酬10000元。1936年，志稿完成大半以后，荣祥先生代表通志馆，带着傅作义的书信和请总纂的润笔费，亲自到北平去聘请傅增湘。

傅增湘字沅叔，号藏园居士、藏园老人，是近代的一位大藏书家、版本学家，是资历高、名气大的学者。清末，他担任过北洋女子师范学堂的总办、宪政编查馆咨议官。1917年担任过教育总长，还任过故宫博物院图书馆馆长等职。

傅增湘接受聘请后，来到归绥。他和通志馆同仁认真地研讨了志稿。返回北平时，他还带走一部分稿本。当年冬天，全部初稿编写完毕，年底都送到北平交给了傅增湘。从1931年到1936年，经历5年多时间，在傅作义的支持下，耗费了巨额资金，动员了绥远学界的众多名人，经过通志馆诸人的辛勤劳动，终于编出初稿120卷，这就是《绥远通志稿》的第一个稿本。

见到了成果，通志馆的人无不兴奋异常，纷纷吟诗唱和。郭象伋的诗中有两句写道："五十年华近，空虚叹此生……双雪鬓边陈，陆载幸完成"。由此可见，近6年的时间里，通志馆的人们是费尽了心血。成稿时，郭象伋虽然才年近五十，却已经两鬓斑白。荣祥先生更是耗尽了心力。傅增湘先生对《绥远通志稿》的修改工作也很热心和重视。看完初稿以后，他提出详细意见，拟定了重修方案，建议请"耆硕通儒"协助修订。意见得到绥远省府的同意以后，他就在北平聘请了史学界名流多人，组成了修改志稿的班子。应聘诸人中的吴廷燮、夏仁虎、瞿宣颖、谢国桢等人，就各自的专长进行了分工，每人或专修一志，或兼纂两门。史念祖等三人撰写地理志，张寿棋、夏纬明、何鸿亮分别修纂工商农矿产业类，还特别邀请了对方志学有研究的张国淦（湖北省人，在1921年前后当过教育总长，中华人民共和国成立后任过中国科学院历史研究所第三所的研究员）帮助修订纲目，商定体例。郭象伋也亲赴北平，住在傅增湘的"藏园"，共同商讨修改事宜，使修志的中心从归绥转移到了北平。

正当郭象伋等人在热火朝天地工作时，1937年7月7日发生了卢沟桥事变。郭象伋急忙返回了归绥，其他人有的仓皇返里，有的避迹侨居，有的随着军队南下，留居北平的人也没心思修改志稿了，结果使刚刚起步的修改工作被迫中辍。

第二个稿本的编辑与毁灭

日本侵略军于卢沟桥事变后100天侵入归绥地区，改"归绥"为"厚和豪特特别市"，隶属伪蒙古联盟自治政府。他们对《绥远通志稿》也很感兴趣。查访到傅增湘的住处以后，伪蒙古联盟自治政府于1938年秋天，派顾问黑泽隆世到北平去请傅增湘。黑泽隆世是日本福岛人，生于明治三十七年（1904年），是个大学法科毕业生。来伪蒙古联盟自治政府任顾问之前，曾在伪满洲国当过盐务署属官、地籍整理局事务官等。他还在伪蒙古联盟自治政府担任过军需总局土地局局长、地政总署署长代理、内政部参事官等职。在伪蒙古联盟自治政府任职期间，他住在张家口北菜园26号。为了搞到这部《绥远通志稿》的初稿，他多次从张家口到北平再到归绥，最终请出了傅增湘再次主持编修工作。据说，1982年黑泽隆世给中国友人来信时，还曾经询问《绥远通志稿》的事。

傅增湘再次出来主持《绥远通志稿》的修纂工作时，召集原班人马已经不可能。幸好绥远通志馆编写的第一个稿本还在傅的手中，可以作为蓝本。于是，他又请了一班子人，重整旗鼓，再操旧业。他聘请张星烺总编地理志，请张的妹妹张月烺和王光炜等根据初稿的主要意思进行修订。又邀吴丰培、孙楷弟、韩敏修、刘文兴等人帮助他裁定校阅。其间，傅增湘除了审定各卷文稿之外，还亲自辑录了文征12卷，比原编增益甚多。自秋季开始到腊月底（已经是1939年），用了半年时间，修纂完结，编成《绥远通志稿》的第二个稿本。

第二个稿本分6志，列了36门，统子目70，编成116卷。而舆地诸图、金石列品，则另行影印，附在卷末。为这第二稿，傅增湘一班人也颇费了番气力。用傅增湘的话说："穷搜极览，昕夕靡宁，目力昏眵，手腕欲脱……鸣呼，可谓难矣。"

第二稿编完抄出清稿，于1944年由伪蒙古联盟自治政府内政部交给日本东京的东亚文化研究所去影印。已经印刷完毕装订成册时，太平洋战争爆发。1945年5月，美军轰炸日本东京，印刷厂被夷为平地。印制成书的《绥远通志》及第二稿的清稿被烧毁罄尽。幸亏绥远通志馆撰写的第一稿和第二稿的草稿尚在国内，才幸免于难。

20世纪40年代在东京印制成的《绥远通志》和第二稿清稿的面目我们已经无从知晓。只有傅增湘为《绥远通志》写的一个序言留下来了。

它曾经登载在1939年的《中国公论》期刊的第四期上。笔者读过这篇序言。文章的题名是《绥远通志序》，作者署名是"藏园居士"，而在文章的末尾却又具了傅氏的姓名——江安傅增湘序。这篇序言作于"己卯三月"，即1939年的3月。

残稿回归故里

在战火纷飞的年代，《绥远通志稿》的第二个稿本的清稿彻底毁灭了。第一个稿本多亏傅增湘的收藏，总算保存了下来。

抗日战争胜利以后，绥远当局又开始寻找这部志稿。当得知仍在傅增湘先生手中时，便派赵仲容专程去北平索取。1946年1月16日赵仲容携带志稿乘飞机回到归绥，使这部出走10年的《绥远通志稿》返回了故乡。但是，它已残缺不全。当年离开家乡时是120册，返回故里时，只剩下113册。至于舆地各图和金石的拓本更是不知去向。虽然是个残稿，但大部分尚存，仍不失为一部珍品。这部残稿起初存放在省政府秘书处，后来转交给社会文化流通处。

抗日战争之后，接踵而来的又是解放战争，战事纷乱，谁也无暇问津《绥远通志稿》。中华人民共和国成立后，这部残稿由绥远省社会文化流通处交给了中共绥远省委宣传部，后来又转归了教育厅，又一度交给内蒙古博物馆。1958年后，这部残稿才从博物馆交到内蒙古图书馆。此后，它就定居在内蒙古图书馆，被珍藏了起来。

1959年，内蒙古图书馆参考研究室的张万仁先生（集宁人，1909年生，20世纪30年代曾就读于山西大学）在图书馆领导的支持下，开始寻找散失的几册稿本和第二稿的底稿。1959年夏，他在北京中央文物局找到了傅增湘的儿子——傅忠谟（当时傅增湘已故），经再三查访，没有查到第一个稿本遗失诸编的线索。但是，傅忠谟在其父的遗物中，搜寻出毁于东京战火的第二个稿本的草稿一大捆，交给张万仁先生带了回来。后来，又聘请内蒙古参事室的张登鳌先生和张万仁共同整理了这一堆草稿。张登鳌，萨拉齐县（今包头市土默特右旗）人，他是绥远师范学校的高才生，是荣祥先生教语文时的得意门生。张登鳌先生还在太原上过大学，任过凉城县县长等职。经过二位张先生悉心的整理，分门别类装订成册，估计仅仅剩下了原第二稿的一半。现在，这部残稿也收藏在内蒙古图书馆，称做《绥远通志傅稿》。傅稿虽然残损严重，但仍有参考价值；特别是大事记一编，尤为珍贵。

据说，李泰棻曾搜集了"有关大事数百则"，但是后来通志馆没有编写大事记，傅增湘则在李泰棻手稿的基础上进行了大量增补，编成这个大事记。它记述了周赧王八年（即赵武灵王十九年，公元前307年）到1935年之间发生在绥远地区的大事1900多条。尽管其中有错讹之处，但仍不失其参考价值。现在拿傅稿大事记做蓝本，校勘公元前307年至1935年的2242年间发生的大事，就比重编大事记要省事多了。总之，傅稿虽残，仍有用处。它的得来，与张万仁等先生的用心良苦和辛勤奔波是分不开的。

第三个稿本的产生

绥远通志馆编就的第一个稿本残损不太严重。张万仁先生等人又搜集整理出第二个稿本的残稿。两个残稿使大家感慨万端，惟恐发生意外，失去这件珍宝。而且20世纪60年代，第一个稿本的主要编纂——荣祥老先生还健在，于是大家张罗要把它印制成书。

据张万仁老先生讲：1960年内蒙古图书馆联合内蒙古语文历史研究

所、内蒙古文史研究馆，向内蒙古人委办公厅提出正式出版《绥远通志稿》的意见。人委同意先进行整理，然后印刷500部，作为内部资料。刊印前的校勘工作，决定由内蒙古历史研究所所长勇夫负责，文史资料委员会的荣祥、陈志仁二人具体负责，张登鳌、张中齐、焦元吉三人辅助，从头逐卷进行校阅。到1965年即将校完，正在誊写清稿，准备付印时，"文化大革命"开始了，这项工作又被迫搁置起来。

1970年，当时的中央领导人陈伯达来内蒙古自治区视察，要看地方志书籍。见到《绥远通志稿》，他连声称好，指示"前指"（即军管会）印刷这部方志。"前指"决定由内蒙古图书馆经办出版事宜，从内蒙古文史馆、参事室和内蒙古政协请人整理这部稿本。当时邀请了文史馆的荣祥（馆长）、郭灵墅（副馆长）、崔毓珍、李怡如、阎秉乾（阎肃之侄）、张中齐，参事室的于存灏（副主任）、张恺然、邢复礼、赵淑普、张登鳌等，加上图书馆的张万仁先生共12人，组成了修订整理《绥远通志稿》的班子。这12位老先生，多数是老大学生，而且有多年从政、从教的经验，文字水平很高。是个实力雄厚的班子。

郭灵墅，山西荣河人，曾就读于山西运城第二师范学校，因学业成绩优秀，被留校当了国文教员。后来他来到绥远，任过省民政厅的秘书和傅作义的高参等职。

崔毓珍，字伯蕃，丰镇县人，毕业于北京师范大学，20世纪30年代任过归绥中学校长。

李怡如，河北人，是北京大学的毕业生，20世纪40年代任过孙兰峰先生的秘书。

阎秉乾，托克托县河口镇人，燕京大学毕业。他出身于书香门第，其父阎懋是拥护辛亥革命的清末秀才。

张中齐，山西芮城人，毕业于山西大学，还游学过杭州，曾拜章太炎为师。他任过绥远省财政厅的秘书。其家藏书甚多，是山西晋南地区的第一家。

于存灏，武川县人，大学毕业，曾任绥远高等法院的院长。中华人民共和国成立后，他主持编写过"大盛魁"的史料。

张恺然，丰镇县人，毕业于北京师范大学，20世纪30年代任过绥远师范学校的教务主任。

邢复礼，是内蒙古东部地区人，学识渊博，懂得多种文字。

赵淑普，武川县人，中国大学毕业，曾任过武川县县长。

荣祥、张登鳌、张万仁都是大学生，前面已经介绍过。总之，这些人的文化程度都很高，而且多数人20世纪三四十年代就在绥远地区，也比较熟悉本地的情况。

这次修订是在20世纪60年代整理的基础上进行的。因为原稿是众人分头撰写的，所以前后重复甚至矛盾多有出现。他们对明显的错误做了一些修改，并且把第一稿的113册合编成99卷，还在傅稿的基础上增补修定成大事记1卷（分为五册）。抄出了印刷稿，共计100卷，118册，300多万字，这就是《绥远通志稿》的第三个稿本。在印刷厂印出1至8卷组成的第1册200本，校对过3次以上的文稿有50多卷，并且有23卷打了纸型时，停止了印书工作。结果是耗资近2万元，只留下为数不多的几本《绥远通志稿》第1册。

多灾多难的《绥远通志稿》又一次没有出版成功，但还是有成绩的，为我们留下了第三个稿本。20世纪80年代修志热潮中，史志工作者到内蒙古图书馆查阅的《绥远通志稿》，正是这部六七十年代完成的第三个稿本。

历经磨难仍是稿

1970年出版《绥远通志稿》未果之后，学术界的一些人士仍在为出版此稿而奔波。

1976年3月，内蒙古图书馆通过内蒙古大学蒙古史研究室主任史筠再次提出出版此书的建议；在文教办主任于北辰的支持下，给内蒙古自治区党委写了报告；自治区党委批准重新出版，由内蒙古政协主持筹备。但因为人力和经费问题得不到解决，此次出版又被搁置。此后，内蒙古图书馆又向内蒙古人民出版社提出建议，希望能由该社负责此书的出版，分期分批以3至5年的时间将它全部印出。但又由于多种原因，未能列入计划。使这部志稿的出版，又成为镜中之花、水中之月，未能与广大人民群众相见。

1981年，自治区人民政府指示自治区出版局负责《绥远稿志稿》的工作。出版局又把它交给了内蒙古人民出版社。出版社汉文编辑部责成历史书籍的编辑王挺栋担任责任编辑。并决定出书前要再进行一次全面认真的校勘。校勘的班子人不宜多，要精干。于是聘请了张万仁、王学愚、刘映元三位老先生。刘、王二位先生进行校勘，张万仁先生负责审定。

刘映元，山西左云县人，自幼生活在呼和浩特，新闻记者出身。他对察绥二省的历史、地理、风土人情很有研究，熟知本地逸闻掌故。

王学愚是北京市人，20世纪30年代的大学生，古文造诣较高，20世纪50年代曾任内蒙古图书馆采编部主任。

为了这部志稿，他们终日伏案，手不释卷，认真校阅。翻阅史籍百余种，数百卷。仅校勘大事记一卷，就翻遍了二十四史和涉及本地的方志书籍和稿本，还查阅了《清史稿》《大清一统志》《东华录》《三云筹俎考》《大清会典事例》《近六十年全国郡县增建志要》《禹贡月刊》《长城季刊》等书刊和绥远省档案等资料。其中《东华录》一书，他们就翻阅了"蒋氏""王氏""潘氏"和"光绪朝"等4种本子。可见他们工作的认真、细致和艰巨。

其时，正值全国修志高潮，刊印此书正逢时。经几位老先生2年多细致审校，大部分稿本已经校勘脱稿，即将付梓印刷。

不料，由于种种原因，这次出版又没有成功，这部珍贵的志稿又未能成书，仍然是个稿。

至此，《绥远通志稿》度过了艰难的半个多世纪。它土生土长在呼和浩特，还曾远游他乡，甚至飘流异国。参加过编纂它的老者们，参与过20世纪六七十年代整理工作的老先生和80年代的校勘者，多已故去。

我与《绥远通志稿》

《绥远通志稿》的第一个稿本诞生时，我尚未出世。

30多年前，在举国修志的热潮中，我参与了《玉泉区志》的编修工作。在查阅方志书籍中，我有幸见到并查阅了《绥远通志稿》的真迹。后来的人就没有我们那时的幸运了，很难再见到原稿真容。因为怕损坏了这部珍贵的稿本，内蒙古图书馆已将其复印，只向需要者出示复印件。

我基本通览了那300万言的书稿，并且摘抄了不少章节、段落。曾拜会过校勘书稿的张万仁、刘映元、王学愚3位老先生，还访问过图书馆的李西樵老先生和当时年轻的地方文献专家忒莫勒先生等人，他们对我的帮助颇多，有的还成了我的好朋友。

上述先生对我讲述过许多和编志有关的轶闻趣事。我又向市史志办公室的同志转述了"通志稿"不同凡响的身世。市史志办主任王尚铎诸同志命我以此为内容写一篇稿件。于是我写了《历尽沧桑的绥远通志稿》一文。不料，此文引起了圈内人的注意。不久，邢野先生编辑《内蒙古地方志通讯》第三期时，还转载了这篇文章。

1997年，我参与了市委宣传部组织编写的《可爱的呼和浩特》丛书文物卷的撰写工作。我们编写组拟定纲目时并未涉及"通志稿"。后来我的一位朋友改写了拙作，仍以《历尽沧桑的绥远通志稿》之名将其载入了该书。

可见，《绥远通志稿》的影响太大了。关心它的人太多了！

从1960年到1981年张罗出书，几次落空。我也给人们提供过不实的信息——《绥远通志稿》即将问世！结果成了空话。

但是，有识之士仍然没有放弃。人们还在为出版《绥远通志稿》而奔走呼吁。地方文献专家忒莫勒更是逢会就讲、遇人就说（当然是相关的会、相关的人）。

2004年上半年在内蒙古大学的一次座谈会上，忒莫勒先生再次提到了"通志稿"的事。引起了与他素不相识的内蒙古自治区新闻出版局局长石玉平的重视。会后，新闻出版局就给自治区人民政府写了专题报告。自治区人民政府再次批准出版《绥远通志稿》，并将其列为向自治区成立60周年的献礼项目。

石玉平局长非常重视此项工作。内蒙古人民出版社又一次承担起出版事宜，还请回业已退休的资深编辑李可达先生。为保证专款专用，石玉平局长亲自过问经费，避免出现差错影响出版工作。

2006年，刊印《绥远通志稿》的工作正式启动。为保留志稿的历史风貌，决定仍用原稿的繁体字，采用竖排式。付印前要在80年代校勘稿的基础上再校勘一次。参与校勘的知名学者有钱占元（内蒙古档案局研究馆员）、孙立中（呼和浩特市博物馆副研究员）、李承业（资深编校）、冀步良（副编审）、忒莫勒（内蒙古图书馆研究馆员）等先生。钱、孙、白（即忒莫勒）三位先生是我的老朋友。当年我见到他们时，只见他们案头堆满文稿，废寝忘食地忙碌着，人都消瘦了，我都不忍心和他们多坐片刻。经过一年多的艰苦审校，在出版社领导及方方面面的努力下，2007年时《绥远通志稿》终于出版了。

《绥远通志稿》出版后的几年中，我常在山东。2012年返呼，某单位叫我帮忙修志，竟送了一部这心仪已久的巨著。我欣喜之极，这远比金钱令人心醉。我在拥挤的书柜中给它腾出了一片天地，12册书排列起来竟有三四十厘米之长。看到这装帧典雅大气的书，看到书脊和封面上荣祥老先生手书的"绥远通志稿"五个遒劲的大字，使我陶醉，让我浮想联翩。啊！终于印出来了，可以告慰已故的为之付出过心血的先贤，可以让这部吃尽苦头的稿本更好地为我们的文化事业服务了。

土默特历史变迁与土默特历史档案

张建国

土默特历史档案是土默特部历史的记录，是我国历史文化遗产中的一个重要组成部分。由于历史和自然的原因，土默特旗只把清代以来的档案大量保存下来，这些档案内容丰富，价值巨大。反映了土默特地区清代以来政治、经济、军事、文教社会生活等各方面的情况，是当代人和后代人的历史文化遗产，对我们研究呼和浩特历史、宗教、政治、经济、文教、法律等多个领域具有无可替代的价值。

一、土默特历史变迁与土默特历史档案

土默特历史档案主要是清朝归化城土默特两翼旗都统、副都统衙门及土默特两翼旗务衙门、民国土默特旗公署处理旗务形成的档案。分为清代档案和民国档案，清代部分起于康熙二十四年（1685年），迄于

宣统三年（1911年），民国部分从民国元年（1912年）至民国三十八年
（1949年）。

土默特部在清入关前就归顺了清政府，被编为左右两翼旗，各设都
统一员、副都统二员，掌管旗务，乾隆二十八年（1763年）撤去都统，
两翼设副都统一员。民国初年，归化城副都统衙门被裁撤，设立了土默
特总管旗。

清代土默特档案原存放于旗务衙门档案库，由户司管理；民国时期
土默特旗的档案也存放于此，由旗公署（政府）总务科管理。

日本侵华期间，土默特历史档案遭到重大浩劫。1937年日军侵占
土默特地区后，改旗政府为公署，隶属伪蒙疆政权下的巴彦塔拉盟管
辖。1941年10月，蒙疆学院日籍教授江实到土默特旗，与蒙古文化馆及
驻土默特旗伪参事官野元子联络，雇用多人，从旗档案库中挑出很多满
文、蒙古文、汉文重要档案。经整理后，分装76只木箱，在木箱上编写
顺序号及内装档案年代，将其中31只木箱档案劫走，并挑选其中一部分
档案编印成书，书名为《巴彦塔拉盟史料集成·土默特特别旗之部第一
辑》。1944年1月江实再次"借"走清雍正、乾隆两朝档案15箱。这两批
堪称精华的档案被掠走后未予归还。据1948年中国政府致联盟国最高统
帅的《文物损失索还书》记载，这批档案包括"自明朝隆庆、万历年间
本旗开创时代，经过清朝顺治、康熙、雍正、乾隆各代以迄清朝末年，
及民国纪元初年之重要文献"。但偿还之事至今无果。

除日本侵略者对土默特档案的这次掠夺外，土默特档案还经历了两
次损失。一是清末绥远将军贻谷为编写《土默特旗志》，从归化城副都
统衙门借走明末清初的档案，此后一直没有归还，后来不知去向。二是
在"文化大革命"时期。

中华人民共和国成立后，土默特旗人民政府成立，由于隶属关系

不断变化，这批档案也随旗政府所在地变动先后搬迁到原旧归绥县政府院内，以及萨拉齐、察素齐等地。"文化大革命"期间这批档案无人看管，档案受到不同程度损害。

1968年，土默特旗成立清理档案办公室，组织人员重点清查土默特旗、归绥县、萨拉齐县民国时的档案，编写了索引，总计装订成5508册。1969年4月清理档案工作结束，这部分档案由当时的旗公安局管理。

1980年，随着《土默特志》编写工作的开展，尘封多年的土默特历史档案开始得到重视和整理，到1981年共整理出汉文档案4000多件（册），满蒙文档案8000多件（册），满文档案由中国第一历史档案馆满文部帮助整理，现存于土默特左旗档案馆。

土默特历史档案的清代档案虽经整理，但因霉变、撕裂，残件混杂不少，绝大多数未经修复，翻阅极易损坏。民国档案因不分年代类别、混杂订册，每卷以某一件档案名为卷名，导致无法查阅利用。2004年4月，呼和浩特市委召开了土默特历史档案抢救工作会议，成立抢救工作领导小组，市委、市政府决定拨款抢救这批珍贵的历史档案。

整理工作开始后，首先对民国档案按年度进行整理，对破损档案进行托裱、修补、抚平，并编写了目录，逐件装袋、装盒上架保存。此次整理历时3年，共整理出民国档案66147多件（册），其中土默特旗档案29029多件，归绥县档案10820多件，萨拉齐县档案8090多件。其次对清代档案重新进行整理，原则上不打乱原有体系，重点在修订目录、修裱损件、更换袋盒。在此期间，第一历史档案馆满文部专门来馆翻译目录。此次共整理清代满文档案10999多件（册），蒙古文档案1081多件（册），汉文档案6122多件（册），共计18206件（册）。同时馆内软硬件设施进一步完善。

二、土默特历史档案的基本情况

土默特清代档案和民国档案两部分共有5个全宗，清代部分建有1个全宗，系归化城都统、副都统衙门及土默特两翼旗务衙门内容，自康熙二十四年（1685年）至宣统三年（1911年）200多年间处理两旗务形成的档案。民国期间有4个全宗，即土默特旗公署（政府）从民国元年（1912年）至民国三十八年（1949年）施行政务形成的档案，其次是日本占领期间土默特旗公署残留的档案。再就是归绥县、萨拉齐县从民国三十四年（1945年）至民国三十八年（1949年）分别形成的两个全宗档案。

（一）清代档案

清代档案主要是公文。下行文多为清政府六部及理藩院咨传的皇帝、皇后谕旨以及行政文书，平行文有山西巡抚（包括藩臬二台）、绥远城将军、察哈尔都统、库伦办事大臣、科布多定边左副将军，乌里雅苏台将军衙门等的咨文；上行文有归绥道及各厅向副都统衙门的咨报、申、详等公文。更多的则是归化城都统副都统衙门及土默特两翼旗务衙门办理旗务形成的各种文书。如申报补缺及袭职，销算收支，牌行道厅呈解租税，饬令各甲兰派差与从征、派员会审及办理学务等。

其一，清代汉文档案。清代汉文档案共分行政、军事、人事、政法、土地、财经、生产、涉外、气象、旅商、文教、宗教、房产契约等15类。

1. 军事类。其中涉及乾隆年间西北用兵、军粮运输、行程安排、清末练兵、镇压义和团、保护洋教等内容。

2. 行政。

3. 人事类。涉及诏令、人事调动、吏治以及官府颁发的政令等内容。

4．政法类。内容以偷牛盗马案为主。

5．土地纠纷。这类档案主要涉及土地、争水的诉讼。

6．财政。内容主要涉及土默特财政税收的各类收支清册。

7．生产。此类档案仅留下乾隆三十九年（1774年）至四十九年（1784年）10年中6年的秋禾实收内容。

8．外事类。是关于晚清传教士到口外传教领取照票的文件。

9．气象类。记载日食、月食、雨雪，黄河结冰、开河等内容。

10．旅商类。旅商即旅蒙商人，清廷规定必须到归化城都统衙门领取照票，此部分档案主要反映了申领过程及其商人的姓名、年龄和籍贯及货物名单。

11．备台类。主要涉及驿传、邮递、递送公文等事宜。

12．文教类。记载了土默特蒙古族由最初的只能参加翻译考试到后来的建学校，土默特蒙古族教育得到重视的历史过程。

13．宗教类。此类档案很少。

还有两类：房地契和图表类。房地契起于乾隆五年（1740年），至宣统三年（1911年），对研究土默特两翼地区地权状况有重要的史料价值。图表有60张，如《文庙官学碑记》《布什名册》《矿执照》《禁止把什清水卖给客民之告示》等。

从形制上看，清代汉文档案大致可以分成两类。一类是正式的文书，这类文书。一般纸面光滑，字迹工整。一类是非正式的文书。非正式文书一般用纸粗糙，字迹也比较潦草，有的还带有明显的修改痕迹。非正式文书又可以分成两种，一种是稿件，另一种是誊抄存档的档案。档案封面有时标有"户""兵"字样，大概当时是按户司、兵司的分类存放的。上面提到的日本人江实编的《巴彦塔拉盟史料集成·土默特特别旗之部第一辑》书中，就按兵司之部、户司之部编排。所以折件的外面都包着一个封皮，用满文书写，明显是后来贴上去的，大概是存档时写下的提要。汉文档案，并不完全是汉文，在汉文文书后面，通常还附有一份满文文书，两份粘在一起，根据篇幅推测，大概有的是内容摘要，有的是同样内容，汉满文一式两份，这样的文书在土默特衙门内部之间比较常见。

其二，清代满文档案。清代满文档案共有内政、军务、财政、法律、宗教、文化教育、外交等7大类30多项。

1. 内政类。分职官、承发公文和礼仪三项，起于雍正十年（1732年）正月，止于宣统三年（1911年）四月。

2. 军事类。分训练，防务，军需，台站、关口，赏罚抚恤5项，起于雍正六年（1728年）正月，止于民国元年（1912）五月。

3. 财政类。分人丁户口、土地牧场、钱粮、赈济、矿务、贸易、雨雪粮价、赋税和工程9项，起于雍正十三年（1735年）三月，止于民国元年（1912）正月。

4. 法律类。分民事案件、地产纠纷、盗马、盗牛、其他盗案、逃犯囚犯、修订法律7项，起于雍正十年（1732年）正月，止于宣统三年（1911年）三月。

5. 宗教类。分喇嘛事务、修缮寺庙、喇嘛犯罪和班禅事件4项，起于雍正十二（1734年）年八月，止于宣统三年（1911年）九月。

6. 文化教育类。文化教育类的档案反映了修缮文庙官学、支给官学师生饭银、报销祭祀文庙所用物品银两等。起于乾隆八年（1743年）二月，止于宣统三年（1911年）七月。

7. 外交类。主要反映乾隆五十四年（1789年）关闭中俄恰克图贸易后，严禁商人前往贸易；乾隆五十六年（1791年）开通中俄恰克图贸易后，晓谕商人准与俄罗斯贸易；光绪二十八年（1902年）晓谕旗民缓收天主教民地租银两等内容。

8. 档簿。主要有土默特左右两翼旗各甲喇各佐领下的《原拨户口地亩清册》《原拨人口地亩草场清册》《人丁户口数目地亩数目册》《典地数目册》《耕种典地人等名册》《各村留公草场数目册》《官兵地亩册》《新丁草场地亩册》《户口姓名册》《人丁花名册》《男丁妇女花名册》《鳏寡孤独人等花名册》《应得给草场地亩租银贫困人等花名册》，土默特境内延寿、弘庆、崇寿、无量、崇福、隆寿等寺的《香火地亩册》《喇嘛人等地亩册》《所典地亩多余地亩册》，以及《归化城旗库所存生息银两收支数目册》《归化城旗仓旧管新收动支实存粮米数目册》《山北赛尔腾等处卡伦官兵饷银数目册》《山北克呼高勒卡伦驻防官兵饷银数目册》《归化城旗所收哈尔津等十五沟田亩租银支出数目册》《户司行文号簿》《银库号簿》《兵户二司来文登记册》《户司来行文档》等等。

归化城都统、副都统衙门满文档案不仅内容丰富，且较中央机关的档案更为详尽。它对研究清代土默特地区和呼和浩特的政治、经济、军事、司法、交通、人口、宗教、文化、教育诸领域，都具有重要的参考价值。同时，它对清代清政府对内属蒙古地区的统治制度，清代地方机构的文书档案及满语、满文的研究，也具有一定的参考价值。

清朝统治者定满语为国语，称满文为清文。清朝中央到地方各级满蒙官员，特别是办理八旗事务及边疆少数民族事务的官员，一般都用满文缮写公文，不准擅自使用蒙古文和汉文。据《土默特志》记载："报部文件只用满文，不用汉文。迨后内地民人渐集，汉文风气一开，蒙古文遂多肆汉书，凡有公文案件，报部则用满文，咨各札萨克旗则用蒙古文，移道厅均用汉文。"所以在归化城都统、副都统衙门办理政务过程中自然形成了以汉文、满文书写的大量文书档案。清朝时，对文书档案十分重视。所以，地方都按一定的顺序整理保存，以备案查。

折件主要包括归化城都统、副都统衙门与中央各部院、绥远将军、邻近各札萨克旗之间的来往文书，以及归化城都统、副都统衙门所属机构、各牛录官兵旗民的呈文。档簿则多为归化城都统、副都统衙门收发文登记簿，各牛录呈送的草场、地亩、人口清册和户司行文档。其折件按问题—时间的原则，逐件摘录，分类组卷；档簿按文种—时间的原则，整理装盒。档簿册用麻纸、毛笔书写，用麻绳和纸绳装订，簿册多为由左翻页两面书写。光绪末年的纸张与现代基本相同，一面书写。

清代蒙古文档案除报送理藩院的公文外，多为与有关盟旗往来文书，原拨户口地亩清册，召庙香火地亩册，邻近旗逃荒人口清册，各甲喇嘛人丁户口清册，牛、马群登记册，图表为主。蒙古文档案书写比较规范，书写以蒙古文为主，名语术语一般用满文，有些档案还兼有汉文及苏州码子，多数成册。

（二）民国档案

1921年至1949年的档案全部按年代编目，共32目，这些档案除以上清代档案所列各项内容外，还有租税、人事、户政、诉讼、垦殖、工矿、自治、田房契约等项内容。有一部档案是咨文，这些公文载录了当时国内及绥远区（省）的不少大事。如颁布的法令、法规、章程等，还有绥远将军、都统、主席的任免，各厅（道）局以及区（省）临时机构的设置与裁并，各（厅）与县（局）的任免等公文。

归绥县、萨拉齐县档案，虽数量不多，但可以从中了解到解放战争期间绥远当局的各种活动，是难得的历史资料。

综上所述，土默特历史档案内容极其丰富，涉及土默特地区的方方面面，对研究土默特地区政治、经济、军事、司法、交通、人口、宗教、文化教育等领域有非常重要的参考价值。

浅谈诗歌体文献《阿勒坦汗传》的历史价值

韩国栋

　　《阿勒坦汗传》是一部记述明代土默特部首领阿勒坦汗一生的史籍，该书以诗歌叙事的方式记述了阿勒坦汗的出生、少年时代、承袭汗位、巩固政权、占据古丰州大地、发展农业、明蒙议和、引进藏传佛教、建设呼和浩特等一生事迹，是16世纪蒙古族的政治经济、社会制度、军事文化、蒙藏关系、蒙汉关系以及土默川地区发展状况的珍贵史料。所记事迹，大都和其他汉蒙史籍吻合，并记载有大量不为其他书籍记载的史料，受到研究者的重视，成为研究明朝晚期历史及蒙古族历史的重要参考书籍。

　　1957年，内蒙古自治区在进行蒙古族文化资料整理时，在锡盟乌珠穆沁旗王府里发现了一本题为《名为宝汇集之书》的手抄本，手抄本正文中又称为《介绍转轮王阿勒坦汗生平的名为宝鉴之略传》，书末则又称为《转轮王阿勒坦汗传》。这本书的发现，是继《黄金史纲》《蒙古黄金史》《蒙古源流》三大蒙古历史文献之后的又一珍贵的蒙古文历史文献。因全书用韵文写成，曾一度被视为文学作品。

1990年珠荣嘎先生译注出版此书时，定书名为《阿勒坦汗传》。

《阿勒坦汗传》的出版发行，使得过去很多模糊、未知的史学问题迎刃而解，清楚地呈现在研究者们面前。

关于六征兀良哈的记载

《阿勒坦汗传》关于六征伐兀良哈的叙述，在其他史籍中是没有记载的，弥补了蒙古各部和阿勒坦汗用兵兀良哈的史料，使人们清楚地了解到这一史实。

1．一征兀良哈。在阿勒坦汗的军事生涯中，征讨兀良哈是最早关于阿勒坦汗军事生涯的记录。16世纪初，达延汗的继承人与明朝处于对峙状态时，蒙古军队常常在绵延数千里的长城一线与明朝作战。此时的兀良哈人则趁蒙古军队南下之机，偷袭他们的后方老营，劫掠财物和妇女、儿童。蒙古汗廷为了解除兀良哈这个后顾之忧，决定各部共同征讨。

1524年（嘉靖三年），博迪大汗率鄂尔多斯万户衮必里克，土默特万户阿勒坦等蒙古部落出战，这一年阿勒坦只有18岁，其兄衮必里克只有19岁。

该书记载的第一次出征的原因，是兀良哈图类诺颜、格勒巴拉特丞相进兵袭杀伯速特部之乌林泰围攻库里叶兀鲁斯。阿勒坦闻讯后率领图古凯诺颜、博迪乌尔鲁克前往救援，追至巴尔即河一带（今蒙古国肯特省北部），一举胜利后，即返回家乡，这一次出征拉开了联合出征兀良哈的序幕，同时也使阿勒坦"大有掠获"而归。

2．二征兀良哈。嘉靖十年（1531年），阿勒坦与其兄衮必里克驻于布尔哈图汗山（意为"有佛之山"，今名"汗博格多"，在今蒙古国南戈壁省东境）将兀良哈人击溃，在收缴他们的属民、财物时，兀良哈首领图类诺颜、格勒巴拉特丞相二人引兵来战，经过激烈的战斗，杀得兀良哈人溃败逃散，并迅速平定兀良哈于卓而噶勒（今蒙古国中央省西南部），降服不少兀良哈部民，图类诺颜、格勒巴拉特丞相侥幸逃脱。

3．三征兀良哈。嘉靖十二年（1533年），阿勒坦汗与其兄衮必里克越杭盖罕山（阴山西段，也叫狼山），第三次征讨兀良哈。

此次进攻兀良哈，阿勒坦汗与其兄衮必里克虏获了不少兀良哈属民，财物也不可胜数，然后平安凯旋。

4．四征兀良哈。这次征讨取得了决定性的胜利，《阿勒坦汗传》较为详细地记载了这次战役。

这一次征伐，兀良哈图类诺延、格勒巴拉特丞相、额勒都奈三诺延战败后投降，兀良哈被"分拨无数人众于各万户为奴"。在这次战役中，博迪汗动员了蒙古的全部力量。阿勒坦汗与其兄衮必里克携带成吉思汗的白室，率兵马驻扎于蒙古杭盖山南，无疑是作战的主力，对战败兀良哈起到了决定性作用。

5．五征兀良哈。嘉靖二十年（1541年），阿勒坦汗单独对兀良哈进行了第五次远征，降服翁古察为首的一群兀良哈人后回归。

6．六征兀良哈。嘉靖二十三年（1544年），阿勒坦汗第六次征伐兀良哈，此时兀良哈的势力已被大大削弱，这次征伐也是阿勒坦汗独立进行的。在这次征伐中，降服了兀良哈首领莽乞尔丞相、莽海锡格津、波尔哈布克。阿勒坦汗令莽海锡格津敬奉守护额真的白室，即守护成吉思汗斡耳朵。

关于板申农业的记载

《阿勒坦汗传》还记载了阿勒坦汗开发农业的举措。该书记载，嘉靖三十六年（1557年），阿勒坦汗开始"倡修五塔与八大板升，令种谷薯及诸多果木，种植美味食物于蒙古地方，倡导种植之情如此这般。"建设八大板升，就是发展农业，农业的发展，使土默特万户的生活状况有了明显改变，为阿勒坦汗进行的政治、军事活动奠定了深厚的基础。同时，还把主动归降的汉族农民安置在黑河一带，开发农业。

在隆庆议和以后的蒙汉交易记载中，蒙古族牧民用牧区盛产的牛、马、驼换回中原汉族的生活、生产资料，很少提及粮食问题，说明板升农业已满足了土默特部对粮食的需求。

关于藏传佛教格鲁派传入的记载

从1574年开始，阿勒坦汗依尊阿兴喇嘛之言，两次派出恰台吉等出使西藏，并于1575年令其四子兵图台吉在青海湖畔建"察卜齐雅勒"庙。万历六年（1578年）五月十五日，阿勒坦汗在该寺与西藏藏传佛教格鲁派领袖索南嘉措举行了历史性会晤，并相互赐封，格鲁派领袖从此成为"达赖"世系。"察卜齐雅勒"成了联结阿勒坦汗与西藏佛教的纽带。从此，藏传佛教格鲁派开始大规模在蒙古地区传播。

其他讹传的更正

1. 关于呼和浩特的建城年代。呼和浩特的建城年代历来有不同说法，而以1581年建城说影响最大。上世纪八十年代，还曾以此为据，举办过建城400周年的大型纪念活动。《阿勒坦汗传》的发现，证明呼和浩特始建于1572年，和《明实录》等明朝史籍记载1575年呼和浩特建城，请赐城名接近，证明在土默川修建呼和浩特开始于1572年，修建者为阿勒坦汗，建成时间是1575年。根据当时生产力情况，用四年的时间建造一座城市与当时土默特的人力、物力是相适应的，因此该书是具有权威性的。

2．关于三娘子其人。三娘子在明朝一些史籍的记载中被认为是阿勒坦汗的外甥女，如明朝诗人徐渭在《边词·女郎那取复枭英》一诗中写道"女郎那取复枭英，此是胡王女外甥"。20世纪七八十年代，有些研究呼和浩特历史的学者也认为三娘子是阿勒坦汗的外甥女。而《阿勒坦汗传》明确记载，她是卫拉特部首领吉噶肯·阿噶之亲女。16世纪中叶，阿勒坦汗西征卫拉特时，吉噶肯·阿噶"将自己女儿献为中宫，结为亲家之情如此这般。"由此证明，三娘子是卫拉特人，她与阿勒坦汗之间没有血缘关系。

3．关于阿勒坦汗的父亲巴尔斯博罗特即汗位一事，不少史书说阿勒坦汗的父亲即汗位是他趁达延汗长孙博迪年幼，篡夺了汗位，并说后来在蒙古各部领主的反对下，被迫将汗位交还了博迪后抑郁而终。《阿勒坦汗传》记载，巴尔斯博罗特是达延汗逝世时最年长的儿子，他继承汗位未来得及执政即赍志以殁，汗位又交由达延汗长孙博迪继承。《阿勒坦汗传》成书年代距巴尔斯博罗特继位年代较近，可信度更高。

4．纠正了阿勒坦汗自封汗号的讹传。长期以来有人认为，阿勒坦汗的几个汗号是自己加封的。而《阿勒坦汗传》记载，阿勒坦汗第一个汗号"索多汗"是嘉靖十七年（1538年），阿勒坦与兄长衮必里克参加完蒙古汗廷组织的第四次远征后，博迪汗在庆祝大会上封授的阿勒坦有汗号即始于此。

5. 在与蒙古汗廷的关系上，阿勒坦汗也是拥戴汗廷的，并非如其他文献所说阿勒坦汗要兼并大汗。如该书记载了他接受博迪大汗授予土谢图彻辰汗封号的情况：在青海一带俘获了博喇海后，阿勒坦汗凯旋而归。在八白室前他向博迪大汗献俘后，"博迪汗等为报答勇敢真诚的阿勒坦汗，于额真前当六万户之面赐号曰土谢图彻辰汗。""土谢图彻辰汗"即可靠的聪睿之汗的意思，以表彰他对汗廷的功勋，从这些记载中，可看出阿勒坦汗与汗廷关系。

关于《阿勒坦汗传》的作者

《阿勒坦汗传》传记书中，没有留下作者自己的名字，于是，史学家们通过传记的内容，来了解作者的身世。有学者认为，作者是稍晚于阿勒坦汗时代的格鲁派高僧，因为该书的作者写道："我仿照奥仁唐噶里克达云恰之书写成此传。"显然这位佚名的著作家是依照三世达赖所赐"奥仁唐噶里克达云恰"，即恰台吉之书的史料，完成了该书的主要内容。因为他对土默特部及阿勒坦汗的史实不是很熟悉。而作者所称的《达云恰之书》是当时人记当时事，记事相当准确，也很全面。"达云恰"在明朝史籍中称为"歹言恰""恰台吉"。恰台吉本名萨尔玛尼，阿勒坦汗义子，"恰"在明朝王世琦著的《三云筹俎考·夷语解说》中记载："恰与首领同"，"台吉"是"黄金家族"后裔的称号，源自汉语"太子"。1571年阿勒坦汗第一次派往西藏的迎请使团中，就有萨尔玛尼。1578年，阿勒坦汗与三世达赖喇嘛索南嘉措在青海会见时，达赖喇嘛赐予萨尔玛尼"奥仁唐噶里克达云恰"。

恰台吉辅佐阿勒坦汗，负责外交、内政事务。他多次出使明朝谈判或斡旋，终于化干戈为玉帛，达成了议和，实现了和平互市。他两次出使西藏，架起了蒙藏友好交往的桥梁。

因此笔者认为，该传是佚名作者据《达云恰之书》再创作的结晶。《达云恰之书》是《阿勒坦汗传》的主要资料来源，也可以说是该传的原型。《阿勒坦汗传》最大的贡献是翔实地保存了阿勒坦汗的基本资料，也间接地保存了土默特部的历史。

以《达云恰之书》为蓝本的《阿勒坦汗传》被发现至今，已有汉译校注本、日译校注本、英文译注本、德文译注本出版，通过《阿勒坦汗传》的记载，使人们对阿勒坦汗生平有了更深刻的了解，极大地推进了蒙古史研究，尤其是在土默特史的研究中，弥补了许多空白。

为绥远民众呐喊的《绥远旅平学会学刊》

张　文

　　20世纪30年代，在绥远省传播着一份遐尔闻名的刊物，该刊物的名字叫做《绥远旅平学会学刊》，该刊以反映人民的心声、为广大民众呐喊、传播文化、改良社会为宗旨。在北平和绥远地区影响很大，是当时舆论界的一匹黑马。

关注民生，为民呐喊

　　《绥远旅平学会学刊》是由在北平读书的绥远籍学生们成立的一个名叫绥远旅平学会的团体创办的学术会刊，旨在介绍地方文化，表现民生疾苦，主要对当时绥远地区的政治、经济、农村、教育等问题进行讨论，提出解决方案，是一份政治色彩浓郁的综合性刊物。该刊物集科学性、创新性、理论性为一体，所载内容丰富多彩，具有很强的可读性。其办刊宗旨是以促进地方文化为宗旨，为民众图谋福利，为同学砥砺学行起见，创办学刊。历年来努力之方向，对民众之疾苦，极力向外张扬，以求赈救之方；对地方当局，设法多方建议，以尽公民之责；对同学品行，勉力规磨锻炼，之互助之益（《绥远旅平学会学刊》1930年第二卷第一期《绥远旅平学会执委会特别启事》）。同时，该刊还郑重向民众承诺：要深深走到民众中，成为民众的喉舌。并声明拥护三民主义，反对蒋、汪对日妥协政策。该刊物恪守诺言，不遗余力地去实现这一宗旨，所载文章紧扣宗旨。在该刊所载文章中，有的反映了在水深火热中的绥远民众之疾苦；有的则是对绥远地区政治、经济、文化等社会现象的中肯分析和操作性很强的具体建议；其中有些文章稍有偏激，但不失为一种进步的充满生机之刊物。它的面世，在当时政治黑暗、风雨如晦的绥远省来讲，犹如一把闪亮之火炬，给生活在黑暗中的绥远民众带来一线光明。

当时，该学刊第二卷上发表了署名起生写的一篇题为《由武川二区区长全致珍逃跑到绥远政治》的文章，文章披露了一件发生在绥远官场上的丑闻：民国十九年（1930年），当时有个叫全致珍的丰镇人，被委任为武川二区区长。此人吃喝嫖赌样样上瘾，上任后恶习不改。在他的影响下，二区工作人员都染上这些恶习。上任几个月，就把区里的积蓄折腾光了。之后，此人为更好地挥霍，又疯狂地"刮地皮"。全致珍打破由县财政局收税捐的规定，私自向农民收款，使政声狼藉，民怨沸腾。但仍一意孤行，继续疯狂勒索民财，共搜刮入腰包1000多元。这年年底，乡民联合各乡乡长到区上算账，同时县里也派专员到二区代理任事。全见势不妙，利用回县解交之机出逃。出逃时又将1500元团丁饷卷走，并带走区里所有公款和公章，从此销声匿迹，而地方当局对此事置若罔闻，最终不了了之。

圣洁的阵地，人才的摇篮

《绥远旅平学会学刊》为半月刊，但因为各种原因，往往不能如期出版。该刊是当时绥远省最大的刊物。编写在北平，发行以绥远地区为主。学刊每年由旅平学会选出执行编委会，并设置了社会、出版、游艺等部门。该学刊的工作人员都是在高校读书的出类拔萃者。当时，该刊物的特约编辑有宋之的、石寄圃、漂萍、刘寺钟、侯之焕、苏玉屏、李荣荫、霍佩心、任鼎生、李如羌、耿正模、朱子陵等。

《绥远旅平学会学刊》的经费主要来源于政府拨款，同时还通过募捐、义演等渠道筹款。政府拨款多由傅作义主席亲批，因而有充足的经费。据史载：1931年旅平学会第三届执委会全年收到刊费是2367元1角7分2厘2毫。

在《绥远旅平学会学刊》这块舆论阵地上，为国家培养了一大批精英。他们后来在政界、艺术界功劳卓著，大名鼎鼎。在艺术上有全国著名的剧作家宋之的，此人在北平大学法学院毕业后，曾在北平联华电影公司当演员，以后又成为《戏剧新闻》的主编。中华人民共和国成立后，宋之的任过《解放军文艺》总编辑、《剧本》月刊主编。石寄圃大学毕业后，于1933年在上海天一电影厂参加工作，是杰出的电影导演、摄影师，在电影界享有盛誉，与电影艺术家吴印咸、朱石麟、赵丹齐名。他于1936年冬拍摄的大型战地纪录片《绥远殊死之战——百灵庙战役》，是我国第一部大型纪录片。该片在上海、香港等城市公演后，引起很大反响，极大地激发了全国人民的抗日热情。观完此片，南方各地同胞纷纷捐款赠物，共捐款300万元（银圆）奉献给绥远抗日将士。左联作家刘寺钟也是从这块阵地上走出来的社会精英，他在为《绥远旅平学会学刊》撰稿和编辑期间，阅读了大量马克思主义理论读物和其他进步书籍。通过阅读进步书籍，他提高了思想觉悟，激发了爱国热情。从此，他积极参加爱国学生运动，曾参加由北平9所高校发起的全国著名的学生爱国运动——南下示威运动。为此，遭到官方追捕。刘寺钟在北平站不住脚，只好潜回绥远。在乡下避难时遭人杀害，年仅29岁，壮志未酬，英年早逝。他曾在《绥远旅平学会学刊》第二、三卷上发表过小说《何必当初》《饥饿》《民生渠》等。此外，刘寺钟还撰写了一些评论和抨击时弊的言论。其作品紧贴现实，直面人生，勇于为生活在水深火热中的民众呐喊。

当时，在该刊上发表的一些作品在全国引起很大反响。宋之的的独幕剧《街头》《都是戏》受到广大读者好评。

归绥保卫战始末

刘　宏

在呼和浩特地区的抗战史上，各族民众、各个阶层抵御外侮、同仇敌忾，书写了一段荡气回肠的历史。然而，日本侵略军攻陷这座城池时，我方军民所进行的抵抗，在史籍中却鲜有记载，仅仅有大黑河阻击战的说法，且零零星星。以致今天的很多人，包括一部分史学工作者，都认为当年的守城抵抗即是大黑河阻击战，而且"进行时间很短""当年日本侵略军基本长驱直入""我方的抵抗几乎为零"等等。

在呼和浩特市档案馆馆藏史料中，有两件涉及到了1937年日本侵略军进犯归绥（即今呼和浩特地区）和归绥守军保卫城池战斗的史料：一件是当年蒙旗保安总队队员撰写的回忆性文章《小黑河战斗》；另一件是见于日本《支那事变实记（第三辑）》中的《北支方面战况》。通过对这两件史料的考究，笔者认为这场保家卫国的战斗并非简单的"大黑河阻击战"，而是有组织有分工、有详细的战术部署，更是有全民参与同仇敌忾的保卫战，是在敌我力量极其悬殊的情况下，坚守两天三夜的一场荡气回肠的归绥保卫之战。一如史言："在前线以血肉之躯，筑成壕堑，有死无退，阵地化为灰烬，军心仍坚如铁石，陷阵之勇，死事之烈，实足以昭示民族独立之精神，奠定中华复兴之基础。"那么，真实的历史是什么样的呢？本文将根据馆藏史料，以时间为节点，对归绥保卫战进行历史还原。

1937年"七七事变"后，日本侵略者继续西侵。9月19日，日军察哈尔派遣兵团一部兵分两路向晋北的右玉县和绥远省丰镇、集宁进攻，22日，侵占丰镇、集宁。驻防丰镇、集宁的国民兵第一、二团，兴和县县长孟文仲率领的乡导员、自卫队400余人，纷纷退到呼和浩特。

而此时，由于国民党军傅作义部主力奉调退守山西。绥远地区成立了绥远军政委员会，推举战事失利退到绥远地区的东北挺进军总司令马占山为委员长，代行第七集团军总司令部和绥远省政府职能，迎战日本侵略军。部署马占山的东北挺进军骑六师和炮兵队在卓资山的斗金山设防，准备迎战沿平绥铁路西犯之敌；部署门炳岳的骑六军驻防武川，以防敌军从大青山后进犯呼和浩特。孟文仲率骑兵旅及所部乡导员、自卫队在蛮汗山各山口警戒或侦察敌军行动。归化、绥远守军只剩下由土默特蒙古族组成的蒙旗保安总队和绥远省国民兵副司令李大超率领的留绥国民兵一个骑兵旅、两个步兵团，以及从东北退下来的马占山挺进军部分部队。部署前，马占山将蒙旗保安总队暂编为蒙旗独立混成旅。

在呼和浩特城南大黑河北岸设立第一道防线，修筑了战壕和掩体，由绥远省国民兵步兵和蒙旗混成旅炮兵防守；在呼和浩特城南环城马路设立第二道防线，由蒙旗独立混成旅步兵防守。

10月11日

日本关东军察哈尔派遣兵团和伪蒙军兵分三路，进犯绥远、归化二城（今呼和浩特地区）和包头地区。日本侵略军黑田联队乘汽车绕道凉城；李守信率伪蒙古军 4 个师出卓资山、旗下营线沿铁路向呼和浩特进逼；德王率伪蒙古军4个师占领百灵庙，南下武川一线，形成了南、北、东三面围攻归绥的态势。

10月12日

日本侵略军兵临归绥城。绥远省国民兵和蒙旗混成旅按照命令，在大黑河北岸依托阵地，顽强阻击侵略者。马占山、李大超亲临前线阵地督战，归绥各族各界齐心协力，武器、弹药、食品源源不断地送到前沿阵地，由省政府政训处组织的市民担架队更是及时将伤员运送到医院治疗。

双方隔岸对战直至夜幕降临。为了有效遏制敌人的进攻，夜间，我守军骑兵分两路过河，向日本侵略军发起突然袭击，致使日军不敢贸然前行。

与此同时，马占山将军在归化城严密布阵，将守军划分左右两翼，依托龙泉公园（即今人民公园）东、西，碱滩石羊桥至南茶坊地势分别进入阵地，防守城池。又将蒙旗混成旅的另一路调至归绥城南小黑河（在大黑河北段）一线设立防线。

奉命调至小黑河的这路部队中，大多属原蒙旗保安总队，他们曾在8 月末开赴百灵庙、大庙子一带防守约 20 余日，因归绥吃紧，才奉命调回归绥的。途中，带回了傅作义部留在百灵庙的山炮一连，作战能力大大提升。

10月12日夜11时许，云蔚、云飞扬、耿三奎率战士们带山炮两门向小黑河进发。临出发时，指导员王允文对弟兄们说："要有个不怕的观点，日本人也是人，只要我们能避实就虚，巧妙地运用战术，我们是能够打过他们的！"话虽不多，却在激战前起到了稳定军心、鼓舞士气的作用。

10月13日

门炳岳的骑六军在武川与从百灵庙南下的德王伪蒙古军交战失利；东北挺进军骑兵刘桂五部与伪蒙古军李守信部交战受挫，伤亡惨重。在大黑河守军的顽强抵抗中，小黑河守军顺利到达防区。他们将炮从汽车上卸下，进一步修筑桃花村东约500米处的掩体，使掩体更加安全隐蔽。这一切部署停当，已是13日凌晨4时许。马占山、李大超亲临前沿阵地督战。

凌晨5时，按预定计划，绥远省国民兵进入黑河桥南的民丰渠前沿据守。6时15分，敌人发起进攻。国民兵用步枪齐射敌军之后，我方炮兵即向东南方向日本侵略军阵地开炮射击。对峙中，敌人怀疑我炮兵阵地在桃花村，故齐向该村射击。使用一批爆破弹后，灭绝人寰的日本侵略军竟改用燃烧弹向桃花村轰击。弹落火起，全村房屋被炸烂烧毁，无辜的中国人民丧生在日本侵略军的炮火之下；烟雾弥漫，血流成河、哭声喊声连成一片的惨状令人不忍听。

日军炮击过后，为补充前沿兵力，马占山将军即令其步兵营向桃花村阵地前进，但因敌人的炮火猛烈，虽有我炮兵掩护，但步兵营仍无法前进，几次受挫后被迫撤回。

与敌炮战三小时余，前方已无友军，马占山将军命令小黑河守军撤退。沈队副与分队长云飞扬研究，决定先将宝贵的山炮撤回。在阵地没有拉炮汽车又无炮骡的情况下，护炮部队徒手运送山炮，拉的拉推的推，趟涉小黑河，将炮运至北岸并搬上汽车。这时有人喊："还有炮弹呢！"立刻就有8名战士提出过河去搬，他们冒着炮火在小黑河南北两岸搬了两趟，将剩余炮弹搬上停靠在南岸的汽车，全部运回。马占山将军在桥头目睹这一情况说："好小子，有种！回去领奖！"回到包头后即给这八个战士每人颁发了一百元平市官钱票。

为了炮兵和前方指挥所能够安全撤回，云飞扬分队长率领小分队依托黑河桥东一小庙前的田埂，继续阻击进攻的敌人。日本侵略军用重机枪射击，我守军高喊"团结起来，打倒日本帝国主义"的口号，用轻机枪还击。周旋1小时余，估计炮兵已回防，马将军的卧车也回城了，云分队长即率队向原防地回撤。途中，敌炮兵继续延伸射击，炮弹或前或后，或左或右。所幸的是小分队中恰有一名老班长郭富文谙熟炮战，听到嘶嘶之声并带有啸声，即弹着点就在附近，立即让大家停止前进，伏卧在地，听到嗡嗡之声，即弹着点较远，大家便起来继续前进。在他的带领下，小分队一行人或起或伏、或行或止，巧妙地利用地形、地物，向城边防线转移，除1人受伤后牺牲其他均安全返回。

小分队回到城防时，南茶坊大道上已布满障碍。绕行至环城马路阵地，乡亲们把热乎乎的面条端来，并说："你们辛苦了！快吃！快吃！"小分队的战士们嘴里说着"谢谢，这是我们应该做的"，泪水已夺眶而出：既感激乡亲的热情和理解，又愧疚无力保卫家乡父老……

13日晚，日本侵略军大举进攻。马占山虽亲临前线视察，终因敌我兵力火力悬殊，将军下令守军分批乘火车西撤。为了不使市民在守卫战中造成过大伤亡，不使城市受到更大破坏，也为了保存抗战部队的有生力量，全体将士含悲忍泪，撤离归绥城。

10月14日

上午，国民兵司令部向包头转移。

中午，大黑河守军撤到台阁牧火车站，乘火车西行。

下午，守城的蒙旗独立旅也乘火车西撤。马占山将军带领卫队最后撤离归绥。守军撤退后，归绥商务会组成以贺秉温为首的临时维持会迎接日伪军入城，呼和浩特就此沦陷。

面对装备精良、训练有素的数倍侵略者，蒙旗混成旅和国民兵仅是一支地方杂牌武装。其兵力薄弱、武器简陋，从战略意义上说，归绥几近空城。但是几十年后的今天，我们看到的是在归绥保卫战中体现出的保家卫国的合力、抵御外侮战斗中全民动员的场景以及详尽缜密的军事部署。值得一提的是，上述参与小黑河炮战并掩护炮兵和前方指挥所安全撤回的新编蒙旗混成旅云飞扬分队长(1916—2002)，是一名中共党员，而且在队伍中，已经有共产党的组织发挥着积极的作用。

归绥保卫战，虽然最终我守军被迫撤离，但这场军民同仇敌忾、浴血奋战保家卫国的战斗，作为一份历史记录、一种民族精神，将永驻史册。

逐本溯源

平绥线上的绥远往事

白文宇

一

京绥铁路是一段有着许多故事的铁路，清末光绪三十一年（1905年）开始筹划修建，经历了民国临时政府、北洋政府，到南京国民政府才算彻底完工。京绥铁路由北京出发，经张家口、大同、丰镇、集宁到归绥，后来又延伸到包头。按京张铁路、张绥铁路、绥包铁路三段铁路支线修建，1916年京张铁路与张绥铁路合并，统称为京绥铁路。全线长800多千米，设大小站点60多处，于1921年通车。1928年北京改称北平后，京绥铁路遂改称平绥铁路。抗战时期日军为掠夺资源又陆续修建了大青山支线、大台支线、宣庞支线。中华人民共和国成立后，对解放战争中被破坏的铁路设施进行了修复，平绥铁路于1949年10月修复通车，并更名为京包铁路。

平绥铁路的正式通车对于交通不够便利的塞外古城归绥来说，无疑是一件轰动的大事。通车后，在归化和绥远之间又形成了一个以绥远火车站为中心的聚居区，初期主要是铁路工人及其家人的生活区域，较为简陋和荒凉，仅有两家车马店，经营柴米油盐酱醋茶及蔬菜的小商贩都是肩担、背扛、摆地摊经营。但很快北京、天津一带乃至各地的商人纷纷乘着火车来到归绥寻求发展商机，不少人在绥远火车站附近购买地皮、开设商铺，为归绥的商业注入了新鲜血液，逐渐改变当地单一的商业模式，迎来各路商家云集的时代。站前、站后、铁路两侧很快建起了房舍和商铺，饭馆、旅店、山货店、货栈、商行鳞次栉比，这里变成人烟稠密的繁华区域。同时也扩大了归绥人的视野，1922年8月爆发了京绥铁路工人大罢工，绥远沿线各车站和路段的工人们积极响应。第二年归绥站又派周正清为代表赴郑州参加"二七"大罢工，将塞外草原纳入时代的洪流。

此后，无数的有志青年踏上火车从这里走出去。土默特旗的荣耀先到北京读书，接触进步思想加入了中国共产党。在荣耀先的动员下，乌兰夫、云继先、朱实夫、奎璧、多松年、李裕智等人先后乘火车进京学习，并走上了追求人民解放的道路。

二

近些年来，研究铁路的历史学者发现当时建成的整条平绥铁路上的站房分为三种风格，从大同到呼和浩特之间的站房风格为日本特色，白塔火车站就是这一特色的代表。白塔火车站位于呼和浩特市赛罕区巴彦镇，是一座保存较好的青砖灰瓦老车站，前面和右侧是宽窄合适的回廊，往里是绿漆木门窗，回廊外为木梁，屋檐一直延伸到回廊上，屋檐边上的灰瓦有些脱落，残缺不全。最具有民国记忆的是站房顶三角形构筑中从右往左镌刻的"白塔车站"及"中华民国十年八月陈世华书"的繁体字，屋顶正脊两端分别是方形砖砌的烟囱，仔细观看，盖着灰瓦的屋檐一侧低缓偏长，一侧陡立偏短，整体低矮呈现扁平状，和影视剧中的一些大阪木屋有些相似之处，这就是走进白塔老站给人的最初印象。1921年5月1日京绥铁路通车后，车站就投入了运营，此后火车就走进了归绥人的生活，距今已走过了100多个年头，这里的一砖一瓦、一梁一木，都有着百年时光的沉淀。在这一方小天地里，能找到难得的静谧之感。绿漆斑驳的门窗、低矮的车站、陈旧的设施，仿佛在诉说着平绥线的故事。

白塔火车站当年是平绥线上为数不多的繁华站点，有站长、副站长、车长等专职人员，设施方面配有客票室、电报室、货票室、行李室、货仓，每月有经费2000多元。京绥铁路局根据沿途各地区的繁华程度把沿途各站分为三等，归绥、包头、白塔、平地泉、丰镇为一等站，萨拉齐、卓资山为二等站，其他车站则是三等站。

白塔火车站颇具日本特色的原因是京绥铁路修建时借了日本外债。当年，当铁路修到大同至丰镇段时，因资金不足停工，只得通过国内募集解决所需资金。觊觎京绥铁路已久的日本株式会社趁机贿赂当事官员，使用日资购买债券，将国内募集转变为外债。1918年12月13日，随着京绥铁路局局长丁士源在日本东亚兴业株式会社借款合同上签下自己名字，京绥铁路的路权便被日本纳入囊中。在后续建设过程中向日本购枕木、铁轨、车厢等原材料和设备，累积欠款数百万元。日方派出相应的铁路工程师和技术人员予以建设指导，由此张绥铁路沿途的火车站均被烙上日本风格。

从一些残存的民国照片和几座保存较好的车站得知，平绥铁路沿线与白塔车站同样建筑风格的还有大同、卓资山、新安庄、平地泉、陶卜齐、台阁牧等车站，都是灰瓦屋檐，一侧低缓偏长，一侧陡立偏短、四周回廊、刷着绿漆的木门窗，屋顶都有三角形和半圆形的水泥站名牌，整体呈现扁平状，无不蕴含着日本建筑风格。

1937年"七七"事变后，傅作义受阎锡山"弃绥保晋"战略影响退回山西，绥远当时只有东北挺进军一个骑兵师和炮兵队在卓资山附近设防，准备迎战沿平绥铁路西北之敌；门炳岳的骑六军驻防武川，以防敌军从大青山后进攻。10月11日，日伪军兵分三路向归绥进军。马占山将军曾将白塔车站作为前沿指挥部，在职工宿舍和站长官房里与将士们讨论应对策略，油灯从深夜燃到黎明，指挥部队防守。敌军进攻大黑河一线后，马将军亲临阵地，固守防线，苦战数日无果，于14日上午无奈向包头撤离。当酒井旅团的百余辆装甲车行进至白塔车站时，马占山早已带领卫队乘坐着最后一辆列车离去，留给日军散落满地的枕木和几根损坏的铁轨。

归绥沦陷后，日军在当年冬天对白塔火车站进行了局部改造。改造后车站的屋顶架设了岗亭，站房旁的一根木旗杆上挂起了日本国旗，院子里修了几座坚固的水泥碉堡。

1938年，大青山支队通过平绥铁路进入大青山腹地建立起抗日根据地后，他们便活跃在平绥铁路周围。抗战胜利前夕，日军组织了一支以"厚和铁路警务段"副段长内田留三郎为首的40多人特别工作队，破坏铁路沿线的地下组织，捕杀抗日人员。当敌人从陶卜齐站进韩家窑子村时，被抗日游击队发现并歼灭，内田留三郎当场毙命。

1949年1月底，为配合天津战役的胜利，西北野战军第8纵队决定在东起平绥铁路白塔站西至旗下营站的区域内发动陶卜齐、榆林战役，这次战役使白塔站经受了炮火的洗礼。战斗以我军收复了陶卜齐、榆林地区，绥远国民党守军向归绥方向撤退而画上了句号。冲突过后，双方达成暂维现状、划界驻军的协定，一条以白塔火车站东的古力板乌素村为中心的红色停火线就此诞生。

随着三大战役的结束，归绥已是一座孤城，1949年夏，中共华北局和傅作义派人来绥，协助董其武进行和平起义工作。1949年9月19日，以董其武为首的绥远军政干部和地方各界代表39人联名通电举行起义，绥远实现了和平解放。

中华人民共和国成立后的白塔火车站，一直承担着客货运输的重任。1977年由于京包线局部改线，白塔火车站因远离铁路线而停运。此后白塔火车站也渐渐淡出人们的视野。除了老一辈的职工和住户，知道这里的人越来越少了。

昔日风靡呼和浩特的地方戏

——土默川大秧歌

张继龙

清乾隆末年到20世纪30年代，呼和浩特地区曾流行着一种现已看不到的地方小戏——土默川大秧歌。它在风靡呼和浩特地区130多年后，逐渐消失在历史的尘埃中。

清乾隆初年，清政府开始大规模放垦土默特两翼旗的草原，靠近呼和浩特的晋北人民成批来到呼和浩特地区，有的租种政府丈放的官粮地，有的私种租银更低的土默特兵丁的户口地。由于呼和浩特地区的租地银较低，气候土壤也适合农作物生长，使得到这里租地的农民生活有了很大改善，又吸引着一些有钱的商人和地主到呼和浩特地区大规模租垦草场，雇工耕种或转租耕种，并都获得了不错的收益，也使得来呼和浩特租种地的人越来越多。乾隆中期，在得到清政府"许退不许夺"的"永租"保证之后，在经历了二三十年春来秋回的"雁行"式耕种方式后，这些人逐渐在呼和浩特定居下来。紧接着，山西的手工业者也陆续进入呼和浩特，随之而来的还有各种文化习俗、生活习俗。流传于晋北朔县（今朔州市朔城区）、平鲁、山阴、应县、右玉等地的朔州大秧歌戏曲也随着人们的节日娱乐需求从晋北地区流入呼和浩特，并成为乾隆末年到1942年这130多年间呼和浩特地区乡村娱乐的主要方式。

据崔殿月先生登载于1983年出版的《土默特史料》第九辑《民间戏曲传入与形成》一文记述，大秧歌在清乾隆五十八年（1793年）左右在今土默特左旗形成戏班，成立戏班的村庄是今土默特左旗的白只户村，唱大秧歌的村民有王恩会（花腔）、韩二套（青衣）、刘三官、杜官庆等人。当时所唱的剧目主要是《田氏劈棺》《化金钗》《千里送妹》（俗称打洞）等。随后又传到今土默特左旗善友板申、窑子湾、道试、大古城、台阁牧、载生、章盖台、主根岱、东红岱、大毕克齐等村。

传入呼和浩特地区的朔州大秧歌，并非是现在仍能见到的庆贺年节丰收时街头扭的秧歌和旱船、车、灯一类社火表演活动，而是有着故事情节、专属音乐、表演形式的小戏。朔州大秧歌和与它邻近地区的广灵秧歌、繁峙秧歌、蔚县大秧歌有着共同特点和历史渊源关系。因此，一些研究者亦把它们合称为晋北秧歌或晋北大秧歌。

朔州大秧歌源自晋北踢鼓秧歌和将民间舞蹈与地方音乐以及民歌小调相结合边舞边唱的小演唱秧歌。踢鼓秧歌如今在我市托克托县双墙村还有流传，其形成据传说与梁山英雄有关。一说是踢鼓秧歌来自《水浒传》中《三打大名府》的故事，说的是梁山好汉借元宵节闹花灯扮成各种人物混入大名府救出卢俊义，各地群众根据这一情节，在当时流行的洪拳基础上吸收其他民间小歌舞，形成了踢鼓秧歌。二说是梁山好汉双枪将董平是潞州人，在一次回家探母途中路过朔州，正遇元宵节，董平和当地表演秧歌的人一起编演了社火。还有一说是董平元宵节回潞州时，半路上被官府抓获，梁山兄弟刘唐、呼延灼、关胜知道后，扮成闹红火的艺人走上街头，趁机打开监狱救出董平，并从店铺里抢出财物救济穷人，受到当地百姓的拥护。以后，每逢元宵节，人们就扮成梁山好汉，在街头载歌载舞，自娱自乐。还有传说是隋朝末年，杨广死后，宫里还有很多妃嫔、宫女，可是这些妃嫔、宫女不守规矩，整天哭闹，于是，李渊调回瓦岗寨的英雄好汉，让他们杀死这些妃嫔、宫女。可瓦岗寨的英雄好汉不但没有把她们杀掉，反而和她们嬉戏在一起，踢的踢，拉的拉，从这以后，就留下了踢鼓秧歌。而小演唱秧歌则是元宵节秧歌队进入每家每户拜年表演时，临时唱的一些应景歌或祝贺性致语，后引入有一定故事情节的男女问答歌唱的"表演秧歌"。踢鼓秧歌和小演唱秧歌经过融合表演后，逐渐形成了一定程式和表演形式，并登上舞台。因最初演员所演节目多为生活小戏，人们也把它称为"耍耍戏""玩意儿"。随着清代民间崇神、祭神内容的不断扩大及民间崇神地域色彩的不断加剧，演戏酬谢神圣成为给神献上丰盛祭品外的另一种重要形式。而此时作为半专业性的大秧歌剧团为了能在乡间的酬谢神灵活动中进行演出，不断增加适合酬谢神灵演出的剧目，并根据剧目吸收北路梆子、耍孩儿、道情中的音乐、表演、化妆、程式、唱腔，使得其在保留自身特点的同时又增加了表现力。因晋北主要城镇有北路梆子演出，大秧歌则因戏价低成为活跃于晋北乡村的剧团。

尽管大秧歌发展成在舞台上演出的戏曲，但是艺人们仍按照闹红火时的习惯，把天宫、地宫、水宫作为祖师爷，并没有把各个剧种都视为祖师的唐玄宗李隆基作为祖师。

随着大秧歌在今土默特左旗传播，也很快传到今托克托县、清水河县、和林格尔县、武川县及现在的呼和浩特广大郊区一带，和今包头市周围及土默特右旗。在演出过程中，大秧歌剧的道白也很快由朔州一带的土语变成了晋北各地在呼和浩特地区杂居形成的土默川土语。逐渐形成有着当地特色的地方戏曲——土默川大秧歌。在呼和浩特地区形成的土默川大秧歌剧团，除一些专业剧团外，很多都是乡村自己的大秧歌业余剧团。这些业余剧团都是在冬天农闲时排练，在新年以后的元宵节和村里庙会及春祈秋报崇神乐祭时表演。

　　土默川大秧歌的表演程式在很大程度上仿照北路梆子，但也有自己的特色，多数剧目的唱词有类似快板书的书帽，书帽也称"念慈"，艺人称之为"踢脚诗"，和现在我市二人台戏曲一些剧目开场时的"呱嘴"相同。书帽词语俏皮、明快、诙谐、押韵、流畅、夸张，充满乡土气息和情趣，在演出音乐的配合下，抑扬顿挫、风趣逗乐，颇能吸引和集中观众的注意力。土默川大秧歌的声腔主要为梆子腔和训调，训调亦称"训子"，属朔州秧歌独特的唱腔，具有浓厚的地方风格和乡土气息。音乐在一些"二小戏""三小戏"中，有的一剧一曲，有的一剧数曲。音乐乐器有正弦、反弦两把板胡，枚，锣鼓钗各一大一小。其中，枚为呼和浩特市使用较多的乐器，是大秧歌进入呼和浩特地区后加入的，取代原朔州大秧歌用的梆笛。土默川大秧歌唱腔为地方化的板式变化唱腔，主要来源于梆子腔，基本板式为"头性""二性""三性""介板""滚白"。土默川大秧歌的扮相和服饰在生活小戏上较为粗陋，脸谱基本和现在的二人台脸谱相似，服饰也接近当时的生活服饰，而古装剧的扮相和服饰则主要以北路梆子的扮相、服饰为主。在表演上生活小戏表演基本接近生活实际，舞蹈性较强，艺术性较弱。在古装戏中则借鉴了其他大剧种的表演艺术，逐渐发展出一套生动、风趣程式化动作，艺术性加强。土默川大秧歌生活类小戏主要有《牧牛》《借冠子》《顶灯》《梁山伯下山》等，这些生活型小戏后来也进入二人台剧目中。古装戏主要有《化金钗》《双梅花》《游花园》《明月楼》

《泥窑》《明公断》《合风裙》《何文秀算卦》（俗称《三福生》）《伍子胥杀府》《高平宫》《桑园会》《大花园》《小花园》《三疑计》《胡迪骂阁》《江郎休妻》《火焰驹》《安安送米》《汾河湾》（俗称《丁山打雁》）《千里送京娘》《大上吊》《断桥》《周文送母》《七虎子聘闺女》《风仗亭》《王家坡》《杀狗》《双宫浩》《大教子》《小教子》《走雪山》《赶山关》《王雷阵》《九件衣》也称《烈女传》《翠屏山》《八卦图》《茶山》（俗称《朱砂计记》）《狮子楼》《雷横打柳》《刘唐下书》《李逵搬母》等。

清朝后期和民国初年呼和浩特地区的乡村唱戏，除正月、二月唱戏外，一般都在草青杏黄、麦收瓜熟时节和本村庙会。在当时能够请戏唱戏的村子一般都是人口较多、经济条件较好的村庄，不少村里都建有戏台。除城郊大村和较大的集镇能请起大戏（大戏早期指北路梆子，20世纪30年代前后指中路梆子，即现在的晋剧）外，一般的村镇请的均为土默川大秧歌剧团。清朝和民国时的呼和浩特地区因乡村都还没有电，唱戏都是在上下午，时间为3～5天。村里唱戏一般由村社来安排，定好后募集或按户摊派所需资金。唱戏除酬谢神灵保佑"风调雨顺""国泰民安"外，也是村人们少有的娱乐方式和增进亲戚、朋友往来的重要方式。

一个村里确定演戏时间后，村民们会以各种方法通知远近亲朋前来看戏，对于一些辈分高、年龄大的长者，还会用牛马车去接。唱戏期间，都会尽家所能接待亲朋。本村或周边村里唱戏时，村里的地主会给雇工放假一天或一个下午，并发给五至十文钱让其去看戏。而靠近城里的乡村唱戏时，还会引来城里人看。当时，呼和浩特市人称乡下唱的戏为"外台子戏"，到乡下看戏称"踩青儿"。"踩青儿"到乡村看戏的城里人有男有女，男子有的骑马，有的坐骡或马拉的轿车，而女子都是坐轿车。城里的商人们也纷纷坐着轿车，拉着休息用的帐房和吃喝到村里看戏。除看戏外，这些商人实际也是在了解市场。粮商们看各种庄稼哪里长得好，哪里长得不好，然后再决定是收购还是抛卖。绸缎行则是看人们的穿戴打扮，以便采购。

清末，土默川大秧歌已成为土默川上人民共同喜欢的地方戏曲。民国十九年（1930年），出生于光绪二十四年（1898年），从小喜欢学唱大秧歌的章盖营村李壮壮成立起了一支职业性大秧歌戏班子。李壮壮于民国元年（1912年）15岁时正式拜师学艺，学成后承传统而不守旧，吸取山西北路梆子精华，形成土默川化的板腔体大秧歌戏，并改编剧目，在音乐、唱腔表演上进一步创新，使大秧歌更具塞外特色，发展成与山西朔州大秧歌有了明显区别的土默川大秧歌。

就在土默川上遍地大秧歌之时。清末的土默川上，又兴起了一个以土默特民歌蒙古曲儿和山西祁县、太谷秧歌融合发展起来的小戏曲，这个小戏曲演出班子，仅三四个人就可演唱，六七个人就是一个行当齐全的小剧团，因剧团人少行头也少，无需舞台。收取的报酬也比土默川大秧歌剧团更低，小剧团先后被人们称为蒙古曲儿、玩意儿、打土滩的、挖莜面的、二人台，中华人民共和国成立后，这个戏剧演出班子被固定称为二人台。由于低戏价以及贴近生活的剧目，二人台开始占领土默川的一些乡村剧场。20世纪30年代，中路梆子晋剧传入呼和浩特地区，逐渐取代北路梆子，一些土默川大秧歌剧团开始改唱北路梆子，土默川大秧歌的市场进一步缩小。1937年10月下旬，呼和浩特被日本侵略军占领，人民生活遭受破坏，民不聊生，加之农村村社的人怕唱戏生事，土默川大秧歌基本停止了演出。日本侵略军投降后，国民党又出来争夺胜利果实，广大农民仍生活在饥寒交迫中。1937年10月下旬到中华人民共和国成立的12年间，土默川大秧歌基本已都停演。中华人民共和国成立后，由于停演12年，一些老艺人已年老不能演出，而这12年间又没有年轻人学习，所以呼和浩特地区的土默川大秧歌剧团大部分已不能演出。据崔殿月先生的《民间戏曲的传入与形成》记述，善友板申的老艺人范双虎、李老补曾在1954年在尔圪沁沟教过大秧歌。1956年，当时在土默特文化馆工作的刁力亚同志，曾下乡搜集、整理过大秧歌资料，但在"文化大革命"期间被付之一炬。1976年，今土默特左旗毕克齐镇大古城村土默川大秧歌剧团进行过最后一次演出。托克托县地方文化学者杨诚刊载于《托克托县文史资料》第七辑的文章《大秧歌》记述："据古城镇什力邓村大秧歌老艺人刘虎说，至解放前夕，县境内的大秧歌剧团只有什力邓村和东云寿村还幸存两个业余班子。东云寿的大秧歌剧团后改为晋剧团。什力邓的大秧歌剧团在上世纪50年代也解体了。"《和林格尔县志》在记述大秧歌时记载："和林格尔各乡多有这种戏剧团体，以东沟子、新营子、黑老窑等村大秧歌比较出名。"《武川县志》记载："民国二十年（1931年）前后，庙沟、哈拉合少一带，由民间艺人组成两个秧歌班子，在农历正、二月和其他传统节日进行演出，颇受群众欢迎。"而到1963年，武川县全县24个坚持活动的业余剧团中，有4个演出晋剧，19个演出二人台，仅有1个演出大秧歌剧。在现在呼和浩特的各个旗县中，清水河县是全市大秧歌存在时间最长的旗县，《清水河县志》记载，到1981年全县仍有大秧歌业余剧团18个，县内威远窑、韩庆坝、石湾子、尖山子、北圪洞、桦树沟、毛林子、洞儿沟、刘家窑等村的大秧歌较为出名。而且，清水河县秧歌剧团多数能唱道情，这也是其传承时间最长的原因之一。20世纪末，清水河县乡村剧场全部被晋剧、二人台和现代歌舞占领，土默川大秧歌退出舞台销声匿迹。

纵观土默川大秧歌从风靡呼和浩特到销声匿迹，其风靡的原因：一是清乾隆时期在开发呼和浩特土地时，清政府推行只准种地农民退地，不准出租者随便收回土地的保护种地者利益和积极性的永租土地政策，使租种地人民积极性较高，呼和浩特地区的农业得到了较快的发展。随着人们生活水平提高，对文化生活有了较大渴求。二是清朝时期人民群众普遍封建迷信思想严重，进入呼和浩特地区的人民普遍认为生活水平的提高是受到神佛的保佑。于是，小村建小庙，大村建大庙，绝大多数村建的庙都在两个以上。而当时作为大戏的北路梆子一方面戏价高，一般村子演不起，另一方面剧团少，满足不了广大农村的需求。而土默川大秧歌演员、乐师不多，剧目大都不长，因而戏价不高，一般村子也都能承受。还有就是唱腔容易被本地人把握，加之演员、乐师少，剧目短戏服也少，很多村子的村社也成立了剧团，以上两个原因促进了土默川大秧歌的传播发展。土默川大秧歌销声匿迹的原因有两个：一是二人台的出现直接影响了土默川大秧歌的发展。二人台所演出的节目为朔州大秧歌早期演出的生活气息较为浓的"二小戏""三小戏"，从走上舞台就给人以清新的享受。而且，3~4人就可以演出，只要给粮食就演出，还能随时编词演出。可随时编词演出的队伍，也注定其具有顽强的生存力。在一个村里唱一场二人台，有一定积蓄的人家无需村社会首同意就可决定演出。于是，结婚喜庆、生日、寿辰、老人过世都开始请二人台演出，这也使得土默川大秧歌的市场越来越少。二是从1913年时任绥远将军的张绍曾从北京请到呼和浩特演出的京剧中女演员演出后，在本地演出的北路梆子中也很快有了女演员。20世纪20年代后到1949年前，二人台演出中也先后有双凤子、周文艺、班玉莲3个女演员，1949年后旦角大部分由女演员担任。而土默川大秧歌的舞台上始终都是男演员，缺少了吸引观众的重要一环。三是中华人民共和国成立后土默川大秧歌彻底走向消亡。中华人民共和国成立后，呼和浩特市、包头市地方政府先后组织民间艺人成立了晋剧团、二人台剧团，而没有成立大秧歌剧团。未成立大秧歌剧团的原因，一是当时大秧歌专业演员少；二是人们思想观念已开始发生变化，封建迷信观念弱化，演戏已不是为了酬神，而是以生活娱乐为主，而且大秧歌剧目大多为北路梆子、晋剧中的片段，是小剧目，不如晋剧吸引观众；三是没有二人台生动活泼、风趣、幽默，因而没能受到重视。这些原因使得呼和浩特地区这一风靡130多年的戏曲艺术成为绝响。

为使大家能铭记土默川大秧歌曾有的辉煌，现将各旗县区志书和崔殿月先生、刘映元先生、赵继性先生关于土默川大秧歌文章中提到的享有盛名的土默川大秧歌演员，和本文中没有提到的有剧团村庄罗列如下：呼市郊区二翻身、三翻身、压翻身（真名叫刘万全）、牛倌旦（艺名）、阎才才（艺名云龙黑）、十里麻，沙尔沁村的二桃旦，马群村的小见会，大岱村的陈保旦，白只户村的赵连相，章盖台村的李状状。还有韩三、白海纳、筱四红、筱宝红、十三旦、李连魁。先唱土默川大秧歌又改唱晋剧的金钤黑、三娃黑。过去村里有剧团有名气有记载的村子：土默特左旗的白只户、善友板申、章盖台、窑子湾、道试、大古城、台阁牧、载生、主根岱、东红岱、大毕克齐。呼和浩特市郊区一带有倘不浪、塔布板、五路村。

昔日梨园行

赵继性

清代初年的诗人王循在《归化城》一诗中写道："小部梨园同上国，千家闹市入丰年。"意思是归化城各类戏班的活跃程度同京城等大城市差不多，其集市上的热闹景象是因为农牧业丰收。这两句诗，形象地反映了归化城演艺业的盛况。

据考证，清康熙以来，归化城中所演唱的戏剧，有北路梆子、中路梆子、徽剧、京剧、评剧、河北梆子、蒲剧和秦腔等。至于农村，长期以来流行着由山西雁门关北的岑后川秧歌转化成的土默川秧歌和岑后川的小戏道情与耍孩儿，以及在土默川沿着黄河地带形成的二人台。在诸多剧种中，我只是粗浅地了解其中的北路梆子、中路梆子和二人台三种。最近，又了解到一点儿土默川大秧歌的资料，经过参考书籍，查阅资料，走访老演员、耆老、戏迷和有关单位，写成此文。

戏 班

成书于清光绪年间的公案演义小说《刘大人私访归化城》中，协办大学士山东诸城人刘统勋，于乾隆二十四年（1759年），到归化城查办绥远城将军保德贪污粮饷和私伐乌拉山林木一案时，曾在大西街听见大云班唱戏。大云班应为现今知道的归化城最早的一个戏班名称。

北路梆子又称山陕梆子、大戏、上路戏。中路梆子又称晋剧、山西梆子、下路戏。"听罢南梆听北梆，慷慨激昂不寻常"（郭沫若赞语）。

过去都是老艺人们"领戏"，外行很难管理好"戏子"，故有"买卖人种不了地，'凉胡子'领不了戏"和"宁领千军，不领一班"的说法。西口（归化）的戏班和东口（张家口）以及山西府南的戏班一样，分为三种类型：字号班、娃娃班，还有字号班中带娃娃的戏班。字号班在归化历史较长久的是光绪年间便出了名的吉升班和长胜班，吉升班的班主是高丙寅，长胜班的班主是白三碌碡。其他的字号班为班主的姓名，故三个字的字号班被埋没，外人和后人就不易知晓。

归化从来没有设立过科班，而是艺人为了防老而"买娃娃"或"写娃娃"带徒弟，买下的娃娃就成了自己的螟蛉子，必须负责养老送终，学成后用"谢师"三年期间的工资酬报老师。这种娃娃班生活非常艰苦，要求特别严格。"二八怪"的娃娃班名叫"贵贵班"，因打出了卢三红、董万年、老福义而驰名归化。卢三红与董万年是和林格尔恼木齐村人，他们是亲兄弟，随母亲由卢家改嫁到董家，卢万年姓了董，卢三红认祖归宗仍然姓卢（亦说是隔山兄弟）。董万年工青衣（亦说工花脸），常跟卢三红配戏，他的表演不亚于"三盏灯"裴俊山和"两股风"（本名不详），可惜英年早逝。这卢三红以扮演诸葛亮最为擅长，在民间有着"三班拼一班顶不住卢三红的《天水关》"的美誉。卢三红的道白清晰，演唱字正腔圆、高亢激越，做派稳重老练。他的拿手戏是《天水关》《出祁山》《空城计》等，他表演的孔明，有时智中潜勇，有时则勇中显智。在《挥泪斩马谡》的一段演唱中情声并发，多次博得喝彩之声。

卢三红于1912年左右才从乡镇进入归化演出。1932年前后，已经老态龙钟驼了背，但仍和花女子李桂林在大观园献艺。老戏迷回忆：你闭上眼一听，卢三红的唱腔真够味道，仍发着高昂的"童子音"。有专家评论，金兰红和卢三红以后，归化北路梆子的须生就后继无人，已经成了绝响。

著名鼓乐艺人三白子张文亮，小时候进卢三红戏班学艺，由于受不了打骂改学吹奏。成名后，在红白喜事的事宴中，用他那大号唢呐模仿卢三红音调吹奏《天水关》《出祁山》《哭灵堂》等。已离开舞台70多岁的卢三红，每遇三白子模仿他的音调唱（吹）大戏时，便得意地对人们说："你们听，又是我三子捉（学）我的调哩！"

有一张1935年的戏报，演出地点是大西街源茂茶园，就是同和茶园、同乐剧院的不同名称。晚场7点开，11点散戏。其票价：楼座每位铜圆40枚，池座铜圆35枚，包厢现洋3元。剧目和演员阵容是卢三红、狮子黑张玉玺、宝玉生、福义黑、金全红、金二旦、活动心等主演的《大报仇》，压轴戏是花女子李桂林、十六红武占元、王金凤、狮子黑、福长生、十一红陈宝林、狗狗生姓温卓资山人、蛤蟆丑、小上海等主演《六月雪》。

有一次卢三红表演《凤凰山》，上高桌时跌倒了，台下发出哄笑的倒彩，但他不慌不忙地把板一叫，唱出了"年老了，力气衰，不想掉下拜将台，二次我再把将台上，定要收住他小姜维"，最终把场面挽回。多少年后戏迷们谈起此事，都佩服卢三红的随机应变才能。

"老狗头"的娃娃班，教师是蒲州人五秃红，打出了金锁子、根换子和三子三位高徒。其中的金锁子在萨拉齐厅章坨台村出生，祖籍山西定襄，官名张玉玺（艺名狮子黑），是在东西两口唱红还到太原"府十县"和京、津等地献艺的名伶。此外还有天顺班等娃娃班。

既是字号班又是娃娃班的混合班，在西口最典型的是侯攀龙的班子。此外，还有狞眉三子班等。

吉升班和长胜班组成后，红极一时，其原因是当时的归化城手工业、商业相当繁荣。据《归绥识略》记载，当时的各种行社就有120多个。大体上可分为商业、手工业、街道、农业和各地来这里的客籍同乡会五种类型的行社。如银钱行叫宝丰社，旅蒙通事行叫集锦社，粮店行叫聚锦社，陆陈行叫福虎社，饮食行叫仙翁社等。手工业中，木匠行叫鲁班社，纸匠行叫公义社，银匠行叫银炉社，毛毡毯行叫旃檀社，靴匠行叫义和社又叫靴匠社。凡有一种手艺行就有一个社。同乡会中，有山西的忻州社、祁县社、崞县社、太谷社，大同的云中社等。还有陕西的陕西社，直隶的蔚州社，北京的京都社等等。在客籍同乡会社中，山西的就有近3/4，其中还有两县合为一社的，如应浑社（应州即后来的应县和浑源）、汾孝社（汾阳和孝义）等。这些行社分别寄设在全城的许多庙里。

戏　台

三国时的关羽是蒲州（今山西省永济市运城一带）人，所以山西商人最崇拜关羽，他们走到哪里都要建立关帝庙，作为山西会馆，由于山西庄的资本雄厚，好多地方的商务会也设在关帝庙内。呼和浩特除建有好几座关帝庙外，还有观音庙、龙王庙、圣母庙、禹王庙、药王庙等。有了庙宇便建起"乐楼"（戏台），来酬神唱戏。从建筑形式上乐楼一般分：歇山顶式、卷棚式、卷棚歇山顶式和硬山式四种类型。即使没有固定的乐楼，也有可以活动的木台，在庙前或街头临时搭起，为演戏提供了很大的方便。

位于市郊的白塔村，因邻近辽代白塔而得名。白塔村的戏台是砖木结构，坐南朝北，为本地僧人化缘布施聚资修建。戏台前部为抱厦式，后部为硬山式，戏台上方双层圆木重叠与立柱交合，梁架连为整体。台左右两侧饰木雕龙头。台顶至地面约8米，盖筒瓦。戏台有梁架4副，露明柱10根。表演区通面宽7.5米，进深6米。台口伸出呈凸形，高2.5米。后台面积11.2平方米。前后台之间用砖壁和木隔扇分开，戏台正面左右两侧有半圆形耳窗。台基高1米，上部用长方形青石条砌面，下部用卵石铺底，观戏区平坦、开阔，由北向南依地形倾斜。1996年，白塔村委会在原地重建了一座比旧戏台更高大的新戏台。

1985年，在庙台后室发现粉墙题壁多处，记载着自清代光绪二十年（1894年）起20多个本地及外埠戏班的活动情况。上面列着班主、会首、演员、伙夫等及负责管理场面、衣箱者百余人的姓名，50多出上演剧目及艺人题写的诗句、告白等。记载着清光绪二十年（1894年）九月十三日山陕梆子义胜和戏班为庙台打台开光的情况，起日（首日）演出剧目，早《忠报国》，午《虹霓关》；正日（第二日），早《忠报国》，午《天门阵》等；末日（第三日），早《战罗成》，午《下河东》，晚《五雷阵》。题壁记载多为山陕梆子班社，1912年以来山西北路梆子班社及京剧、评剧、梆子班社的演出活动也有记载。

清泉寺戏台，建在清水河县北堡乡口子上村明代长城内边和外边的相汇处。据清泉寺碑文载，戏台"建于明代，清光绪十三年五眼井堡所辖村民募捐钱文重修"。戏台与相邻的五眼井堡同建于明崇祯十年（1637年）。后因在戏台前的山坡上兴建了一座清泉寺，故称清泉寺戏台。清泉寺戏台修筑在丫角山山麓的北坡上，丫角山海拔1806米，是清水河县最高的山峰。戏台坐北向南，为砖、木、石结构，由台基、台面、台顶等部分组成。戏台高8米，台口高3.5米，宽8米，进深7米，台基高1.5米。台顶为硬山式，台脊用30块雕砖砌制单檐，青色筒瓦盖顶，前后各有49行，由上而下弧线形分布，形成凹曲巧妙的台顶，这种"反宇向阳"的古建筑结构有利于观众的听觉和视觉。台里设6根金柱，台口处排列着4根，内有2根支撑着戏台大梁。台内有木制隔扇，将戏台分为前后两部分，两边靠墙处设出将、入相门，隔扇上面是空心花格，下面是实心裙板，板上彩绘花鸟、动物图案，至今清晰可辨。台面用石板铺砌，经过数百年使用，依然平整光滑。台口处的踢脚由8根石雕小柱衔接7块石板组成。石柱高0.5米，上雕雄狮、白菜、八宝灯等。台基用经过凿刻的条石砌筑。戏台前原有观戏平台，现遗迹不太明显，整个戏台构筑风格自然、简洁淳厚，浑然一体，构成一座古朴雄伟的古代建筑。

至今这座戏台每年农历的正月十五、四月初八、五月十三及农闲季节都有演出，剧团一般来自山西省的偏关、平鲁、大同、左云、朔县和邻近旗县，剧种有晋剧、道情、大秧歌、二人台等。

当时的归化所唱之戏不是别的剧种，必定是早期的山西北路梆子。在三官庙和十王庙的大院里有好几个庙，建有两座戏台唱对台戏。

每座庙里少则两三个社，多则四五个社。每个社每年至少演一次戏（三天），比较富余的社多至两三次（六到九天）。第一天的戏叫"起唱"（亦称起日子戏），第二天叫"正唱"（正日子戏），第三天叫"末唱"（末日子戏）。有副舞台上的对联正好对此作了说明：

爱听则听爱看则看听看自取两便，

说好就好说歹就歹好歹要唱三日。

各行社的社戏表演有固定时间的，也有不固定时间的，轮到哪一行唱戏时，这一行业便码工放假。这些社戏都是在乐楼或临时搭建的戏台上表演，既没有观众座位，又不围不堵，不收费用，任人站立观看。还有两副戏台对联：

台上人台下人台上台下人看人，

讲今人比古人今人古人人劝人。

文成武就金榜题名虚威武，

男婚女嫁洞房花烛假风流。

社戏演出时间从农历正月初四开始，一直在各庙演到十月上旬天冷为止。再加上农村、城郊的谢雨、酬神等各种庙会，就使戏班更加繁忙了。

班　主

王泰和，创建大观剧院。王泰和（1893—1961年）又名王槐，字茂三，山西忻县（今忻州市）忻口镇人。幼年家贫，9岁时父亲王心宽去世。曾在家乡读过数年私塾。大哥王谦和早年赴外蒙古经商，逢变乱客死异乡。二哥王中和少年时走西口，后落足归化。1919年，王泰和与忻口村民数人也随后落籍，先后在杂货铺、商行、粮栈学徒当店员。

1923年前后，他加入了远方叔父王禄经营的大戏馆子宴美园（亦说先前是同和园戏班班主）。王泰和为人精明，豪爽善交。说一口家乡话，幽默风趣，韵味儿醇厚，深受八方观众欢迎。后来，经常辗转于东（张家口）、西（归绥）两口之间，邀角儿演出，有时还凭借个人信誉赊购绸缎，为戏班添置行头衣箱。因其与商界、梨园界交往甚密，深得归绥商务会会长孔存富（晋籍商人）的赏识。后由孔出面协助，王泰和多方筹资承租宴美园，从天津聘请名师设计，将园子翻建成凸式舞台，是分楼上楼下座的新式剧场。剧场于1927年落成，特请名绅书写"大观剧院"匾额，为归绥梨园界之盛事。

之后，王泰和竭尽全力经营剧院，自养文武场和底包艺人，并奔走于晋、冀、京、绥等地招揽名角儿、名班前来演出。每当剧院不景气时，债主接踵上门，衣食等物也被索取抵债，实属常事。虽几经绝境，屡遭挫折，但仍不改初衷。外地戏班、艺人来剧院演出时，每有难处他总是慷慨相助。一次，五月鲜刘明山困于归绥，王泰和邀其住在家中，待之如同手足。为此，狮子黑张玉玺、夺庆旦李子健、花女子李桂林、三女红宋玉芬等诸多名伶纷至沓来，观众云集，大观剧园在华北一带声名大振。

1937年10月归绥沦陷，大观剧院被日本侵略者强占。次年，伪蒙疆政府一官员在大观剧院前遇刺身亡，王泰和因是班主受到牵连。他连夜越墙出逃，辗转于北平、张家口和晋北一带，以贩卖旧戏装谋生。抗日战争胜利后重返归绥，继续经营大观剧院。

1949年，王泰和因吸毒被劳动教养，不久保外就医回到原籍。劳教期满后，重返归绥。此时，大观剧院租期已满，他也于1952年告别了苦心经营近30年之久的梨园行。在与关姓房主办理交接手续时，他嘱咐家人不要计较个人投资本息,处世要宽容大度。之后,将分得的剧场内座椅等捐给文化部门。1956年,他到呼和浩特市玉泉区民政福利企业工作,任营业员。

史志专家刘映元先生说,大观剧院班主是忻州人王泰和,园主是新城的关姓人,箱主是大同人魏殿臣。王泰和领了一辈子戏,结果欠下不少债,而关姓和魏姓却都置有产业。所以,班主徒有虚名没有实惠,不如园主和箱主坐享其成。

1961年王泰和病逝,家属未发讣告,丧事从简。一些艺人闻讯,专程赶来为之送葬。事后,各地发来唁电、唁函者甚多。

亢西成,创建茂盛戏班。亢西成(1892—1952年)是归绥前巧报村人。因排行第二,人称亢二,知其大名者不多。亢二生于名门,其父兄均在归绥政界担任要职。早年,他在归绥谋事,因喜好戏剧,于20世纪30年代初购置戏箱,招揽各地北路梆子演员,在大召前街路东财神庙巷创立茂盛戏班。

之后,亢二率戏班踏遍土默川村镇,影响甚广。为提高演出质量,他常不惜重金聘请名角儿。其为人仗义,无论演出是盈是亏,从不拖欠包银,在梨园界享有盛誉。他曾聘水上漂王玉山、花女子李桂林、十七生陈宝山、名丑孟长荣等名伶多年合作,为繁荣、发展归绥戏曲艺术贡献颇多。

李军先生曾于1985年到哈素村采访,被村民称为"先生"的鲁继光(73岁)告诉他,民国三十六年(1947年)阴历三月二十七日,绥远茂盛班在哈素唱戏,早场是《富贵图》,午场是《大团圆》,晚场是宋玉芬的《困雪山》。当地群众中有首顺口溜曾经流传:

茂盛戏剧社,经理亢西成,

三月二十七，来唱哈素村，

正旦花女子，名誉震绥东，

更有宋玉芬，须生第一人。

三女红宋玉芬加入茂盛班据说是1935年，是从大观园王泰和戏班"撬"来的。宋玉芬来后，茂盛班可谓蒸蒸日上，在绥远轰动了十来年。李先生还在庙台屏风的一块木板上，发现了1947年农历三月二十八日茂盛班演出题记，这是迄今最完整的茂盛班在归绥地区"失势"前的记录。

题记内容：

"绥远茂盛班班主亢西成"。

"茂盛班演艺人员曹正中、三娃黑、筱桂凤、陈艳芬、宋玉芬、花女子、燕彩云、筱桂花、筱梅梅、陈宝山、韩有福、陈雨亭、孟昌荣"。

"文场高步清、金贵、增寿、流成、二堂"。

"武场赵生法、马发才、刘三娃、柱柱、四娃子"。

"箱官来宽、存根、红大头、大秃"。

"火房王娃、老崔、老虫"。

"茶壶大神云"。

"跑打聂殿元"。

从题记中可以看出当年茂盛班的实力，13位主要演员中女伶是7位。筱梅梅（亢金锐）当年只有12岁。

好的戏班讲究要有四梁四柱。头路角儿称"梁"，二路角儿称"柱"。细分为头路青衣、胡子生、花脸、小旦为"四梁"，头路小生、三花脸和二套胡子生、二套花脸为"四柱"。

文场和武场通称场面。武场包括司鼓（俗称打板的，武场总指挥）、大锣（马锣）、铙钹（镲）、手锣（小锣）、梆子及大小堂鼓、铰子、小镲、碰钟、狗娃子等打击乐器。文场包括胡呼（俗称拉胡呼的，也叫晋胡，文场总指挥）、二弦、三弦、四股弦（称为四大件）及唢呐、笛子。

箱官即管理戏箱者，一副戏箱包括八只箱子。称作大衣箱的管两只箱子，是几个箱官中的箱头。二衣箱、三衣箱各管两只箱子。还有头戴箱（含化妆彩箱、包头匣等）、杂衣箱（含旗包、把箱等）。

茶壶亦称跟壶的。茶汤壶是戏班须臾不能离开的东西。戏班每到一处（台口），开戏时洗脸、化妆要用水，戏班内几十号人要喝水。茶汤壶个儿挺大，直径二尺多，高达三尺。用红铜、黄铜或白锡制成。壶上有哨子，水开时哨子就响。

伙（火）房即戏班里的后勤部门。称作大伙房的是厨师，面案、掌勺都是他的事。二伙房是大伙房的帮手，夜里有戏，二伙房负责照看下处（演职员休息的地方）。三伙房管的事最杂，倒台时他是打前站的，帮大、二伙房干杂活，戏班内有人触犯班规，问公事时，取绳子房梁上吊人也是他的事。还有一个伙食头，就是伙食管理员，是兼职的。

跑打的是承事老板的传达员，又是戏班与社首的联系人。他的主要任务是拜客，与社首（行社头儿）打交道，代表戏班向庙上要犒台、要赏钱等。

岳四女，创建席片戏园。岳四女（1896—1959年），女，归绥八拜乡羊盖板村人。幼年时家贫，17岁嫁给徐家沙梁村乡绅徐德昌为妻。徐出身于富贵人家，于1931年购置戏箱，赴山西大同、五台等地招揽北路梆子名角儿，组建季节性班社，在归绥城乡演出。

1934年，徐氏夫妻变卖林产，在归绥旧城南财神庙巷建席片戏园

（亦说是民国初年徐家沙梁大地主徐福安所建南戏园子）。徐德昌病殁后，岳四女遂典当家产，和在包头开赌局的故交白子风合作，继任戏班班主，活动于归绥、包头两地。

岳四女与戏班里的艺人关系密切，不论名角儿还是龙套均能善待。每逢雨雪等无法登台演出时，宁可典当借贷也要如约发放包银。外地戏班来归绥路经岳家时必落脚，岳四女一概茶饭相待。她古道热肠，向来为归绥梨园行所赞誉，常被以"四寡妇"昵称。

据北路梆子名家十七生陈宝山回忆，民国二十四年（1935年）正月，他随老师鱼儿生魏林、师娘二女子宋翠芬来到归绥，住进岳四女戏班。天热时到农村巡回演出，天冷时到财神庙戏院演出。这年九月，四寡妇戏班在旗下营散了班。陈宝山和他三哥、弟弟加入了亢二戏班。

1946年，岳四女因病戏班歇业，后随白子风迁居北平。1959年病故。

剧场变迁和演出社团

大戏馆子。天寒地冻，各庙的野台子戏均停止活动，于是便到大戏馆子中演出。据说归化有3家戏馆，一是小西街与宁武巷口的拐角处的普庆园，二是坐落在小东街土默特辅国公府旁边，由嘉乐会馆改成的宴美园；三是大西街路南由公庆园改成的同和园。据贾勋（2014年时77岁）先生撰文回忆，他家的旧居就是清代乾嘉时期归化大西街路南有名的大戏馆子双和园，它与宴美园、同和园齐名，但历史更长。宴美园由忻州人王禄（民国时归绥领戏班主王泰和的叔父）经营，同和园由本城人陈二挠开设。这几个大戏馆子最初的营业方式，并不是每天演戏，而是季节性的。每年约有三个半月的生意，平时则以卖黄酒、出赁饮食器具为业。

开演前一个月，戏馆即派人到各大商号、衙门、公馆等处包揽预订酒席，逐日安排，直到农历腊月二十三日祭灶封戏箱为止。这些戏馆分楼上楼下两层，可以摆一百多张六人坐的饭桌，出售六大盘六大碗的每桌值一两多银子的"改菜席"，让顾客一边吃饭一边看戏，看戏不花钱。清末民初时，归化有一位家住宁武巷北口路东的画家韩葆纯（山西文水人、自号塞外山樵）画过一幅《康熙帝私访月明楼》的绢图，图中有形态各异的人物110位，现珍藏在内蒙古博物馆，大召内有用于展出的复制品。其取材据说就是临摹当时归化的大戏馆子。大戏馆子的文化娱乐形式，一直延续到清朝末年。辛亥革命后建立民国，常有持枪的士兵白吃饭白看戏，所以，只好改变营业方式为售票演出，这样观众一年四季均可在戏园内看戏。一度将饭座改为茶座，宴美园和同和园叫成了宴美茶园和同和茶园。后来，又将宴美茶园改为大观园，同和茶园改为同乐园。

大观剧院。1927年，山西忻县忻口人王泰和向关姓王爷的后人关多仁租赁了大观园，租期为25年。1938年，曾改名为协进电影院，以放电影为主。内容多为当时影星主演的无声电影，有时也演戏。1946年，又改为社会电影院，曾放映过一些进步影片，如《一江春水向东流》《八千里路云和月》等。1948年，在财神庙巷南戏园子演出的金玉玺（康翠玲的母亲）戏班，应王泰和之邀来此园演出晋剧，随之又恢复为大观园。到1952年，王泰和的租期已满，将戏园交还关多仁之子关贻秀。当时的门牌是小东街14号。资金总额27826元，这时的戏园股东、经理是臧桂兰（41岁，天津人，关贻秀之妻），股东、副经理关贻秀（56岁，新城人）。还有从业人员17名。有股长杨再山（35岁，大同人）、秘书施斌（46岁，大同人）、文书史观政（46岁，山西翼城人）、会计李钟久（28岁，山西清源人）、周润身（38岁，翼城人），售票冯锦丹（38岁，本地人）、康铎（25岁，山西朔县人）、李增福（46岁，河北宁晋人）、检票王熊辅（52岁，山西右玉人）、张成士（22岁，朔县人），其他人员张耀芝、袁林、张建屏、李瑞林、陈生宝、张玉堂。戏园为砖木结构，占地面积1200多平方米，观众厅内为二层楼、设包箱。

1934年冬，绥远省主席傅作义在归绥举行联欢大会，从北平邀来魏连芬等演员在大观园演出京剧。

1949年后，市晋剧二团（前身是新绥剧社、新蒙实验晋剧团）长期在此演出。团长金玉玺，副团长白银成、康翠玲、三女红宋玉芬、十七生陈宝山。1962年，由贾勋先生改编的晋剧传统戏《三踡寒桥》在大观剧院演出，任翠凤主演。京梆子武生白俊英和他的好几个徒弟直到1949年仍然给大观园充当武打班底。

我手头有一张呼和浩特广播电视台记者、节目主持人张景植送我的大观园老戏票。当时叫大观剧场，是北楼1排14号。

据有关资料统计，1950年，原大观园、民众、同乐、共和4家剧场有职工57名，全年演出936场，观众达611000人次，售票收入116031元。到1961年年演出1597场，观众达1173031人次，收入490468元。1965年以后因停演传统戏，上座率和收入大减。1965年4家剧场的收入由1961年的490468元降到275651元。1949年上述4家剧场由专业剧团固定演出占用，而且是剧场和剧团合为一体的专业剧团。1954年剧团改为民营公助的实验剧团后和剧场分设，剧场成了文化设施单独存在。1955年，建立了由市文教局领导的剧场管委会，管理剧院（场）和巡回演出。由文教局艺术科科长丁绍先兼任主任，云林河、杨再山任副主任。1959年，由郭贵任主任。1960年剧管会撤销，成立了市巡回演出办公室。1970年成立影院公司，领导管理剧院工作。1979年改称演出办。1983年演出办撤销，戏剧巡演工作由市文化局艺术科管理。

京剧四大名旦之一的荀慧生曾在大观园演出荀派名剧《红娘》。评剧四大名旦之一的喜彩莲曾举办过"戏曲独唱演唱会",还客串了不少京剧、河北梆子及京韵大鼓、河南坠子等精彩的曲段。

1971年,大观剧院因系危险建筑而拆除。

同乐剧院。1922年,民众教育馆馆长陈志仁组织的进步青年在同和园演出过新剧(时称文明戏)《孔雀东南飞》。抗战时期,民众教育馆所辖的"九一八"纪念堂为配合抗日宣传,邀请著名音乐家吕骥、刘良模,戏剧家崔嵬、陈波儿来此演出。章叶频组建的漠南剧社也在此园演出过新话剧《父归》《青春悲哀》等。同时,也放映过《一江春水向东流》等进步影片。

1949年后,这里仍然是家剧场,取名同乐剧院,也叫同乐影剧院。当时属庆凯区大西街58号,总建筑面积800平方米,建筑质量及设备较差。维修后将观众厅的条木长凳改为条木座椅。由史桂山等27家股东投资16200元经营,其中有14家不从业。剧院经理王宽荣(40岁,崞县今原平市人),副经理郑康(50岁,本地人)、李学本(56岁,本地人),会计杜六合(30岁,崞县人)、售票蔡德禄(24岁,崞县人)、赵成龙(58岁,本地人)、邢子绍(48岁,崞县人)、检票陈锟(53岁,河北安新人)、外出贴戏报杜春瑞(43岁,崞县人)、对号刘贤(43岁,本地人)、任海(50岁,崞县人)、王冬香(女,34岁,崞县人)、刘桂枝(女,19岁,清水河人),以上均为从业的股东。另有清扫卫生的王安详(女,58岁,兴和县人)、李凤英(女,44岁,清水河人)、史玉凤(女,18岁,冀县人)、常淑贞(女,34岁,崞县人),以上为劳方。

1950年5月,绥远省军区文工团在此剧院演出京剧和新歌剧,连演3

个月，场场满座。

1951年，由旧城朝阳巷文艺宣传队与三和茶园的从业艺人合并，成立红旗剧社，在此剧院演出了许多宣传党的方针政策的剧目。如《宝山参军》《一贯害人道》《小二黑结婚》《柳树井》等。主要演员有张慧娟、成以仁、米淑珍、李华、成靖山、范成等。这些演员虽然不是以演唱二人台为主，但是后来都改唱二人台，并取得了一定的成就。1952年冬，该剧社与财神庙巷的民艺剧社合并。

蹦蹦戏剧团曾长期在此剧院演出，剧目有《马寡妇开店》《枪毙小老妈》《万花船》等。名角儿有金灵芝、美香玉、鸿艳樵等。

河北旅绥同乡会和火车站的铁路工人职员，曾租赁同和园，以玩儿票的姿态表演过京剧。这家剧院直到1960年，曾接待过近20个不同艺术形式的剧种。

清代乾隆年间，演唱北路梆子的大云戏班在同和园演出过。这在手抄本《刘统勋私访归化城》一书里，已经找到了印证。光绪初年，以元元红、金镶玉为代表的两个北路梆子戏班相继到京城，"并且得到慈禧皇太后的赏识，常到宫内供俸"。据老戏迷们回忆，元元红等名角儿也曾在同和园演出，元元红和以后出现的十三红孙培亭、千二红（年薪一千二百吊，故名千二红）、金兰红、五月鲜、夺庆旦、水上漂、花女子、卢三红、说书红、盖天红、狮子黑、三女红、程玉英、十七生等都在此剧院献过艺。还需要提及的就是北路梆子名家贾桂林（艺名小电灯），她是一位起于"北路"，终于"北路"的名宿代表。而花女子、水上漂、三女红、十六红冯金泉则是由"北路"经过适应性改造，转唱"中路"的晋剧名宿。贾桂林于1956年首次在同乐剧院亮相时，就掀起一股"小电灯"热。1958年秋天，她二次来同乐院献艺。她的拿手好戏《金水桥》《王宝钏》受到戏迷们的高度称赞。一些路远的戏迷更是背上铺盖连夜排队才买到戏票的。1981年，山西省为贾桂林从艺50年举办纪念活动，呼和浩特市的晋剧名家康翠玲和贾勋先生等前往祝贺。还观摩了她的舞台艺术影片《金水桥》。

曾给"小电灯"拉胡胡的忻州南关人"五魔鬼"，姓王，乳名蘑菇。由于他拉呼胡颇有魔力，戏迷们便取了王蘑菇之谐音，叫他"五魔鬼"，并夸赞"五魔鬼的二胡会说话"。他也曾是水上漂、小十三旦郭占鳌、二奴旦（十三旦的师傅）的琴师。"五魔鬼"染上吸毒嗜好。为"小电灯"操琴时，每出戏给他补贴一块钱。他和"小电灯"配合十分默契，每当演唱到高潮时刻，只听"嘣"的一声响，他故意弄断一根丝弦，用留下的一股弦子仍能自如地伴奏。每到这时，台下便响起雷鸣般的掌声和喝彩声。

同乐剧院因年久失修，于1962年拆除。

南戏园子。民国初年，在大召前街财神庙巷的费公祠和财神庙南端建起一座戏园，据说是徐家沙梁村的大地主徐福安投资兴建的。戏园取名财神庙剧院，因其坐落在归化城南，人们也管它叫南戏园子。建筑面积约600平方米，系土木结构的简易剧场。观众席用长条木板钉桩而成，可容观众600名。剧场开业后，以演山西北路梆子为主。

呼和浩特市政协文史委员会前主任田雨和先生曾回忆，他7岁时（1939年），母亲领他到财神庙剧场买过彩票。本地的彩票是日本入侵后才有的。由日本人及汉奸出头，纠集一些地痞，包上一班戏，占据一个戏园子，以唱戏作为招徕人的手段，大搞卖彩票的赌博活动。也有一些穷人想"打彩碰运气"。有些大门不出、二门不迈的妇女，不敢抛头露面到戏园买彩票，就向专卖"黑号"的人买。她们为此花光了所有的贴己钱，甚至卖掉心爱的镯子、戒指、耳环、衣料等物。当中彩号码揭晓后，许多人一声长叹，从头顶凉到了脚心。总的来说，哭的人多，笑的人少。

就在这一年，由五月鲜刘明山、小狮子黑张庆云、小金丑康培元三人领班，名曰三庆园戏班，在张家口演出，戏演得很红火。一个叫郭英书的人，原是东三省的土匪头子，勾结了日本翻译，强行包下了三庆园戏班，无人敢惹，将戏班调到归绥（时称厚和），在财神庙剧场搞卖彩票活动，讲好管接管送。最后，郭英书等人挣足了钱，把戏班扔下不管了。用刘明山的话说，旧社会吃"张口饭"受人欺负的事多着哩！

1947年春节刚过，归绥的戏班班主刘玉文去山西大同请演员，金玉玺带着17岁的女儿康翠玲和弟弟妹妹，与李凤仙、武彩凤、李贵、丁祥等艺人，随刘玉文来到归绥，在财神庙剧场演出。康翠玲演的第一场开锣戏是《狐狸缘》。

1950年11月，由田文、武俊卿、褚淑瑞、刘月娥（后三人不从业）合资11185元经营财神庙剧场，更名为共和剧院。当时的门牌是财神庙巷14号。从业人员11名，经理田文（42岁，托克托县人），会计冀林（32岁，本地人），售票宋钰（32岁，大同人）、陈枝盛（39岁，本地人），检票郎德胜（42岁，代县人）、阎士德（40岁，本地人），对号刘玉山（70岁，河北沈县人）、刘富才（51岁，丰镇人），灯光倪清泉（31岁，本地人），锅炉工姚喜（43岁，忻县人），杂务张宏（60岁，本地人）。当时，在戏迷中有"共和剧院是狼虎把门"一说，原因是检票员郎德胜姓郎，阎士德乳名三老虎。1951年农历正月，田文从农村请来了郭满满（丑角儿，亦称滚边儿的）、秦有年（旦角儿，亦称抹粉的）等艺人，成立了归绥市第一个二人台职业剧团——民艺剧社。选郭五毛担任社长。

1952年冬，红旗剧社和民艺剧社合并，名称仍然是民艺剧社。1955年夏，民艺剧社与和平剧社合并成为和平剧团。除演出二人台传统剧外，也上演一些移植或创作的戏剧，如《陈三与五娘》等。1956年，内蒙古前进实验剧团交呼和浩特市后更名为呼和浩特市民间歌剧一团。和平剧团更名为呼和浩特市民间歌剧二团。

党和政府派到剧团工作的新文艺工作者，先后有郭贵、袁述、姚士英、吕烈（曾任团长，市文联副主席，市政协第五届委员）、李野、董舒、张伟、苗文琦、于瑞卿、白文奇、王彦彪（曾任副团长，歌曲《小青马》的作者，市政协第五、六届常务委员）等。

1958年，歌剧一团、二团合并为呼和浩特市民间歌剧总团。有演职员140多人。为纪念这次大合并，在财神庙大院内合影留念，还在共和剧院内摆宴席庆贺。这一年，该剧团赴北京演出时，受到党和国家领导人的亲切接见，并合影留念。还应邀为中共八届二中全会演出了二人台传统剧目《打金钱》《走西口》《挑菜》《借冠子》等。文艺界领导周杨、田汉、老舍、吕骥等均观看了演出，并题词留念。

1959年，根据上级指示，剧团抽调作曲张春溪，演员郝秀珍、赵挨壮（色楞道尔基）、乔玉莲、张奎等，由副团长田全贵带队支援包头市歌剧团；抽调演员张桂桃、马兰心、小兰兰、秦根海、刘克、秦有年等，由团长任万宝带队支援山西大同市歌剧团；抽调演员乔金梁、张德海等支援河北省张家口市歌剧团。

同年，经群众推选并报呼和浩特市文化局批准，选出了艺术水平较高的十大演员，他们是顾晓青、亢文彬（曾任副团长、导演，艺名巧儿报家，市政协四届、七届委员）、王素珍（板板）、刘全、常润兰、韩世五、张慧娟、米淑珍、巩启荣、张占全。

1961年春，内蒙古电影制片厂摄制二人台舞台戏剧艺术片，恩和森任导演。其中有二人台表演艺术家、一代宗师刘银威和内蒙古第一代二人台职业女演员班玉莲（当时因声带肥厚已不能唱，由任粉珍配唱）

主演的传统剧目《走西口》，著名演员韩世五、乔玉莲、成以仁主演的《卖碗》。

呼和浩特市民间歌剧总团于"文化大革命"中期（1970—1973年）更名为呼和浩特市文工团，除赴外地巡回演出外，一直在人民剧场和拆除前的共和剧院演出。

1972年，呼和浩特市各个剧团整编，为数不少的演职员改行。比如歌剧十大演员之一的巩启荣被分到舞台工作队，制作芭蕾鞋；王素珍（板板）、米淑贞被调到服务行业当了售货员；"吹塌天"张挨宾和"拉塌地"周治家被调到工厂下夜。晋剧十大演员之一的赵金瑞被调到人民公园（今青城公园）西门卖门票收门票。

先后在南戏园子演唱山西北路和中路梆子的名角儿有喜儿生、飞来凤、十六红（焦玉生，亦说是武占元）、鸡毛丑、一杆旗、卢三红、二奴旦（姓范，是金兰红的师兄）、金兰红赵雨亭、花女子李桂林、狮子黑张玉玺、盖天红王步云、五月鲜刘明山、满庆常兴业、夺庆旦李子健、水上漂王玉山、小十二红刘宝山、六月鲜刘玉山、九岁红崔德旺、筱金喜郭秀云、凤凰旦王治安、八岁红常艳春、筱桂香、筱桂桃杨丹卿、十一生郭凤英、六岁红、牛玉英、半架红、玉眼儿黑、李树琴、张振兴、于金红、苏玉兰、鱼儿生魏林、二女子宋翠芬、十七生陈宝山、康翠玲之母金玉玺、康翠玲、武彩凤、大眼儿生王廷弼、自来丑赵申西、锁柱黑李锁柱、锁柱黑之女李凤仙、方月英等。

曾有陕西秦腔剧团、大同耍孩儿剧团、张家口市曲艺团等在共和剧院演出。戏报就贴在财神庙巷西口，已经停止营业的拐角商铺的门板上。剧院内外有4摊儿出售瓜子、纸烟、水果糖块等的杂货摊儿。

1964年，共和剧院因年久失修拆除。

民众剧院。坐落在古庙大召的路南。这块地方的沿革要比共和剧院复杂一些。据《归绥县志》记载，1934年，由官方投资在这里兴建了一个商场，取名绥远商场。据说，商场外的绥远商场4个大字，是时任绥远省主席傅作义题写。它是全城兴建最早的一个大型商场。日本侵略者占领归绥后，责令商场停业，将此处改成所谓的俱乐部，内设公开的赌博场。1939年，日伪协进会在商场南端搭起一个简易小舞台，叫作协进电影院放映电影。1945年改称庆和大戏院，可容观众400多人，除供戏班演戏外，继续放映电影。1948年改名为大光明电影院。1949年10月15日，又改成大光明影剧院，经理高宝生（51岁，山西太原人），影剧院内的从业人员有15名。

1950年4月，这里改称民众剧院，也叫民众戏院，是大召前街23号。建筑面积约500平方米，资金总额17755元。股东、经理林何（39岁，本地人），股东、副经理云招才（31岁，本地人），因大召内还有一位年长的喇嘛也叫招才，人们管这位云招才叫小招才。剧院从业人员15名，除正副经理外，业务股长赵恒（39岁，凉城人），总务干事王余庵（59岁，凉城人），会计胡克和（53岁，凉城人），售票米济（45岁，右玉人）、赵林（51岁，本地人），检票程九林（50岁，本地人）、赵殿臣（50岁，本地人），其他服务人员吕元成（50岁，大同人）、韩广成（31岁，开封人）、陈万山（69岁，交河人）、张进仁（46岁，本地人）、武魁（67岁，本地人）、杨国华（48岁，本地人）。

民众剧院有东、西、北楼的观众席，包括楼下可容观众700人。先后有山西北路、中路梆子的名角儿说书红高文翰和他的弟子、盖天红王步云（忻州子洪口磨子村人，本村人称他磨子红，有天生的好嗓子，传世唱片有《哭灵》《下河东》《斩子交印》，曾和兰兰丁巧云灌制过《四郎探母》唱片），还有一声雷杜占魁、卢三红、董万年、牛桂英（戏曲电影《打金枝》中国母沈后的扮演者）、十二红（女）、六岁红

（女），五月鲜刘明山和他的兄弟，水上漂王玉山，十六红武占元，王云楼等也在此演出过。

1950年10月，任翠凤、凤凰旦王治安、杨胜鹏等结束了在大召山门里席片戏园的演出。加入了由七班主组成的共和戏班儿，进入民众剧院演出。和他们同台献艺的名角儿有三女红宋玉芬、燕彩云、武仙梅、赵金瑞、吕玉梅、王云楼、郝胜魁、高素梅、王艳梅等。后来成立了由艺人民主管理的醒民剧社，王治安任社长，任翠凤任副社长。增加的演员有苏玉兰、十六红冯金泉、八岁红常艳春、小五丑曹正中、京剧武打演员苏景荣等。

醒民剧社演职员、剧场人员的工资，最初实行的是"死分儿活开"，后改为"死分儿死开"，即固定工资。集体起伙，每人每天5毛钱的标准。每人发单衣和棉衣各1套。

呼和浩特市晋剧一团（前身是醒民剧社、永新实验晋剧团）长期在民众剧院演出。团长凤凰旦王治安、副团长任翠凤、杨胜鹏、小五丑曹正中，政治指导员刘三占。

1959年，晋剧一团、二团合并，重新组建晋剧总团和分团。总团由康翠玲任团长、任翠凤等任副团长，以演出传统晋剧为主。

1960年，晋剧总团赴山西、陕西、河北、宁夏等地巡回演出。这次巡回演出达半年之久，受到各地观众的欢迎。为向各地观众介绍演员阵容，剧团印发了十位演员的艺术生涯以及他们的剧照和便装照片。这十位演员（亦称十大演员）是康翠玲工小旦，任团长；任翠凤工青衣，副团长、市政协五届常委；三女红宋玉芬工须生；苏玉兰工青衣；杨胜鹏工花脸，副团长、市政协三至六届委员；八岁红常艳春工须生；金艳楼王静卿工小生，市政协五届六届委员；小梅梅亢金锐工小旦，副团长、导演、艺委会主任、宋玉芬之养女；筱金瑞赵金瑞工文武小生；刘俊美工刀马旦。亦说其他主要演员也印有便装照和剧照。

同年，国家投资5.79万元翻建民众剧院。

据有关档案记载，1947年3月1日成立的归绥市梨园公会，是由大观（园）、庆和（民众剧院）、永乐（应该是同乐园）三家（应为四家，还有南戏园）戏园经理及全体演员组成。首届理事长刘玉文（51岁），常务理事亢西成（财神庙南戏园子班主）、魏殿臣（49岁，大观园箱主），理事赵殿臣（42岁，庆和外交经理）、刘玉山（62岁，大观园外交经理）、孔德寿（54岁，同乐外交经理）、赵恒（33岁，庆和管票经理）、章宝善（47岁，大观管票经理）、王玉山（即水上漂，38岁，庆和演员），后补理事魏云楼（女，21岁，大观园女武生）、王月霞（女，25岁，庆和演员）、苏玉兰（女，21岁，庆和演员），常务监事李富存（33岁，庆和经理），监事王树贵（31岁，唐声剧社演员）。刘映元先生说，傅作义的司令长官部于1942年成立戏剧学校，在培养京剧演员的同时，又派人到西安请来永济人杨老六蒲剧班挂二牌的王元恺（花旦）等，与军政两界的票友组织了一个唐声剧团，1945年秋天到达归绥，唐声剧团在新城城隍庙卖票演出。当时有会员158人，会费由本市各戏园演戏筹款。

包头市北路梆子剧团（舍命红邓友山主演）、丰镇北路梆子剧团（二毛眼儿王秀梅主演）等曾在民众剧院演出。市民艺剧社也曾在此演出。

1970年，市晋剧总团和青年晋剧团合并为呼和浩特市晋剧团。

1971年，大召西夹道的向阳电影院拆除，放映设备及工作人员（经理张洪涛）迁入民众剧院，从此，民众剧院"寿终正寝"，剧院更名为向阳电影院。有工作人员23名，观众席位796个，年放映电影近2000场。

1997年，向阳电影院（原民众剧院）因年久失修而拆除。

2008年，又有了向阳电影院的消息，在玉泉区五塔寺广场西侧重建向阳电影院，后将名称改为塞北影乐宫。建筑面积比向阳电影院大7倍多。

民乐剧院坐落在大召西夹道靠南头的路西，早年，此处是龙泉澡堂。1952年3月，人称奎大先生的云润和（土旗人）请工匠把原来池塘这块地方改成戏台，栽木桩钉条板成为观众席，变成了简易剧场，可容纳观众700人。由于剧场内柱子太多（约50根），人们管它叫"树林戏园子"。从城南沟子板村（亦说是城西土默特旗沟子板升村）请来了既会唱蒙古曲儿又会表演二人台的杨润成（旦角儿）、卢掌（丑角儿，玩霸王鞭娴熟）、云福成（哨枚）、王交其（拉四胡）、云三毛（打扬琴）、云伊勒更（弹三弦）等，表演二人台传统戏。

1953年4月，人民政府为了扶持地方戏，取消了班主制，由艺人推选正副社长成立了和平剧社。1954年，和平剧社由土默特旗文化馆移交归绥市文教局管理。社长云凤林（31岁，土旗人）、副社长计计（又名赵耀升，31岁，和林人）、田全贵（乳名二奔娄，38岁，本地人）。

1955年1月，剧社和剧场分开经营。剧场取名民乐剧院，坐落在当时的玉泉区大召西夹道69号。建筑面积约600平方米，可容观众600人。由高星耀、索木腾（不从业）合资10430元经营。股东、经理是高星耀（34岁，山西浑源人），从业人员还有会计张健（42岁，土旗人），售票李恒荣（28岁，本地人）、孟德善（33岁），检票云纳生（乳名状元子，32岁，本地人）、宝音乌力吉（47岁），对号云万才（42岁）、刘占元（43岁，右玉人）、史有才（38岁，本地人），烧锅炉都生福（39岁，土旗人），为观众照看自行车李心宽（64岁，本地人）。

同年3月，内蒙古文化局和呼和浩特市文教局派工作组，到"民艺""和平"两剧社帮助整顿。4月，和平剧社排练公演了现代歌剧《走上新路》。民艺剧社排练公演了现代歌剧《李二嫂改嫁》。5月中旬，市文教局决定两剧社合并，取名呼和浩特市和平剧团，演职员87名。

1956年1月26日，和平剧团转为国营单位，更名为呼和浩特市民间歌剧二团，一直在民乐剧院演出。3月，将民乐剧院建成专门放映电影的和平电影院，观众席920个。市文化局任命赵耀升为经理，白天铭为副经理，从业人员13名。5月1日晚7时举办首场电影招待会，放映了国产古装戏剧影片《天仙配》。"文化大革命"中，曾将和平电影院更名为"反修"电影院、向阳电影院。

1971年，向阳电影院（原民乐剧院）因系危险建筑被拆除。

呼和浩特昔日的道观

姚一平

　　呼和浩特市曾经拥有30多处不同规模的道观，是这座城市不应忘记的历史记忆。这些道观是玉皇阁、财神庙、太清宫、文昌阁、三官庙、十王庙、关帝庙、奶奶庙、城隍庙、龙王庙、马王庙、火神庙、真武庙、东岳庙、三贤庙、飞龙观、禧神庙、五道庙、吕祖庙、药王庙、魁星阁、郎神庙。

　　历史上，在新城和旧城，相同名字的道观有的还不止1座。其中关帝庙共有7座，旧城5座，新城2座。龙王庙、文昌庙、城隍庙各3座，旧城2座、新城1座。奶奶（娘娘）庙3座，新城2座，旧城1座。财神庙和玉皇阁，新城、旧城各1座。

　　以上这些道观中，尤其值得一提的是绥远城（新城）于清乾隆四年（1739年）建成的同时建起的12座道观，它们是鼓楼顶上的玉皇阁、东瓮城里的东岳庙、西瓮城里的龙王庙、南瓮城里的火神庙、北瓮城里的真武庙，还有马神庙街的马神庙、城隍庙街的城隍庙、关帝庙街的关帝庙、东门外的东奶奶庙、西门外的西奶奶庙、城西的财神庙、新城南街的文昌庙。绥远城建成以后，山西右卫建威将军王常所率八旗兵被调遣到绥远，随着城内人口的增加，这12座道观一直香火不断，鼎盛时期绥远城有道士100多人，全都享受官府的俸禄，出入道观的信众也大多是贵胄或军政显要。

民间曾传说，慈禧太后的父亲惠征，于清道光二十九年（1849年）出任绥远兵备道员，居住在新城的庆丰街。因为慈禧居住过，该街道后来改名为落凤街。据说当时15岁的兰儿（慈禧）水土不服，夜不能寐，常做噩梦，后来由道观的道长施以治疗方能安然入睡。从此，新城道观声名鹊起，香火愈加兴盛。

归化城（旧城）的道观，大部分是在清朝初年由山西各地会社出资修建的。

1949年前，由于战乱，一些道观荒芜破败，直到1949年绥远和平解放，有的成为政府办公地，有的成为学校，更多的则成为居民居住的院落得以保存。这些道观的庙址，如今从呼市的一些街道名称中，还可以找到部分痕迹，如关帝庙街、马神庙街、城隍庙街、吕祖庙街、三贤庙巷、西龙王庙……

时至今日，旧城玉泉井东南侧的财神庙、新城艺术厅南街的太清宫是完好保留的两座道观。旧城财神庙内，供奉着赵公明、比干、关公三尊文武财神。抗日战争期间，这里是中国共产党领导的绥蒙抗日救国会地下联络点，现在列为国家爱国主义教育基地，由呼市玉泉区负责管理。

1949年后，新城大部分道观被拆除，只留下民国时期于1931年在乌兰恰特一带兴建起来的太清宫。因为扩建新华广场，太清宫迁到新城艺术厅南街。2006年，太清宫经过重建装修后焕然一新，正面的三清宝殿巍峨壮观，殿内供奉着元始、灵宝、道德等"三清天尊"，北面财神殿供奉着赵公明。道观的院子里还有一口"镇妖井"。

我要赘述一下旧城三官庙街的三官庙、小北街的十王庙，这两座道观都在玉泉区的管辖范围。近半个世纪，这里曾经有两所小学，即三官庙街小学（二十一完全小学）、小北街小学（第四完全小学），呼和浩特大量的学子从这里走向中学、大学，成为建设国家的人才。

三官庙始建于清朝顺治五年（1648年）。在城市改造时，三官庙所在的三官庙街和另外15条街巷同时从城市的版图上消失了。可喜的是，呼市的几位有识之士，利用拆除下来的建筑材料，让三官庙异地重现，其布局与原状相似。

当年，走进三官庙，映入眼帘的是一个小广场，广场北边是三官庙小学的校门和并排的三座庙宇的山门。学校是1946年由河北同乡会所建，名称叫私立冀成小学。最初，学校设在三官庙庙院里靠东边的一处小院内，据说只有初级小学4个班级，教师10多名。1950年成为归绥市立第二十一完全小学校。学校将庙宇前的小广场改建为小学的操场，设置了一些简单的活动器械和木质篮球架。1954年绥远省与内蒙古自治区合并，原绥远省辖区由内蒙古自治区人民政府管辖，同时将归绥市改为呼和浩特市，学校随着改名为呼和浩特市三官庙街小学。"文化大革命"中，玉泉区改名为向阳区，三官庙街小学又改为向阳区东风小学。1976年以后恢复为三官庙街小学，1980年改建为玉泉区民族幼儿园直到拆除。

三官庙西院是呼和浩特市民间歌剧团大院。1957年，我家搬进了三官庙后院由内蒙古工会加盖的平房居住。那时候，道观的殿宇保存尚好，只是那些泥塑神像已经被清理了。从东往西排列，东边是供奉天官、地官、水官和附供关公的三官庙；往西是供奉鲁班的鲁班庙，再往西是供奉圣母娘娘的子孙圣母庙，老百姓叫它"奶奶庙"；最西边是汉传佛教的边宁古寺，供奉着观世音菩萨，故也称观音庙。几座庙共进一个大门，也就是三官庙街27号院的大门。边宁古寺西侧，与之只有一墙之隔的便是七大召之一的乃莫齐召（也称作医师庙、隆寿寺）。乃莫齐召的山门在通顺北街，和三官庙不在一条街上。这些道观和藏传佛教、汉传佛教的召庙毗邻而居，和谐相处，诵经之声相闻，香火之气相融，彰显出一片和谐共处的景象。

据说，早年间三官庙香火旺盛。每到庙会时，操场上两座戏台往往同时演出，被人们称为"对台戏"。有的戏台请的是二人台戏班子，有的则是大戏（山西梆子），人们可以随心所欲任意观看。加上逛庙会时人山人海，杂耍、玩意、小商贩、地方小吃应有尽有，十分热闹。

三官庙西院在被工会使用期间，山门之间的围墙边全部加盖了砖木结构的住房。山门的建筑风格与这些住房不同，非常便于分辨。我家搬进去的时候，歌剧团已经安排职工家属入住在这些房屋和改建成住宅的三座山门之中。东边山门住的是二人台十大演员之一的米淑珍，中间住的是会计杜六合，西边住的是职工董悦。小广场南面靠大门处，是仅存的一座青砖戏台，当年保存尚好。

我们家兄弟姐妹五人，除了我以外，他们都是三官庙街小学毕业的。每天放学后，周围各所小学均已关门，只有三官庙小学的操场例外。放学以后，操场的戏台成了弟弟妹妹和周边孩子们嬉戏玩耍的好去处。戏台上下变成了孩子们的天下，男孩子们最喜欢在戏台上玩骑马打仗、弹珠珠、吹洋片、斗蛐蛐；戏台下，女孩子们三五成群，在一起跳皮筋、跳方方、做老鹰抓小鸡的游戏。

我就读的学校是大南街头道巷小学，也就是十八完小。在上了高年级后，班里的同学们喜欢上了打球。我们头道巷小学关门早，活动便选择在三官庙戏台前的篮球场，当年我们叫打小球。小球是直径15厘米左右的橡胶球，通常为灰褐色。由于混熟了，我们便经常和三官庙小学的同学们进行比赛，有的时候也和乃莫齐召小学、通顺街小学、东尚义街小学、小北街小学的同学们相互比赛。

1962年，呼市民间歌剧团搬离三官庙，整个庙院成了居民区。再往后城市改造，这里建成了"汇豪天下"这一大型社区。消失了的道教仙观三官庙，给我和居住在这一带的同龄人，留下无数美好记忆和欢乐笑声。

位于小北街的道观十王庙，始建于清朝雍正年间。是由晋商"代州社"修建的。十王庙供奉的是十殿阎君，分别是秦广王、楚江王、宋帝王、伍官王、阎罗王、卞城王、泰山王、平等王、都市王、轮转王。十王庙告诫世人改恶从善。据记载，十王庙当年香火旺盛，每逢七月十五做法会，夜间组织信徒到西河沿放河灯，祭奠逝去的先人。

十王庙的东侧是三湾之首的九龙湾，西侧出杨家巷便是三湾的另外一湾西河湾（沿），往南通往大召，往北过了太平桥便是我的母校呼和浩特一中。十王庙1946年改建为小学。1949年前曾经叫归绥市第四区区立国民小学。1949年到1954年称为归绥市立第四完全小学校。以后称为呼和浩特市小北街小学。20世纪50年代末我在呼和浩特一中读书时，许多同学就毕业于该学校。我们这代人从记事起，道观十王庙已经成为四完小和后来的小北街小学，它的历史只能从资料中去查找了。

地名故事三则

吕达超

君子津

君子津，据史书上记载，早在汉代以前就是黄河河道上有名的渡口。其遗址现无碑碣和实物遗存可考，到底在哪里，史学界和民间存在不同说法，但多数学者认为在今呼和浩特市清水河县喇嘛湾镇榆树湾一带，即史料上所称云中郡桢陵县南，定襄郡桐过县以西的位置。

北魏郦道元《水经注》载："（黄河）又东过云中桢陵县南，又过沙南县北，从县东屈南，过沙陵县西。又南过赤城东，又南过定襄桐过县西。"这段文字所提到的沙陵县在今托克托县哈拉板升村附近，桢陵县在今托克托县章盖营村附近，沙南县即今准格尔旗十二连城，桐过县即今清水河县上城湾一带。另根据《水经注》记载："河水于二县之间，济有君子之名。济在云中城城西南二百里。"由此可见，认为君子津在今清水河县境内是有史料依据的，从史料中表述的方向、距离等信息看，君子津在清水河县喇嘛湾镇境内是经得起推敲的。

对于君子津的名称的由来，历史上曾有这样的传说：相传东汉桓帝出长安到榆中（今鄂尔多斯准格尔旗一带）巡视。又转而东行赴代地（今山西河北北部）。当时有位洛阳巨商，携带很多金银财宝，在桓帝车驾后尾随。当行至此地时，正遇天黑，巨商不敢靠近桓帝行进之队列，只能到附近黄河岸边请求渡河。有位名叫子封的津长听到情况后，便摆渡让这位巨商渡河。哪知这位巨商渡河时暴亡，这位津长便将其尸就地安葬。后来，商人的儿子得知其父死亡的消息，便千里迢迢访到此地寻找父亲的遗体。当打开墓穴取出尸体后，发现父亲携带的那些金银财宝竟原封未动。其子对子封津长深为感激，并拿出父亲遗留下的这些金银财宝奉送津长，但津长拒不接受。后来这件事传到了桓帝那里，桓帝称赞这位津长："真乃君子也！"从此，人们就把这个渡口称为君子津。

君子津，承载着久远和丰富的历史，千百年来一直是兵家必争之地，是各时期保障运兵运粮通过黄河的重要渡口之一。史料记载，395年，后燕太子慕容宝统兵8万进攻北魏。在其返回途中，北魏帝从君子津抢渡，飞骑奔袭，大败慕容于参合陂（今凉城县境内），为北魏统一北方（包括控制黄河水运）奠定了基础。由此可见君子津在历史上的地位与作用。

君子津古渡，地处今托克托县南清水河县境内的黄河岸边，这里自古以来就是连通西北与中原地区的物资集散地，史称"水旱码头"。《水经注》《资治通鉴》《绥远通志稿》《黄河上游航运史》等文献对此都有记载。其中，《绥远通志稿》载："（君子津）崖岩壁立，高可百仞，登巅俯视，洪流骇浪，响声雷动。岸傍居民颇多，距河数丈或数十丈等。两岸鸡犬相闻，田园种植，渔歌互达，舫艇出没，大有世外桃源之概。"古渡历史上的繁荣可略见一斑。凭借特殊的地理位置，这里早已成为人们摆渡过河的渡口和黄河河道运输货物时船只停靠的码头，是各个时期商品运输、集散的重要通道与中转地。

明朝时期，这里被蒙古土默特部控制，一度人烟稀少，河运停歇。清初，这里再度繁盛。随着晋陕冀大量人口走西口，这里成了人们谋求生存的中转站和货物贸易的集散地。经济的一度繁荣吸引了来自下游保德、河曲及府谷等地的大量人口定居于此，从而渐渐在今喇嘛湾形成了集镇。1949年后，喇嘛湾至包头段的船只更是往返不断。20世纪60年代初，喇嘛湾渡口实现了拖轮渡运。交通部门先后在这里成立胜利木帆船运输合作社和航运管理站（机构就设在古君子津附近的拐上村）。到了70年代初，黄河内蒙古段除下城湾701黄河公路大桥一座桥梁外，各地跨越黄河都是使用轮渡。那时呼和浩特地区到准格尔的拉煤车辆多数是经喇嘛湾渡口与准格尔旗前房子渡口由拖轮渡河，因此两岸码头常常可见几公里长排队等待渡河的车辆。我曾多次目睹过这一壮观景象。

记得那是1983年夏季的一天，我和同村一位叫王俊的同学自准格尔旗城坡煤矿搭乘拉煤车到呼和浩特，当车行至距前房子码头尚有十来公里的山梁上时，看到前面公路上等待渡河的车辆像一条长龙。车行不一会儿，我们搭乘的车辆也加入其中排队，紧跟前面车辆缓慢驶向码头。仅几公里的路程，大概用了两个小时。当我们搭乘的拉煤车靠近码头渡轮时，不巧赶上了天黑渡轮停渡，无奈之下只好到附近的小卖部买了两包饼干充当晚餐，在车上过夜等候渡河。第二天上午，我们才渡河到喇嘛湾并通过呼准公路驶向呼和浩特。后来每次想起这档往事，我都不由地感叹古渡当年的盛况。

20世纪80年代后期，随着国家交通事业的快速发展，在渡口附近架起了桥梁，昔日的天堑变成通途。再后来，在渡口上下游又相继架起了多座公路和铁路大桥。如今，古渡看不见了往日的船只，取而代之的是汽车和火车，喇嘛湾成为清水河县除城关镇外的第二大建制镇和远近闻名的物流和运输业大镇。据说，仅喇嘛湾镇跑运输的车辆已远远超过全清水河县其他乡镇的总和。20世纪末，随着改革开放的不断深入，在古渡附近还建起了一座大型的君子津集贸市场。

黄河古镇柳青

在呼和浩特市清水河县西部的黄河边上，有许多古村镇，自北向南有喇嘛湾、上城湾、柳青、下城湾、老牛湾等，这些村镇曾经是黄河岸边有名的渡口码头或商品贸易集散地。其中，柳青曾经是宁蒙晋陕黄河船运和商业文明带上的一颗璀璨明珠，现为清水河县窑沟乡的一个自然村落。

历史上的柳青，依傍黄河的河运早已把自己的声名飘向四方。宁蒙晋陕黄河千余里河道间，在黄河浪涛中，久久地漂荡着柳青的名字。柳青位于黄河中游晋蒙陕大峡谷内，河水唯到柳青镇时水流平缓，是黄河大峡谷内少有的天然良好码头。

柳青依山傍水，因柳树繁茂成荫、风景秀丽而得名。柳青在清朝康雍年兴起，此后200多年里一直是黄河水道内著名的商贸集镇。当年街面商号、当铺、饭馆、客栈一应俱全，专为过往商贾、走夫贩卒及船夫服务，买卖一度兴隆。

《绥远通志稿·城市》（卷十七）载："县城西南九十里。黄河东岸柳青。为县境最大渡口。亦县属一镇。镇中有南北街一道。街衢狭隘。房舍卑简。似不若其他各镇。而曩日金融商业之繁昌活动。则不稍逊焉。凡黄河船只下驶至此。均必须停泊改装。始无触损之虞。在停泊时期。即为彼此交易良机。如典当业、酒饭馆、米面、杂货。均为重要营业……"

志书中记载清水河县有关城镇方面的内容大约500字，只载录有县城和柳青二镇，其中柳青就占了1/3的文字。由此可见，历史上柳青的商贸之繁荣程度及其在县域内的地位。据了解，柳青形成集镇初期，当时是转运货物的临时集散地，属季节性的聚集场所。每年河路通行季节人们才在这里聚集，到后来那些来自晋陕等地的行商、船工或逃荒走西口难民们逐渐发现并认同柳青就是他们谋求生存和成就梦想的地方，因此很多人便在此落脚安家，于是就慢慢形成了固定的村镇。伴随该镇商贸活动频繁，经济日盛，当地的人口不断增加。到了乾隆年间，那些靠黄河运输和依托当地水旱码头做买卖的人们发家后都会就地置地建房，他们依照晋北地区的建筑风格，将居所、商铺依地势而建，给后人留下颇具晋北建筑风格的魅力小镇。

据统计，在20世纪末黄河万家寨水利工程库区被淹没前，柳青仍较完好地保存有十几处不同结构的窑、房四合院落。镇子中间山脚下，还建有一座规模较大、建筑风格独特的庙宇。庙宇的北侧是一座圈棚顶硬山式戏台，戏台的后山墙留有小窗，台前设有石质栏板，这样的戏台在当地是独一无二的。这两处珍贵的古建筑，在库区搬迁时随村民搬迁，使用库区搬迁补偿费用，由村集体组织，按原规制使用原建材、构件，迁建到原址以东移民新村南的山顶上，只是那座庙宇由于某些原因规模缩小了许多。但远远望去，仍不失宏伟壮观的气势。

时过境迁，搬迁到新址的柳青，已失去了原有的那些秀美和光环，但亦不难从中找到许多历史信息，并能让人从中感受到昔日柳青的那种文化气息。

笔者对柳青较为熟悉，因我出生在距此地仅几公里以南的下城湾，小时候曾多次到过这里。特别是近几年来，面对许多古村镇在人们不经意中渐渐消失而令人惋惜与无奈的情况，了解当地河运、民俗及西口文化并将其记录下来对我而言，是一件十分有意义的事情。2016年夏季，柳青古戏台移建后被列为自治区重点文物保护单位，在有关部门大力支持再次修缮时，我随自治区和呼市几位文化学者应邀到柳青拍了许多照片，走访了一些当地村民。回来后，同行的那几位朋友对柳青的村民们能自发地积极参与保护文物的行为大加赞赏。今年，听说在县乡两级政府的支持下，柳青古戏台前又建设了文化广场。前不久，我又一次专程到了柳青，那天接待我们的仍是去年那位村委会主任曹吉虎。站在古戏台前混凝土硬化后宽阔的文化广场中间，我们聊了许多柳青古镇的话题。当我问起历史上柳青村民中为什么有那么多姓氏，怎能涌现出那么多文化名人，以及建有那么独特的古戏台等许多有别于周边其他村镇的文化现象时，他十分热情地告诉我们，柳青当初是由来自晋陕各地的商人、河路汉、逃荒难民等人杂居而成的村镇。因此杂姓多，尽管陆续又迁走很多居民，但现今的几十户人家中还有近十个姓氏。他说各家的祖辈多数是山西、陕西人，在柳青定居后仍秉承着晋陕人勤劳、节俭、重教、崇尚知识与文化等优良传统，并且代代相传，固然会文人辈出。人们挣钱后生活富裕，一些人追求精神文化生活品质，于是那些财主们牵头，大家一起出资盖戏台雇戏班子唱戏，因而也就产生了那些令人们仰慕的文化现象。他说柳青之所以留下那些历史遗存和许多文化信息，是有其历史渊源和深厚背景的。曹吉虎为我们讲述这些时，脸上不时流露出自豪的表情。与此同时，他还向我们介绍了一些今后的打算，比如发展特色旅游产业，把柳青逐步打造成一个垂钓休闲、民俗观光、农家乐等为一体的经济实体。那天，我们还有幸见到了窑沟乡政府的领导，听他们讲，县乡两级政府还将一如既往地全力支持柳青的建设，引导和帮助村民依托当地自然旅游文化资源丰富的优势发展旅游业，整体推进当地的经济文化发展。

昔日柳青古镇经济文化盛极一时的繁荣景象，随着科技的进步和社会的发展，已日渐淡出人们的记忆。而今移民新村恰逢新的发展机遇，勤劳智慧的柳青人抢抓历史机遇，依托当地优势挖掘文化潜力，借党和政府推进乡村振兴的东风，柳青必将焕发出新的生机，柳青人定会再次创造新的辉煌。

下城湾

下城湾，位于呼和浩特市清水河县西南50公里处的黄河北岸，自古就是一个水旱码头，是一个具有悠久历史且在黄河大峡谷内自然风光十分优美的村庄。笔者就出生在这里，到现在我离开生我养我的小村庄下城湾已经40多年。起初到外地上学时每年假期都回去帮家里干农活，后来参加了工作，春节时才能回去待几天，再后来随着黄河万家寨库区移民时父母亲搬离后，我便很少回去了，但那里的山山水水却长久地保留在我的记忆里。

2011年9月的一天，当年在清水河县第四中学一起毕业的同学及几位老师，在黄河老牛湾景区下城湾云滚洞山旅游景点聚会，我专程赶了回去。当晚外地回来参加聚会活动的同学都住在这里，大家彼此多年不见，一直热闹到深夜才各自休息。那一夜我躺在床上浮想联翩，彻夜未眠。第二天清早，我带着相机走出房间，登上景点的观景平台，凭栏向西望去，想要寻找我曾经居住的那个由几间窑洞组成的院落，可印象中的一切已经荡然无存，展现在眼前的是因黄河万家寨库区蓄水形成的高峡平湖景象。抬头再环望，依稀可见那座历史上存在千年的古城唐隆镇的遗址，我曾经读书的学校——清水河县第四中学，那座坍塌的古石塔，还有远处郁郁葱葱连绵起伏的山峦。在朝阳的映照下，景色旖旎壮美，着实令人心旷神怡。面对眼前这一切，我的心情久久不能平静。

下城湾因遗存在村北的古城唐隆镇而得名。据考证，早在新石器时期这里就有人类活动。《山西通志》《绥远通志稿》《清水河县志》等文献记载，这座古城历史上不仅是镇守黄河通道的军事城堡，也是经济上的重镇。通过当地出土的古煤窑、瓷窑遗址及大量的文物均可以反映出历史上经济、社会的繁荣程度。这里自古交通十分便利，我家院门前就是古渡口。从黄河两岸遗存的当年用来固定铁索的墩桩遗迹可以判断，古时为连接黄河两岸还曾架有索桥。

下城湾曾是清水河县西部地区的货物集散地和贸易中心。据我的父辈们讲，直到20世纪五六十年代，村里居住的人们多数从事黄河船舶运输业。20世纪70年代初，在我刚记事时，黄河里仍船筏漂流不断。后来随着国家对西部地区铁路、公路的不断建设，黄河船运逐渐淡出历史舞台，直到70年代后期才彻底歇业。

据了解，我的祖祖辈辈都从事黄河船舶运输业，那时他们"跑河路"从下游把来自南方的丝绸茶叶及晋陕出产的调料和日用百货贩运到上游，然后再将上游地区的皮毛、药材、盐碱等运往内地。船只途经村子时便将当地人需要的货物卸一些销售，剩余部分继续运到内地销售。

由于水上运输的不断发展，从而带动了手工业的兴起。那时村里围绕制造木船有人开办铁匠铺、木匠铺、绳匠铺等。还有人看准村里流动人口多，就开办油坊、缸坊、客栈等。小时候听我奶奶讲，她家曾经开过客栈，专为外地河路汉们提供食宿。因为下城湾占有得天独厚的地理优势，所以便使我们的祖辈们在土地缺少的情况下，生活得还算悠然。一个50多户人家的小村庄，万家寨库区被淹没前遗存有近10处具有当地特色的四合大院，这足可以看出那时下城湾经济、文化的发展状况。

靠山吃山，靠水吃水。近些年来离开本村而搬迁到梁地上的村民们虽说不再从事航运业，但又利用黄河万家寨库区广阔的水域资源，搞起了养殖业和农家院旅游业。每逢夏季，这里总会吸引大批来自各地的游客及一些艺术家前来观光采风。旅游业的兴起使村民们的日子比以往变得更加殷实，村子里的文化生活也逐渐丰富多彩起来。

古渡成就了一代又一代村民渴望过上好日子的梦想，也哺育了无数有志者从这里走向社会，成为有用的人才。下城湾民风淳朴，村民们的祖籍多是山西，他们秉承了山西人节俭理财、尊重知识文化的优良传统，村民们自古以来以耕读为本，十分重视文化教育，家家只要有能力总要供孩子读书，因此村子里人才辈出。村子里靠读书走出了许多人才，在不同时期都为社会做出了积极贡献。

乌素图水库建设始末

陈美荣

　　乌素图水库建成的时间是中华人民共和国成立后，国家第二个"五年计划"实施的头一年，即1958年。乌素图水库是在中共呼和浩特市委和市人民委员会直接组织领导下兴建的。这座水库的主体建筑长520米、底宽73米、顶宽4米、高16.3米，总库容量240万立方米，从1958年4月5日正式开工，到同年7月30日竣工，施工期仅用时115天，这在呼和浩特是史无前例的。

　　乌素图水库位于大青山脚下，横跨乌素图沟口，在呼和浩特市回民区攸攸板镇东乌素图村的三道营和老园子自然村之间。水库因距东乌素图村西北1公里，故称乌素图水库。

　　我对乌素图水库有着特殊的感情。我的一位亲戚曾参加乌素图水库建设，不管在什么场合，每次谈起乌素图水库建设的事他都滔滔不绝，激动不已。

兴建背景

乌素图意为"有水的地方"。乌素图水库拟建在乌素图河沟口。乌素图沟河水发源于武川县大青山乡四合义西侧和水泉村东北处，由北向南穿越大青山，现流经回民区境内的乌素图沟，再向南流入玉泉区小黑河乡河道，经新河营至二道河村西出境注入小黑河，河水全长约47.8千米，流域面积195平方千米。水库的水，主要是拦蓄乌素图沟里的清洪水和泉水。乌素图沟是大青山18条大沟的第11条沟，乌素图沟河水是由井尔沟，后坝沟，猛不赖沟，大、小朱儿沟，油梁沟6条大沟和16个山湾若干小支沟汇聚而成。沟中泉水长年不竭，沟水、泉水、雪水在下游汇流，为乌素图水库水的主要来源。

一般情况下，沟内河水水流小而湍急，高程1880米，但如遇洪期，山沟洪水汹涌集中而下，河流量曾高达1800立方米/秒，因此历史上灾害频繁，水害严重。

当时设计水库项目的通盘考虑是：水库主体建设工程由拦洪大坝、进水涵洞（塔）、排洪溢洪道三部分组成。设计水库总容量240万立方米，积水面积30平方千米。设计动用土石方63万立方米，按防洪蓄水和排灌养鱼兼用的功能设计为中小型水利工程。其目的是有效利用乌素图沟河水灌溉良田，又可蓄水防洪，还可在蓄水后养鱼、养鸭以发展养殖业，再稍加整修绿化后又可形成郊外公园供人们休闲旅游观光。首府呼和浩特距水库只有13千米，仅半小时的车程就可到达。

组织大会战

水库建设项目工程，受到当时的内蒙古自治区党委和呼和浩特市党委、人委的高度重视。在中共呼和浩特市委直接领导下，水库工地专设党委会及总指挥部，采取组织全市劳动人民大会战的办法兴建。

为了赶工期赶速度，水库在边设计、边改进、边施工中进行。

党委会（5人组成）下设总指挥部、政治部、后方委员会。

总指挥部下设办公室、调度室、防汛办、工程处、总务处、器材处、后勤处。政治部下设共青团委员会、妇女联合会、保卫处、组织处、宣传处。由刘吉恩、黄兆禄、徐秉如等在工地负责组织施工。

1958年4月5日，乌素图水库建设工程破土动工。

水库建设工地劳动大会战的主力军，主要是来自呼市郊区的农民，其中大部分是来自攸攸板公社及周边人民公社的青壮年男劳力，一小部分女劳力。还有东郊、南郊来的壮劳力，比如黄合少公社、榆林公社、太平庄公社等几十里外的农民。还有的来自城镇厂矿企事业单位、街道、大中专院校、部队、机关干部等各行各业人员。在劳动大军中，以农民劳动力为主力，全部实行"组织军事化、行动战斗化、生活集体化"的军事管理模式，分别按军事组织编制，以营、连、排、班编入各军营，从事不同工种的作业。当时实行的是1天24小时昼夜班，按"三八制"（三个班轮流倒班）上下工，夜以继日、争分夺秒地不间断施工。

那时候，参加大会战的农民、工人、大中专院校师生、机关干部、部队官兵等等都吃在工地，大部分住在老乡家、学校教室、生产队办公室和乌素图召庙里。一日三餐集体吃食堂，一开始定量随便吃，后来开始定量分份，有的壮劳力不够吃，还可加量，有的农民除了吃食堂外还自带一点炒面、窝头之类的干粮，因为当时劳动强度大，这是作为自己的贴晌饭。每天高音喇叭发出出工、收工的号令，劳动队伍几分钟集合完毕，排队报数，立正稍息，向前看，向左、右转，齐步走到达目的地。总之，步调一致，统一行动，一切行动听指挥，团结一致赶工期。

义务劳动

群众热情高、干劲大，与各级领导的积极参加义务劳动，以身作则、带头作表率分不开。

在万人劳动大军中，自治区一些领导身先士卒，多次到水库工地参加义务劳动。中共呼和浩特市委曾组织号召全市工人，农民，解放军官兵，自治区驻呼党、政、军、工、商、学，企事业单位，机关干部，大中专院校师生，街道居民等都来到工地参加义务劳动，为工地建设出力流汗、尽其所能。

水库大坝主体工程于1958年4月5日开工，当年7月30日竣工，共计耗时115天。总投入80万个劳动力，完成土石方68.7万立方米。干、浆砌石2万立方米，混凝土121立方米，砖砌体99立方米，砂4220立方米，碎石4877立方米，动用土石方总共计近百万立方米。

1958年7月30日上午，3万人在乌素图水库集会，举行落成典礼。

呼和浩特村名更正（一）

张继龙 等

　　村名是人们赋予村落的专用名称，是一个村子的标志性符号，是基础性地理信息。在历史长河中，人们在一个地域生存、生产、生活中自然而然地产生和形成了活动区域的村名。村名不仅蕴含着地域的典型特征，也积淀着丰富的文化内涵。但在村名的考证溯源过程中，由于主观或客观原因，存在着种种谬误，以致于以讹传讹，损害了村名原有的历史文化内涵。加强对村名的考证、研究和挖掘，恢复村名应有之义，真实展示村名的个性魅力和鲜活内涵，可以推进优秀传统文化创造性转化、创新性发展，从而夯实文化自信。从本期《呼和浩特文化》起，拟定每期刊登一批村名讹传谬误更正，以帮助大家更好地了解呼和浩特地名文化，为建设更加富裕、文明、和谐、美丽的呼和浩特贡献应有的智慧和力量。

哈素村

哈素村，位于土默特左旗敕勒川镇东部。在一些地名资料中，哈素村被解释为是蒙古语"哈拉乌素"的简称，意为"黑水"，这是错误的。在相关史料中，并无上述记载。经研究考证，哈素为"阿素"的变音，上世纪70年代，在哈素村周边居住的蒙古族老人们仍称其为"阿素"，而本地的汉族群众则用晋北混杂音称其为"拉素"，因而被人们误解为哈素源自"哈拉乌素"。阿素为对蒙古族古老部落"阿苏特"的谐音称呼，阿苏特也译写为阿速、阿速惕等。该部祖先为伊朗语系的游牧民族，1239年蒙哥西征时带回蒙古，发展演变为蒙古人。明朝时，该部成为喀喇沁部的属部。1629年和土默特、永谢布组成联军和林丹汗在"艾不盖"决战，被打败后部众四散。有部分人进入土默特，而哈素村则是清朝早期管理这些进入土默特的阿苏特人的地方，从而形成"阿苏特"村名，并演变为"阿素""哈素"。

云社堡村

云社堡村，位于土默特左旗察素齐镇西南部。在一些地名资料中，解释为是"部分永谢布人定居于此，形成村落后，以永谢布为名，后讹传为'云社堡'。"这一介绍不准确。云社堡村李姓蒙古族早在四百六七十年前就在云社堡村居住，至今已二十三四代人。并相传历史上村里曾设过衙门。而永谢布人来到呼和浩特，应为1629年土默特部人、永谢布人、阿苏特联军被林丹汗打败以后。距今不到四百年，据此推论，云社堡村村名应是永谢布部人进入土默特部时管理永谢布人的地方，后以此形成村名。

吉牙图村

在一些地名资料上，把土左旗白庙子镇吉牙图村的村名来源解释为："吉牙图，意为'有命运、有姻缘'，引申为'有缘之人'。据传，清康熙年间蒙古族人在此驻牧，有山西汉族移民陈氏迁此租种蒙古族人的草场地，日久天长，出租草地的蒙古族地主看见姓陈的人勤劳忠厚，便将自己的女儿许配给了他，并拨给土地，后形成村落，遂称吉牙图。"这一解释有失偏颇。

据《土默特志》记载，康熙年间，土默特两翼旗很少有汉族农民来此耕殖。大规模开发土默川始于乾隆年间，并且是不落户籍，初期春来秋归。而且，清朝法律规定不允许蒙汉通婚，因此，康熙年间蒙古族地主将女儿嫁给陈氏为妻的解释不准确。另外，那时蒙古族牧民均为旗丁，也没有地主一说。在《归绥道志》中，把吉牙图解释为是"有福人"之意，比较有依据。

察干陶勒盖村

土默特左旗察素齐镇察干陶勒盖村，在一些地名考证资料上称为"查干秃力亥"，译作"白土堆"。几年前，研究蒙古语的专家对这一村庄进行考察，正确的称谓应该是"察干陶勒盖"，即白头发老人。

阳高村

在一些记载地名资料上，把土默特左旗台阁牧镇阳高村来历解释为："明末清初，蒙古人在此驻牧，后山西杨姓、郇姓人家迁此垦种，形成村落后，以原籍地作村名。另说，阳高是蒙古语中藏语'羊盖尔'的转音，意为'洁白'。"在清乾隆初年的资料中，该村名被译写为"阳谷尔村"，经蒙古语专家翻译，为"白色的绒"。由此可见，前述把该村名来历解释为来自山西地名"阳高"是错误的。

五申村

五申村，位于托克托县五申镇，为镇人民政府驻地。在一些地名资料中，该村被解释为是"蒙古族人名，其地是阿勒坦汗侄儿兀慎的驻牧地，明末清初形成村落，得名兀慎村，清代汉化为五申村。"该解释有误。

五申也译写为"乌审""兀慎"，是蒙古部落名称。明代土默特部中有乌审部，领主为阿勒坦汗的三弟拉布克，为明朝史籍中土默特"三枝十二部"，三枝中的一枝，明代时居住于今乌兰察布市集宁市北一带。1632年后金皇太极到呼和浩特征伐林丹汗时，该部部众大部分被带往东北，在1636年编设东土默特两翼旗时被分别编入两旗。托克托县的五申村应是后金征伐林丹汗躲避起来而未被东迁的乌审部人，在清初设呼和浩特土默特旗时，他们被迁到现在的五申村一带，五申村为管理这些五申人官员驻地，因而形成此名。

补还岱村

补还岱村，位于托克托县五申镇中部。在一些地名资料中，解释补还岱系蒙古语"布罕岱"的谐音，意为"有牝牛"，其村名来源有误。

真实的"补还岱"是南北朝至唐朝时期古突厥可汗阿史那家族的一个姓氏，演变为蒙古族的该部落人在明朝时归于喀喇沁部，托克托县五申镇的补还岱人应为明末战乱中进入土默特部的喀喇沁人，因独家居住于此，其姓氏被当作村名。

主力罕白彦村

主力罕白彦村，位于托克托县伍什家镇。有地名资料解释"主力罕白彦村名系蒙古语，意为'六位富人'"，有误。

在清乾隆初年的史料中，该村被记载为"珠尔干巴亚德"，应是"六位巴亚德人"，而巴亚德是蒙古部落名称，又译写为"巴雅特""巴亚特"。土默特部内有此部落，阿勒坦汗时代该部为阿勒坦汗的次子宝音所领部落，驻牧于今锡林郭勒盟东苏旗、西苏旗一带。1632年后金皇太极到呼和浩特征伐林丹汗时，该部人大部分被带到东北，1636年编旗时，被编入东土默特左右两旗内。居住于托克托县伍什家镇主力罕白彦村的六名巴雅特人，应是在皇太极东迁该部人时隐藏下来的巴雅特人，在呼和浩特土默特编旗时，他们被迁到该地居住，并根据居住人数、部落称为"珠尔干巴亚德"，后逐渐演变为主力罕白彦。

当浪土牧村

当浪土牧村，位于玉泉区鄂尔多斯街道辖区西部。有地名资料解释"当浪土牧系蒙古语，意为'七土默特'"，有误。

当浪土牧为明代组成"三枝十二部"土默特三枝中的一枝，"当浪土默"为部落名称，意为"七万户"。该部首领为阿勒坦汗四叔阿尔苏博罗特的后裔们，是土默特部中除蒙郭勒津部外最大的部落。明代时驻牧于今巴彦淖尔市乌拉特中、后旗一带，1571年明蒙议和时有四、五万余人。1632年后金皇太极到呼和浩特征伐林丹汗时，该部落人口大部分被带到东北，后被编入东土默特右旗，居于今辽宁北票、朝阳一带，是东土默特右旗的主要旗民，玉泉区鄂尔多斯街道西的多罗土默村，应是呼和浩特土默特编旗时，管理未被东迁的"当浪土牧"人的地方。

大板申村

大板申村，和林格尔县新店子镇店湾村民委员会所辖自然村。一些村名资料在溯源时，认定这个村的原有村名就是"大板申"。事实上，该村原名"什泥板申"，为蒙古语，汉语意为新房子。明末清初，其地属于蒙古族群众的牧场。根据《清朝圣祖朝实录蒙古史史料抄》记载：康熙在第二次亲征噶尔丹时，曾于康熙三十五年（1696年）十月初六（12月29日）在此驻跸一夜，时称"锡尼拜星"。康熙第三次亲征噶尔丹时，又于康熙三十六年（1697年）四月二十九（6月17日）在此驻跸，时记称"席纳拜星"。无论是"锡尼拜星"还是"席纳拜星"，均为"什泥板申"的音译，就是现在的大板申村。

该村从锡尼板升到被称为"大板申",是因为清乾隆年间,有山西五台县王姓家族"走西口"到此租种蒙古族的土地,并定居于该村。此后,陆续有内地民众迁入,有人为了耕种方便,在什泥板申东约1公里的地方又兴建一处定居点,形成小村落,由于该村户数少、人口也不多,为区别于较大的什泥板申,于是简称为"小板申"。而什泥板申由于户数多、人口多,渐渐被改称为"大板申"。

佛爷沟村

佛爷沟村,位于和林格尔县新店子镇东,属于一间房行政村。有地名资料在介绍该村时,认为在其地山后发现石刻"佛爷"二字,所以得村名"佛爷沟",这是错误的。

据《和林格尔县志草》记载,该村北倚石壁,山石状如佛像,故名佛爷沟。此外,清康熙三十一年(1692年)杀虎口驿路开通之后,此处渐有居民商户,并在村西建有庙宇一座,香火甚旺。又有过往客商在村北石壁之上刻有佛像一尊,以此保佑商贾平安,此尊佛像保存至今。据此,佛爷沟名称来源应来自村北"状如佛像"的山石和石壁上刻的佛像,并非石刻"佛爷"二字。

马厂村

马厂村,位于和林格尔县新店子镇东,隶属于山保岱村民委员会。有地名资料介绍,马厂村村名形成是"清朝年间,其地有蒙古族人的马场地,故名马场村,后书写为马厂。"这是错误的。

清康熙三十一年(1692年),清政府在右卫城设建威将军,驻防了大量满蒙汉八旗官佐。由于驻防官兵多为骑兵，于是，清雍正年间，清政府从土默特牧地内划拨了大面积土地作为马场，供骑兵放牧并供给粮草之用。该村位于浑河以南的右卫八旗马场地内，故得村名为"马场"，村名得名是因该地为右卫八旗"马场"地得名，而不是蒙古人马场而得名。

二道边村

二道边村，位于和林格尔县新店子镇东南方向，隶属于好来沟行政村。有地名资料介绍，该地地处秦长城脚下，当地人称秦长城为二道边墙，故得村名为二道边。这是错误的。

首先，呼和浩特境内的秦汉长城在大青山一线，并不在晋蒙交界处。其次，好来沟境内的长城是明长城，而明长城在这一带有主边长城、次边长城两道，晋蒙交界的长城称为主边，和林格尔县境内的长城称次边，也称"二道边"，因该村位于二道边长城附近，故得名为"二道边"。

红台子村

红台子村，位于和林格尔县新店子镇东南，隶属于新丰行政村。有地名资料介绍，因村落建于地势较高的台地之上，而这处台地泥土呈红色，故得名红台子。这一介绍是错误的。

该村形成于清代，当地土质确为红色，但村名并非源出于此，而是该村东面有一座明长城的烽火台，巨大的烽墩周围，还有围墙圈围，由于土质为红色，因此该烽火台甚为醒目。由此，该村因这座红色烽火而得名"红台子"。红台子村属于和林格尔县,在明长城内侧的右玉县境内,还有一个名为"下红台子"的小村落,故和林格尔境内的红台子村又称为"上红台子村"。

三眼井村

三眼井村,位于和林格尔县盛乐镇南,隶属于白彦兔村委会。有地名资料介绍,清乾隆年间,人们在此挖了三眼井供人畜饮水,后以这"三眼井"形成村名。此介绍有误。

该村前为一条由东而西的沟谷。据当地村民口口相传,立村之时,该村村民在此沟谷共同出资打了一眼井,供人畜饮用。但一场山洪过后,井被冲毁,于是,村民再次出资新打了一眼井,未料到又一场山洪再次把井冲毁。为了吃水,村民再次集资,并将井位向村北高处移动了几十步,新打了一眼井。因为三次打井的经历,村民们于是为村庄起名为"三眼井"。如今,最后这眼井仍然完好地保存。

三圣太村

三圣太村,位于武川县可可以力更镇北3公里,清代为商号"三盛泰"养驼之地,久而久之形成村落。但在有的地名考证资料中介绍。村名来源是乾隆年间,山西定襄李姓商人在其地开设商号"三圣泰",后归化城郊的农民迁居其地垦种成村,以商号取村名,后演变为三圣太。这一介绍是错误的。

首先,三盛泰商号为三家共股,取"三盛泰"之名意即三家生意长盛开泰之意,故本名应为"三盛泰"而非"三圣太"。其次,"圣"与

"太"并不符合商号取名本意，特别是封建时代乱用"圣""太"形同谋反。所以，该村早年应为三盛泰，久而久之，竟演变为三圣太。

黑八盘村

该村位于武川县上秃亥乡，隶属于马王庙村民委员会。一些村名资料介绍，民国年间，山西、河北移民迁居其地垦荒，附近山上有盘旋状黑色岩石，故得名黑八盘。此考证并不确实。

据多方考察，黑八盘村名来历为当年该村立村之时，一个姓郝排行第八，人称郝八的人独家居于此地放羊，当地人把立栅栏圈围羊群之地称作"羊盘"，故取"郝八盘"为村名。此后，久而久之，郝八盘竟演变为"黑八盘"。

天太恒村

天太恒村为武川县西乌兰不浪镇下辖的一个自然村，清代顺治年间建村。有地名资料认为，清顺治年间，"天太恒"商号在其地经商，故以商号作村名。不确。

经考证，该村为晋商"天泰恒"的驼场，后以驼场名作为村名。但久而久之，天泰恒竟演变为"天太恒"。

厂汉黑老村

厂汉黑老村位于武川县西乌兰不浪镇。溯其村名，应源于村北山上盛产的白色石头，蒙古语为"厂汉朝鲁"，但久而久之，厂汉朝鲁竟演变为"厂汉黑老"，而"厂汉黑老"无论蒙语还是其他语言，均不知其为何意。因而，该村最初的村名应为厂汉朝鲁，后讹传为厂汉黑老。

马宗山村

马宗山村隶属于武川县哈乐镇。该村村名源自于附近的马鬃山，马鬃山因山形形似马鬃飞扬被称作马鬃山。后人为了书写方便，把"鬃"字写成了"宗"。

本期撰稿人：张继龙、吴欣、韩国栋、胡国栋、曹建成、格日勒

文化大观

呼和浩特地区历代长城的分布

高晓梅　武　成

　　长城是我国的世界文化遗产，也是规模最大的全国重点保护文物单位，呼和浩特市新城区、回民区、赛罕区、土默特左旗、武川县、和林格尔县和清水河县共有战国、秦、汉、北魏、北齐、隋、金、明历代长城达727.1千米，单体建筑及相关遗存有1096处，是我国长城的重要组成部分。

一、赵长城

　　呼和浩特地区的战国赵长城，修筑于赵武灵王二十至二十六年（公元前306至前300年）时期，因赵的都城在河北的邯郸，所以在北部修筑的这段长城称赵北长城，全长约125千米。赵北长城多用夯土或石块叠砌，宽达5～6米，残高为1～2米。

公元前306年，赵武灵王的势力发展到了今呼和浩特平原。在今托克托县设云中郡，在原阳（今呼和浩特南大黑河左岸）设置军马场饲养大批军马。实行"胡服骑射"，胡服骑射既是中国历史上的第一次服饰改革，也是中国战争史上的一次变革。经过"胡服骑射"后赵武灵王军队的战斗力得到增强。

为了防御北方的林胡、楼烦等少数民族的袭扰，赵武灵王还修筑了长城。赵长城东起代郡北（今河北张家口地区宣化盆地），进入内蒙古地区后沿辉腾梁（阴山东段）、大青山、乌拉山南麓的平缓地带向西延伸，止于乌拉特前旗大坝沟口，修筑的长城全长446千米。呼和浩特段赵长城从卓资县旗下营入呼和浩特市赛罕区榆林镇，经哈拉沁沟向西直到包头。大青山赵长城遗址时而沿大青山南麓台地匍匐而行，时而穿入山内随主体山脉东西蜿蜒，千姿百态。中国历史学家翦伯赞在《登大青山访赵长城遗址》一诗中感叹："骑射胡服捍北疆，英雄不愧武灵王。邯郸歌舞终消歇，河曲风光旧莽苍。望断云中无鹄起，飞来天外有鹰扬。两千几百年前事，只剩蓬蒿伴土墙。"

二、秦长城

秦长城，因是秦始皇修建，也称秦始皇长城。呼和浩特地区的一些秦长城沿用了赵北长城，并且加以修缮。从赛罕区到新城区再到回民区全长共计10多千米。

公元前221年，秦始皇统一中国，把战国时期的赵、秦、燕三国长城连接起来，加筑城堡、障、塞等防御设施，并且还修筑了新长城，号称万里长城。秦长城与三国长城的走向基本上是一致的，其中有些地段利用了三国的古长城，而未利用部分（多在新筑长城之南），又加以缮治，成了第二道防线。所以说秦长城是以战国时期秦、赵、燕三国长城为基础修建的。但秦始皇时期修筑的万里长城其规模之巨大，动用劳力之多，又远非三国旧长城可比。据统计，除去修缮的三国长城，仅新建部分就比原来三国长城总长度的一半还多；动用了约50万的劳动力，这个数字相当于当时全国男劳力的1/10。从公元前214年开始直至公元前210年秦二世赐蒙恬死，历时5年（一说从公元前217年始，用了9年时间）才完成这一西起陇西郡的建筑工程。因此，把这一伟大工程——万里长城归于秦始皇时期修筑的是符合历史实际的。

秦长城西起乌拉特中旗石兰计山谷，由固阳县银号镇、大庙乡进入呼和浩特武川县境内，沿大青山山脊向东南延伸，经马场、羊场，至新城区坡根底村北与东西走向的赵长城相汇，至保和少镇后扁担沟，进入卓资县西部在赵北长城北侧新筑长城。秦始皇新修的长城长约500千米，大部分为石块垒砌，局部夯筑土墙。

三、汉长城

呼和浩特市境内的汉长城分为两道，分别为汉外长城和汉内长城，是汉武帝在秦长城的基础上修筑而成的。呼和浩特市武川县哈拉合少乡、哈拉门独乡，新城区榆林镇、保合少镇、毫沁营乡和土默特左旗毕克齐等13个乡镇都有汉代长城遗存，全长共计78.6千米。并修筑有大量烽火台、城障。

汉长城经阴山、河西走廊，向西延伸至新疆。汉长城工程浩大，规模空前，主要是在汉武帝反击匈奴时，为加强防御而修筑的。

汉长城经过内蒙古自治区的阿拉善、巴彦淖尔、包头、呼和浩特、乌兰察布、锡林郭勒等地，其长度在内蒙古境内的历代长城中除了金长城就要数它了。

西汉初年，匈奴势力强大，占据南起阴山，北到贝加尔湖，西逾葱岭（文帝时，匈奴破西域二十六国后），东至辽东的广大地区。

刘邦还是汉王时，对匈奴就有所防备，公元前205年，曾缮治过位于长安以北的秦河上塞（今陕西高陵一带）。他即帝位后，对匈奴的侵扰，也曾进行坚决的抗击。如高祖七年（公元前200年），匈奴入塞，大举围攻马邑（今山西朔州市），进而"引兵南逾句注（今山西代县北），攻太原，至晋阳下"（《史记·匈奴列传》）。刘邦亲自率军32万北逐。汉在武力反击匈奴获得胜利后，首先把秦长城加以修缮利用，接着又构筑新的长城和城障使防务加强起来。

秦汉长城，匍匐在巍峨的大青山南麓，绵亘在半山坡上，长城凡过大的山口，都在山口里筑有当路塞。在呼和浩特市以东的各个山口，多有这种遗迹，一直延伸到卓资县的北部。

呼和浩特市东25千米的面铺窑山沟里的边墙村前就筑有一条当路塞。南北沟里，筑一东西石墙，当沟拦起一条如同坝一样的高墙，爬上东西两边的半山上，形成三沟一道墙，堵死南去塞内的路。其防御工程非常坚固，可同时看出古代建筑工匠们独具匠心的技术。其石墙遗迹保存较好，留有较多原来的壁面，垒砌得很规整，都是用青褐色较平整的石块交错叠压。石块一般40～50厘米见方，厚10～15厘米。里面的石块垒得不太规整，但大都平铺，内夹碎石和沙土，基宽6米，顶宽3米，最高处5米。当路塞全长300米，其中河床墙长约200米。在保合少镇水磨村大青山健身步道旁边也有一处当路塞，呼和浩特市文物事业管理处于2012年3月在其旁边设立"全国重点文物保护单位战国—秦汉水磨段当路塞长城"石碑。

东汉时期防御设施基本上是沿用西汉的，只是东汉初期为防匈奴修筑亭障、烽燧较多，但多是局部的补充，不在内蒙古境内。

总之，汉代在呼和浩特境内以及西部和北部地区所筑的长城、亭障、列城、烽燧对阻止匈奴的侵扰，发展农牧业生产，保障"丝绸之路"的畅通，都曾起到一定的作用。

四、北魏长城

呼和浩特境内的北魏长城，主要集中在武川县一带。北魏明元帝泰常八年（423年）修筑，是为防御柔然以及契丹修筑的长城，全长1000多千米。太武帝拓跋焘时，又于长城内侧设置军镇，并筑"畿上塞围"，以护卫国都平城地区的安全。

北魏长城现在留在地面上的遗迹断断续续，从几个调查点的情况看，宽为3～5米，高不过一两尺。至于种上庄稼已成耕地的地方，就什么也看不到了。根据已经掌握的长城遗迹材料，它是目前存在地表上的一道最窄、最矮的长城，现在已经成为弧背形的土垄。这些地段的长城全是夯土结构。

长城附近还曾发现北魏遗存，如陶片、铜佛等。武川县大青山乡土城梁村是北魏武川镇故址，从城中出土有隶书"万岁富贵"文字的瓦当。发现和出土的大量鲜卑文物证明，鲜卑人曾长期生活在这道长城内外。魏太武帝为了加强对北境的控制，又于长城内外要害处设置六个军镇，并派重兵把守：

沃野镇，故址在今内蒙古乌拉特前旗境内；

武川镇，在今武川县境内；

抚冥镇，故址在今四子王旗境内；

柔玄镇，在今察右后旗境内；

怀荒镇，故址在今河北省张北县境内；

怀朔镇，在今内蒙古固阳县城东北。

为了抵御柔然等的进犯，北魏曾三次修筑长城。经调查，北魏长城可分为六镇长城南线、六镇长城北线和太和长堑长城。

六镇长城南线、北线均大致呈东西走向分布于乌兰察布草原上，自东向西延伸于乌兰察布市商都县、察哈尔右翼后旗、察哈尔右翼中旗、四子王旗，包头市达尔罕茂明安联合旗，呼和浩特市武川县。太和长堑长城墙体自河北省沽源县小城子村北部进入内蒙古境内，主要分布于锡林郭勒盟正蓝旗、多伦县。

北魏长城墙体总长度为493千米，其中土墙长487千米，石墙长6千米。长城墙体沿线分布有障城33座。

五、金长城

金长城是海拔最高的长城，是一种具有内墙外壕或双墙双壕的特殊形制的古长城，史称"金界壕""金边墙"。呼和浩特的金长城是历代长城中地势最险和海拔最高的长城。呼和浩特境内的金长城由东北方向进入武川县，南越大青山，入土默特左旗万家沟，西南翻越大青山主峰，入包头地界，仅在呼和浩特境内就有53.9千米。

金在金熙宗皇统年间开始兴筑界壕。海陵王时期起义蜂起，海陵末年西北札八、窝斡的起义军驻在临潢府一带，对金造成极大威胁。《金史·世宗纪》记载，金世宗多次出兵镇压，于大定四年（1164年）五月平定。《金史·世宗纪》还记载，金世宗为加强西北防务，于大定五年（1165年）正月"诏泰州、临潢接境设边堡七十，驻兵万三千"。《金史·地理志》记载，大定十一年（1171年）"东北自达里带石堡子至鹤五河地分，临潢路自鹤五河堡子至撒里乃，皆取直列置堡戍"。到金章宗明昌初年，铁木真在漠北高原崛起，给金造成威胁，迫使其修筑长城，至承安年间修筑完成，史称"明昌新城"，明昌年间以前修筑的长城统称"明昌旧城"。经多年修筑，形成多道界壕，由北向南有岭北线、北线、南线三条主干线和北线西支、东支及南线西支三条支线。

六、明长城

明长城自开国皇帝洪武帝朱元璋开始，有18次大规模修筑，工程极为浩大。在呼和浩特的历代长城中，它是保存最好、最为壮观的一段长城。呼和浩特境内的明长城在和林格尔县、清水河县与山西省交界的地方，全长254.7多千米。这段明长城分主边、次边内外两道，沿线设有重要关口十余处，当年驻重兵把守。重要的地段均以巨大的砖石垒砌，雄伟壮观。在长城沿线，还有许多烽火台、敌楼、城障、将台、隧道、暗门、水门等，建筑艺术和军事功能在当时是很高的。

长城作为中华民族重要的历史文化遗产，历来备受关注。20世纪50年代和80年代，国家分别开展了第一次和第二次全国文物普查，对全国的不可移动文物进行了初步的摸底清查，基本掌握了自治区境内明长城的分布和走向。2006年10月，国务院正式颁布《长城保护条例》。2007年开始，内蒙古自治区率先开展了明长城的调查工作。据文物部门统计，内蒙古自治区境内的明长城总长706332.6米。

明朝是大规模修长城的最后一个朝代。在洪武年间，对漠南漠北几乎是连年用兵。

到明成祖朱棣时，又接连六次派兵进攻漠北，直到他病死于回师途中。后来，瓦剌兴起，瓦剌部首领也先吞并其他部落统一漠北，并南下大举攻明。明正统十四年（1449年），英宗于土木堡（河北怀来东）为瓦剌所俘虏，这就是历史上有名的"土木之变"。同年，也先挟英宗攻破紫荆关，兵临北京城。

明万历时，女真又兴起于辽河流域，虎视中原。因此，明王朝对于北部特别重视。

关于修筑长城之事，远在朱元璋夺取全国政权之前就已有了思想准备。在宋（红巾军首领韩林儿所建国号）龙凤三年（1357年），他就接受了朱升"高筑墙，广积粮，缓称王"的建议，"高筑墙"即筑城设防的意思。10年后他取得政权的当年（洪武元年，1368年），就开始了长城障塞的修筑工程。此后在明统治的270年中，几乎从未停止修筑长城。史载自洪武至万历年间，曾先后18次修筑长城。最后完成了东至鸭绿江，西至嘉峪关，全长7300千米的万里长城。

明称长城为边或边墙，就其功能和规模又分为大边、小边或主边、次边。也有在重要关隘险塞地段修筑好几重城墙的，有的甚至多到十几重。明长城也称外边与内边。外边就是外长城，内边就是内长城。

外长城是与内长城相对而命名的。明外长城东起北京市延庆县四海冶，在四海冶与内长城分岔，西北行经张家口，又西行经大同、内蒙古兴和而止于清水河县北堡乡口子上村。在这里与内长城连接。这道外长城（外边）属于明大边（或正边、主边），是明所筑万里长城的重要地段。

明内长城位于外长城之南。内（内边）东起北京延庆县四海冶，从外长城分出，走居庸关西南，经河北省的紫荆关和倒马关，之后进入山西省的平型关。又西行经雁门关、宁武关，折北，经老营堡到达丫角山（也叫鸦角山）北麓的清水河县北堡乡口子上村，在这里又与外长城相接。内长城全长1025千米，在内蒙古境内只有十余里。

次边是与主边相对而言的，规模不及主边即大边。内蒙古境内的明次边是明最早修筑的长城，也称二道边或二道边墙，位于大边之北。次边西起清水河县单台子乡青草崂村，从外长城分出，东北行，经清水河县城西北，沿盘山西岭进入和林格尔县和凉城县，又绕丰镇市隆盛庄村东行，最后到达兴和县的平顶山，呈弧形。次边全长约700千米。次边、外边和内边是明都城北京的西北屏障。次边居于前，外边位于中，内边位于后，它们互相联系，密切配合，结为一体，构成了拱卫京畿西北的坚固军事防线。

黄河上中游分界处的河路汉

郜　贵

悠久的历史　动人的传说

位于土默川平原南端黄河之滨的古镇河口，是黄河上游与中游的分界处，当地人把立界碑的位置称为海口。其设渡与河运开始的具体年代难以考证，虽然河运早已成为历史，但是当地至今流传着许多美丽动人的传说。

据今人考证，《汉书》所记载的君子津便在海口下游的几十里处，其得名过程就是一个激动人心的故事。西汉元帝时期，皇帝刘奭曾率大队仪仗北巡。京城有一位富商为抓商机随后而行，准备做一宗大生意。然而，富商行至君子津渡口，准备过河时突然暴病而亡。津长父子厚葬了富商，并将他携带的金银财宝全部埋在其坟墓里，以待富商的亲人来取。数年以后，富商的儿子打听到父亲的下落，千里迢迢来向津长父子认领其父的遗骨，津长父子将富商的灵柩连同他携带的金银财宝全部交还给富商的儿子。富商的儿子无限感激，要将父亲携带的金银财宝全部留给津长父子，以表由衷的谢意，可津长父子坚决分文不收……汉元帝刘奭听到这事，不禁连连赞叹津长父子为真君子。于是，这个渡口便以君子津之名流传于后世。

在近现代，当地的河路汉中曾发生过许多激动人心，甚至是可歌可泣的故事。抗日战争时期，日军占据着黄河北岸，视人命为草芥，激起了河路汉的极大愤慨。河路汉大都是踩凌与游泳的能手，他们曾多次趁夜深人静冒着生命危险或踩凌或游泳从北岸偷偷过河，将日军的布防情况报告我军，帮助我军瞅准战机过河突然袭击，狠狠打击了侵略者的嚣张气焰。

河口作为闻名的水旱码头，有千里黄河舟楫之便的美誉。在河口处设大渡口、大码头，应当始于元朝的至元三年（1266年）。其时，元朝统治者为了利用水上交通邮传联络，在黄河中游设立了水驿。据《元史·郭守敬传》记载："敕自中兴路（即西夏的兴洲，今在宁夏境内）至西京东胜（元代东胜即今托克托县）立水驿。"

河口的河路汉以明朝开国名帅常遇春为祖师爷。因为常遇春曾经驻守雄踞黄河岸边的托克托旧城旁的古城堡。当地的河路汉认为，帆（当地人称蓬）便是常遇春发明的。相传，当年常遇春驻扎于黄河岸边的托克托古城准备出征，恰巧数月内隔天不隔天的下倾盆大雨，道路泥泞难行，队伍难以由旱路向西北进发。于是，常遇春决定从水路逆黄河而上挺进西北。然而，雨多潮涨船只难以逆流而行。常遇春通过多日的苦思冥想，终于琢磨出使大船逆流向西北方向进发的良策，即在大船上高树桅杆扯起厚实的大布借风力助船逆水前进。于是，全体兵将一同动手造桅杆大帆，恰在桅帆全部造成之际东南风强劲刮来。常遇春率大军乘船挺进西北，以迅雷不及掩耳之势使敌方措手不及，明军大获全胜。

河路汉艰辛而繁重的特殊劳动虽然已经成为历史，然而，他们为我等晚辈留下了许多美好而动人的传说。

困苦的生活　艰辛的劳作

河口的河路汉大都是近现代从山西、陕西的黄河边上迁移而来的，来自山西河曲、保德、兴县、临县的最多，他们是不折不扣的走西口成员。河路汉虽然将造船、驾船、捕鱼技能带到塞外，但他们几乎全部是房无一间地无一垄的赤腿穷汉，跑河路大都是为了挣钱养家糊口，然而，这一行风险极大，稍有不慎便性命难保。

初春黄河一开河，河口的河汉路为抢生意便拉起大船逆流向西北进发。这时河水仍然冰凉，刺骨钻心，他们在河边的浅滩负重跋涉。河水中流着的小凌片划破他们的双腿，鲜血淌出，顺黄河水流去……他们每前进一步总要洒落一串串汗水。傍晚，河路汉便找一处河水不湍急的地方，在岸边钉个大木桩，将大船紧紧系住，自己做粗淡的饭菜充饥。1949年前，河口上游的黄河岸边极少有人烟，河路汉饮的是浑浊的黄河水，睡的是仅隔了一层薄板（今人称细楼）的船舱。船舱内的阴冷潮湿令人难以入眠，若遇上阴雨天，大雨随风泼洒，入睡也更困难……河路汉害怕天明而又盼望天明，天刚放亮便手忙脚乱地启船航行，肩上担着纤绳，步履艰难地迎西北风而行。

河口的河路汉一般是逆流向西北而上，远则深入甘肃、宁夏一带，近则到石嘴山、河套、鄂尔多斯。1949年前，河套、石嘴山、鄂尔多斯的黄河岸边荒无人烟，航运大后套的红柳回河口遭的罪还算少点，但也必须经过两三个月的拉船跋涉才能到达岸边遍生红柳的西山嘴一带。为了赶在上冻前平安返回，大船一到西山嘴，河路汉就开始紧张地干活。

他们黎明便上岸各奔东西找好的红柳，自己割、自己背，到黄河边装上大船，一直干到夜幕彻底落下。航运原碱更苦得难以言喻，多少年来，葬身于碱湖中的河路汉大有人在。鄂尔多斯西北杭锦旗境内的湖泊中盛产原碱，因原碱有厚利可图，自己捞碱更省钱，河口的运碱大船大部分由河路汉自己捞原碱。河路汉进碱湖中捞碱是极为艰苦的活儿计，冰凌茬与碱茬划破的双腿经碱水浸渍令人感到剧痛钻心。他们每在湖中前进一步，双脚上的伤痕都会淌下鲜血，染红一片泥水……一不注意便在淤泥中越陷越深，最终被淤泥吞没，一些年迈体弱者或年少无知者往往会在进碱湖后一去不复返。

大船从西北满载而归虽是顺水行舟，但由于大船载重量大，河路汉面临的危险更大，有时甚至会付出生命的代价。因河水暴涨暴落或老艄公的失误，踏滩（搁浅）事故经常发生。老艄公一发现有踏滩的危险，便声嘶力竭命令大船上所有的河路汉以长杆撑离险滩。为了保护一趟航行不至于徒劳和自己的性命，河路汉便拼命以长杆抵滩撑船力求远离险境。由于撑杆必须竭尽全力，且换杆必须奇快无比，河路汉也绝不以手握杆而撑，而是用赤肩顶住前部装了横柄的杆撑。他们的肩部全被杆柄磨得皮开肉绽，一次踏滩整个大船上的河路汉无不肩上淌血。更有甚者，鲜血顺躯体淌下落满船沿。如若抢救无效大船踏滩，因黄河水含沙量大，不到一个时辰大船便四周淤满泥沙再也难以挪动。河路汉则必须立即跳下大船齐心协力背扛船梆使大船尽快移入河流。若大船最终被泥沙固定在原地，他们便只能等待后面航行船只的到来，搭船返回河口。那这次跑河路当然毫无收入，更为严重的是由于种种原因拖延了返航的时间。初冬的天气突然变冷封了河面，大船被冰冻在河面上难以前行，河路汉就只能三五结伙，坐大冰凌片漂回河口。坐冰凌漂行真可谓九死一生。

滔滔黄河不知吞噬过多少河路汉的生命，在河路汉心中，黄河的波涛声是呜咽、是哀鸣……他们之中落水者不计其数，而落水后获救者却寥寥无几，其死尸几乎全部葬于黄河泥沙或鱼腹中。

血汗酿歌谣　风浪谱曲调

你说那个黄河流水几十几道湾

几十几道湾里有几十几条船

几十几条船上有几十几根杆

几十几个艄公把船扳……

我说那个黄河流水九十九道湾

九十九道湾里有九十九条船

九十九条船上有九十九根杆

九十九个艄公把船扳……

这段爬山调在内蒙古中西部地区几乎家喻户晓，功劳正归于河路汉粗犷的歌喉。蒙晋冀陕接壤地区以二人台、爬山调闻名于世，河路汉所唱的曲儿虽以二人台、爬山调为母体，却又别具一格。其歌词来源于河路汉的艰苦生活与艰辛劳动，其曲调又颇具黄河雄风与黄河波涛的豪迈，堪称二人台、爬山调家族中的"豪放派"，当地人贴切地称为码头调。

河路汉的生活与劳动可谓艰苦卓绝。他们风餐露宿，常年与寒流、狂风、恶浪、险滩搏斗。因此，所唱的曲儿大都是宣泄心中的郁闷的。

要断气的小鱼在浪尖尖上游

河路汉左思右想没活头……

走荒滩，睡细楼

铺麦秸子，枕砖头……

如此的曲儿便是河路汉生活的真实写照。自己的生命都不顾，但仍得不到丰厚的报酬。于是才苦吟道：

河路汉好比大雁离了群

少吃没喝又当男又当女打光棍……

往深处掏根子自打墓坑

河路汉上大船不保性命……

即使在顺风顺水行舟时，拉船撑船的艰苦时光仍历历在目，无可奈何地唱出：

顺水水船慢慢游

不好活的日子在后头……

河口的河路汉年年早春离家初冬归来，几乎长年在野外生活，因而十分思念自己的亲人。因此，他们失声哀号：

黄河流凌凌抗凌

难活不过的是人想人……

他们甚至悲愤地自责：

河路汉好比是猫头鹰

舍父母弃妻子没良心……

由于河路汉生活困难，生命朝不保夕，多数难以娶妻成家。他们常常以曲儿向码头旁的女性求爱：

春风秋水凉死人

哥哥求小妹妹暖一暖心……

顺水水漂来一对对船

二妹妹累得满脸脸汗

人人看了都心软

跑河路的哥哥替你把船扳……

昭君坟高来二沟湾湾低

跑河路的哥哥和小妹妹唱几段掏牙牙句……

但他们得到的答复往往令人辛酸落泪：

山药（土豆）开花结圪旦

找男人不找你红腿腿的河路汉！

黄河两岸种大蒜

我们当了尼姑也不嫁你河路汉

为朋友不为河路汉

你们春出冬归难捞探……

然而，人间自有真情在，一些善良的女性出于怜悯河路汉的孤苦，毅然冲破重重阻力嫁给河路汉为妻。于是，河路汉才能听到一些温情脉脉的曲儿：

刮起东风扯起蓬（帆）

哥哥你拿起杆子要小心……

哥哥你安心地把船扳

小妹妹唱曲给你解心宽……

西山嘴（位于乌拉特前旗西部）是卧羊台

跑河路的哥哥走了多会会儿来……

当然，河路汉所唱的曲儿离不开其特殊而危险的劳动，有的曲儿甚至把他们的艰难困苦体现得淋漓尽致：

天上的闷雷能捣碎人的心

放下水（顺水行船）踏滩（搁浅）要人的命……

流凌涨潮老天爷爷不留情

踏了滩（搁了浅）背大船白送性命……

这曲儿便是河路汉驾着满载货物的大船顺流而下，大船搁浅后奋不顾身抢救的真实写照。每逢这种劫难，河路汉几乎九死一生，大船与货物很难完好无损。

然而，河路汉也有欣喜的时候，但那时唱出的曲儿愉悦中却也隐藏着恐慌。每当逆水行舟扬帆前进，河路汉不用自己在河两岸拼命拉大船的时候，他们便难得逍遥地坐在船上，以口哨呼唤大风不必停止。唱出的曲儿竟然是：

刮起大顺风扯起蓬（帆）

河路汉高兴得就像鬼嘶声……

可见，他们在不用自己劳动，借助大自然的同时，以鬼自喻道出了对保全生命的忡忡忧心……

河路汉在波涛汹涌的黄河上淌血流汗，整天与恶浪、狂风、险滩、寒潮抗争；血汗与风浪造就了他们所唱曲儿的内容，同时也促成了其词曲的独特风格与特殊魅力！

特殊的行业　　特别的行规

河路汉的行业不同于其他行业，行内的规矩也具有许多不同于其他行业之处。河口的船主们传承着河理社的行规。以行规管理全体河路汉，每条大船上又由老艄公定一些细节方面的规章。因各级官员以至帝王将相都有乘船的可能，故而河路汉的行规甚至关联到朝廷。

由于黄河水浑浊而易于损坏布料，加之河路汉大多数赤贫，无钱经常买裤头穿，因此，河路汉劳动时全部赤身裸体。即使路遇当朝的太后、公主，身无遮羞布的河路汉也无下流之嫌。河路汉靠河水三丈六尺的官道自古流传为其所有，历朝历代的帝王都没有抢走。若他们赤条条地步出距河流边三丈六尺之外，被妇女发现后告到官府，定会落个身首分离的下场。河路汉历来乐意载有权有势的贵夫人、阔小姐航行，因为凡是尊贵的妇女乘船，都要给全大船所有的河路汉每人发一个裤头。仅一个裤头的附加收入，便可令河路汉异常欣喜。1949年后，河路汉的待遇与地位有了提高，全部可穿上裤头堂堂正正地劳动于黄河两岸了。

河路汉根据阅历与技能的差别分为四等，即初初、背头绳、揽后绳、老艄公。刚上大船当徒工称初初，他们全部跟随揽头绳的汉子在前拉船，另外负责烧火、劈柴、端茶捧饭等勤务。初初睡觉在船沿，吃饭在最后，仅拿一个河路汉60%至70%的工资，另外30%至40%的工资归老艄公所有。如果初初吃苦耐劳，锻炼得技能超群，便可升级为背头绳拿到整份工资。背头绳的汉子除掌握大船的前进方向及速度之外，还有带领所有初初的职责。如果背头绳有了些年头，且积累了丰富的经验，便可升为揽后绳。揽后绳虽然和背头绳工资没有差别，但工作比较轻松，可称为老艄公的助理。揽后绳干得出色者，若遇老艄公退役或被船主解雇可升为一船之长——老艄公。老艄公是整个大船的核心，指挥着船上所有河路汉的行动，掌握着整个大船的命运。如果大船出了事故，船主首先追究老艄公的责任。有的船主经济实力雄厚、大船数量多，所属大船就会三艘五艘地结队出航。在一组大船中，待遇最高的是首船的老艄公，报酬一般高出其他艄公20%甚至50%。河口的大船顺水而下往下城湾或老牛湾送物资或拉煤炭，是考验老艄工经验与应变能力的时候。由于这段河路为石河底，两岸有很多悬崖绝壁，且河道狭窄、水流湍急、暗礁重重，每条大船一般需要两个老艄公。主艄公几乎全部从下游的榆树湾、下城湾、老牛湾以及晋陕北部聘请，其报酬最少也高出副艄公50%以上。

河路汉落水死亡的几乎全部是初初，初初只有经历许多磨难才能够积累经验，从而锻炼为真正的河路汉。初初夜晚睡在船沿边，如果粗心大意非落水不可；没有练就一定的腿脚功夫，遇大浪袭来禁不住颠簸也会落水。河理社有不成文的规定：凡是一名河路汉落水，全大船的所有河路汉必须尽最大的努力打捞死尸。然而，要在浊浪汹涌的黄河水中捞到一个人的尸体谈何容易。大凡落水的河路汉，除了极少数被救上来以外，大多数葬身于泥沙、鱼腹之中……偶尔有河路汉的死尸被打捞上大船，随船千里迢迢运回河口，河理社也只给死者家属两匹布的抚恤。

"船令胜于军令"，是河路汉念念不忘的箴言。如若大船落难，必然舍生忘死挽救。因为大船的命运关系到大船上全体河路汉的命运，更关系到其家中父母或妻儿的生存。

河路汉的行业特殊、行规特别，虽然劳动艰苦卓绝，常年挣扎于死亡的边缘，但毫无特殊的待遇。行规是河路汉苦难的写照，更是生命一文不值的体现。

船载八方所需　肩负一域民生

河口的河路汉一般逆流而上去运上游的土特产，有时也顺流而下去送货、往回运煤炭。他们逆流而上最远达兰州，顺流而下最远接近龙门。从上游后大套的石嘴山，至下游山西边上的老牛湾，是他们常跑的河路。他们在为物资交流航行的同时，也在各个码头上接触当地的文化，因而促进了黄河沿岸的文化交流。

河口的河路汉逆流而上，深入鄂尔多斯与河套的中西部，将那里出产的石粉、原碱、红柳、甘草、苦参等土特产航运而归。山曲儿《昭君坟高来二沟湾湾低》里的昭君坟是鄂尔多斯市达拉特旗境内的昭君坟，昭君坟紧依黄河的二沟湾湾，二沟湾湾附近的沟涧里盛产石粉，那里还有一个关于王昭君的美丽动人的传说。相传，当年王昭君从二沟湾湾乘船过黄河，不慎将随身携带的胭脂盒掉入河中，因此，黄河岸边的沟涧里便生出了取之不尽用之不竭的石粉，王昭君借此而恩泽后世。河路汉在将那里的石粉航运回河口的同时，也将这一美丽的传说带了回来，从而使其传遍沿黄河地区。鄂尔多斯高原上的石粉和原碱全部由河路汉自己采挖，河套平原的红柳也全部由他们自己采割，直到用数月的时间采割得装满大船才起锚返航。而盛产于鄂尔多斯杭锦旗的甘草与苦参则大多是由走西口到那里的人采挖，数百人采挖大半年时间才能装满大船。河路汉为了早日起锚返航，为了多挣些养家糊口的钱，往往全部加入采挖甘草、苦参的队伍。由于他们经验不足，被塌方活活压死在坑中的也不乏其人。

正是由于河路汉将原碱、石粉、红柳、甘草、苦参等原料运回河口，河口、托克托才出现了大量的手工作坊。同时，西口内大量的工匠、商人来到河口或托克托耍手艺、做生意。于是，一些工艺得以在塞外传播，塞外的产品也得以广泛应用和流通。大量走西口的平民百姓纷纷被雇用到作坊当劳工，生活有了一定的保障。各种作坊各司其职，将原碱熬成碱锭，将石粉提炼为纯白的涂料粉。将甘草、苦参加工为半成品，将红柳编织成能够盛油却不渗漏的篓或背煤、装土石的筐。一部分产品沿黄河而下航运到晋陕出售，多数则由旱路运往京津，然后销往全国各地，少量优质产品甚至漂洋过海出口国外。

清乾隆年间，河口成为盐碱及其他物品加工、囤积、外运之地，年运近200船，价值白银20多万两。嘉庆十二年（1807年），清政府设立管理机构，并派驻官员管理此地。至清末民初，河口的工商业臻于极盛。当时，码头来往船只近300艘，有河路工人近2000名。仅河口一镇，铺户就多达百家，铺内伙计近3000人。河口与托克托的作坊多达千家，参与作坊劳动的工人达30000人。民国十八年（1929年），西口外因大旱饿死的贫苦百姓不计其数。河口的河路汉下榆树湾、下城湾、闯老牛湾，深入晋陕腹地航运粮食。由于河水湍急、河路艰难，他们不习惯石河行船而落水撞石伤亡者高达20%以上。他们以生命为代价运回的粮食胜于雪中送炭，从死亡线上拯救了很多河口及周边区域的灾民。

从清朝中前期开始，至京包铁路开通，河口作为母亲河上颇负盛名的水旱码头而十分引人瞩目。

同舟共济　生死相依

河路汉同舟共济，生死相依，一次次战胜罡风巨浪，一回回闯过险滩暗礁，保护了大船与所载物资，也保全了自己的性命。一艘大船就是一个大家庭，河路汉们都似相依为命的手足兄弟。

河路汉之间一般都以师徒、师兄弟相称，有的更是父子同舟子承父业。河道上行船一船落难，路遇的船只无论河路汉间是否相识都要竭尽全力抢救。若是船踏滩（搁浅），所遇的大船一定停船，全体河路汉会不惜生命帮助遇险的船只回归航道。若有大船因载重量太大而船舱漏水，路遇的大船就主动分装这只大船上的货物，并协助大船上的河路汉补漏，最后护送到所去的码头。如果不幸船只沉没河中，劫后余生的河路汉遇到大船都能得到救助，他们可以免费乘这些大船返回河口，同时，所借乘的大船上的河路汉还会关照他们。

清朝道光年间，河口镇的河路汉上演了一出激动人心的悲喜剧。那年初春，黄河凌汛的规模特别大，河中大块儿的冰凌拥挤不堪。一个狠心的船主强令一艘大船首先出航，这大船的老艄公考虑到河路汉的安危，坚决不给船主出航。气急败坏的船主雇用了另一名艄公，强迫大船上所有的河路汉拉船起锚，河路汉为了养家糊口只得从命。然而，这艘大船逆流而上未达包头，就因风大船颠和巨大冰凌撞击而翻没于狂潮之中，导致三名艄艄同时丧命。因此，全体河路汉坚决罢工，并要求船主抚恤三名艄艄。河理社与船主串通官府出兵镇压，全体河路汉义愤填膺，赶跑了官兵，打死了船主，砸毁了河理社，给三名无辜丧命的河路汉小兄弟报了仇。

1949年前夕，托克托东部一个小村庄的一名青年为生活所迫而当了河路汉，当牛做马干了五年才挣了点钱娶了一房老婆，并将他的弟弟也介绍到大船上当初初。次年初春大船出航，行至包头码头打尖，弟弟因过度劳累而不慎落水。哥哥急忙下水抢救，因兄弟二人都是"旱鸭子"，故双双被浊浪冲得没有影踪。大船上的全体河路汉一起下水打捞那兄弟二人，结果还是徒劳无功。青年人的八旬老娘和背着刚满三个月婴儿的妻子赶来，悲痛欲绝失声大哭。全体河路汉无不万分悲痛，随老妪、少妇、婴儿大声哭号。哭声震动了黄河，震撼了包头码头，河路汉坚决要求船主与河理社打破常规重重抚恤。最后船主与河理社被众河路汉的情感与义气所感，被解放军的隆隆炮声所迫，咬牙忍痛付给老妪、少妇在当时看来不薄的抚恤。

河路汉虽然已经在河口消失了半个多世纪之久，但他们的许多历史事迹至今仍被当地的老百姓津津乐道。河路汉艰辛而特殊的劳动、纯真朴素的情感、义薄云天的美德、搏击风浪的意志更加可歌可泣，是我等晚辈的一笔宝贵的精神财富。

万里茶道与黄河清水河段水运

邢永晟

　　万里茶道是历史上世界闻名的亚欧经济商贸大动脉。起初，万里茶道是一条中俄贸易的通道，商路上运输的商品种类繁多，中后期因通道运输的商品以我国出口的茶叶为主，所以称为万里茶道。历史上，中国商人通过这条商贸通道，将以茶叶为主的大量中国商品运往俄罗斯恰克图进行交易，又带回皮毛、呢绒等俄国商品。但是，一直以来，学术界关于万里茶道商品的论述，一是很少提及其他商品，特别是在恰克图交易后大量的回货；二是很少有人提及万里茶道黄河段的水路。黄河清水河段是万里茶道上的重要水陆联运节点，大量的回货由黄河水运下放到山西临县碛口码头等地。黄河清水河段沿岸有14个古渡口，担负着万里茶道交易回货沿水路向南进入内地的运输。

万里茶道的形成和贸易

中俄贸易开始的时间要早于万里茶道的形成。据郭蕴深所著《中俄茶叶贸易史》的记载，《尼布楚条约》签订前，来北京贸易的俄国人有正式的外交使团，有俄国的官方商队，也有私人商队。

万里茶道的形成，始于清雍正年间。据资料记载，康熙二十八年（1689年），中俄两国签订了《尼布楚条约》，条约中规定"凡两国人民持有护照者，俱得过界来往，并许其贸易互市"，这标志着中俄贸易的开始。到雍正六年（1728年），中俄两国又签订了《恰克图条约》，条约规定"俄商每3年可进入北京贸易一次，人数不超过200名，同时允许俄商在尼布楚、恰克图进行贸易"。然而到乾隆二十年（1755年），清政府中止俄商进入北京贸易，确定中俄边界线上俄方境内恰克图为贸易口岸。

恰克图市场包括了中方市圈和俄方市圈。中方市圈位于恰克图河南，中国商人称其为买卖城，俄方市圈就在恰克图。在恰克图和买卖城中，中方的商人大部分为晋商，清代松筠所著的《绥服纪略》记载，"所有恰克图贸易商民，皆晋省人"，俄国居民主要是来自各地的商人。晋商垄断着对俄包括茶叶在内的各种贸易，最盛时在恰克图的山西商号有120多家。正是这些商号不断把茶叶、棉布、丝绸等商品运至恰克图进行交易，再将俄方的皮毛、呢绒运回内地，形成了举世瞩目的万里茶道。

据文献记载，归化最有实力的旅蒙商号有三家，分别为大盛魁、元盛德和天义德，它们被称为旅蒙商三大号。此外，其他较大规模的商号还有义和敦、一善堂、三合永、天裕德等。这些商号主要输出茶叶和杂货等各类生活用品，输入的商品有从牧区购来的牲畜，从俄国商人手里买来的皮毛，各类纺织品和杂货也是由归化转运销往各地区的重要商品。清人张鹏翮的《奉使俄罗斯日记》记载，"外番贸易者络绎于此，而中外之货亦毕集"，归化逐步成为北方大宗商品贸易的中转枢纽。可见，万里茶道从归化销往内地的商品也特别多，组织商品货物运输非常关键。

万里茶道黄河清水河段水运成因及背景

陆运费用大，水运是最省力、最便捷、最廉价的运输方式，特别是在陆运不发达的黄河沿线地区，水运成为当时重要的运输形式。据史料记载，早在战国时期，清水河段黄河就已得到开发利用，建成可供通航的航道。清朝时期，清水河段黄河水运进入鼎盛时期。万里茶道上的商人将商品从归化利用黄河水路运输销往内地，清水河段黄河是必经之地。

黄河流经清水河境内的部分有70千米，纵贯县境西部，由北向南，北从喇嘛湾小石窑入境，南至单台子老牛湾阎王鼻子出境。据《清水河厅志》记载，清水河境内沿河渡口有14处，平均不足5千米就有一个渡口，从上游向下按顺序，分别是喇嘛湾、拐上、榆树湾、二道塔、牛龙湾、上城湾、阳落滩、园子湾、沙湾、柳青、宽滩、下城湾、打鱼窑、老牛湾。

由于清朝时陆路交通不便，从黄河上游的西宁、兰州、银川地区经水路用船筏下运的皮毛、药材、粮食、盐碱等特产货物，归化商家从俄国等地运来的皮毛等下运商品，都要通过黄河清水河段运输。

清朝年间，由于黄河两次改道，原建在托克托河口的渡口、萨拉齐的毛岱渡口都已废弃，毛岱渡口的货运都移到包头南海子。而托克托境内没有了渡口。原从河口运输的货物都改到了清水河境内喇嘛湾及下游清水河境内的渡口运输。喇嘛湾至榆树湾水流弯曲较缓，方便船只停靠，自然就形成渡口了。不足5公里河道里，密集建立了喇嘛湾、拐上、榆树湾3个渡口。

喇嘛湾镇是黄河从上游进入中游开始的第一镇，三面环山，一面临水。喇嘛湾是一个古镇，早在西汉时期就是桢陵城所在地，属云中郡。清代，此地建有召庙，住有喇嘛，后有人在此定居，故名喇嘛湾。

喇嘛湾渡口至归化不足90千米，黄河进入喇嘛湾，河床相对底硬。据曹家湾跑过河路的刘宝堂介绍，喇嘛湾河岸低，随着季节变化，黄河水的水流有时大有时小，黄河水涨后会导致常用的固定渡口被水淹没，有时会给装卸带来不便。所以喇嘛湾的渡口并不稳定，会随着水流的大小在喇嘛湾至拐上之间变化，因此在喇嘛湾至拐上形成了14处渡口。

这14处渡口中的榆树湾渡口历史悠久，在黄河沿岸特别有名气，吸引了无数的商家来此经营。20世纪70年代末至80年代末，在黄河左岸清水河县榆树湾村与黄河右岸准格尔旗前房子村之间建立喇嘛湾黄河公路大桥时，榆树湾村附近出土青铜戈、矛11件，矛上有铭文"秦国丞相吕不韦监造"等字样。从出土的文物分析，这里秦朝时就是黄河中上游的重要口岸，秦朝曾在此设兵扼守，到汉朝时已经成为一个联通黄河两岸的重要渡口。

有专家认为，榆树湾渡口就是著名的君子津古渡口，现在榆树湾村中还留有许多古渡口土石建筑遗迹。《水经注》记载，君子津在云中郡西南200多里。《绥远通志稿·要隘》记载，"黄河……向东南经冒带渡，渐屈而南至托克托之河口，即湖滩河朔，亦称湖滩和硕。又南为托克托、清水河两县交界处，曰喇嘛湾，或以为古君子津"。又载，"（君子津）崖岩壁立，高可百仞，登巅俯视，洪流骇浪，响声雷动。

岸傍居民颇多，距河数丈或数十丈等。两岸鸡犬相闻，田园种植，渔歌互达，舫艇出没，大有世外桃源之概。"君子津古渡在历史上的繁荣可略见一斑。

从以上记载分析，榆树湾上游为沙河，河面宽阔，河岸平缓。榆树湾处在沙河与石河的分界线上，两岸与记载的"崖岩壁立，高可百仞"相符合，河面窄，水流又相对较缓，适合建立渡口。上游沙河下来有些船只不能直接进入石河，便在此卸货重组，有的重新装船运输，有的采取陆运。因此，榆树湾渡口商贾云集，十分繁华，是进入晋陕峡谷的第一个大渡口。

《水经注》《元和志》《资治通鉴》《绥远通志稿》等史书对君子津古渡口都有所记载。北魏郦道元所著《水经注》记载，东汉桓帝刘志（132—168年）到西部榆中（今伊盟准格尔旗一带）去巡视，之后又转向东行到代地（今河北省北部）。当时，有一位洛阳的大商人，携带着许多金银货物，跟随在桓帝的后面同行。因夜间行路迷失了方向，投奔到津长子封家里，要求渡河。津长子封送商人渡河时，商人突然发病死亡，津长子封便把商人的尸体埋葬了。商人的儿子得知父亲死亡的消息，便远道前来寻找父亲的遗体，当打开墓穴取出尸体后，见到父亲带的金银货物原封不动，没有丝毫损失。商人的儿子对津长的高尚品质甚为感激，便拿出父亲带的全部金银赠送津长，津长拒不接受。这件事被桓帝听到以后，称赞这位津长是品德高尚的正人君子。从此以后，人们就把这个渡口叫做君子津。

喇嘛湾渡口、拐上渡口、榆树湾渡口，以及下游4千米的二道塔渡口，几乎承载了归化发来的所有运往内地的商品货物。清水河段的其他渡口都为辅助渡口，只有在上游渡口船多装不上货时，商家才会沿河向下游的渡口行进，这也是造成黄河清水河段渡口密集的主要原因。

万里茶道黄河清水河段水运线路及水运情况

昔日归化的货物运往内地的运输方式，大致分为三类：一是经过驼运，据俄国阿·马·波兹德涅耶夫所著的《蒙古及蒙古人》记载："中国与其塞外领地进行贸易的茶叶和布匹这两种基本商品，主要是由蒙古的骆驼来运输"。二为车运，据徐珂所著的《清稗类钞》记载："晋中行商，运货物来往关外诸地，虑有盗，往往结为车帮，此即泰西之商队也。每帮多者百余辆，其车略似大古鲁车，轮差小，一车约可载重五百斤，驾一牛。"三为水运，归化聚集大量商品发往内地，除利用驼队、车马运输外，还有部分商品通过黄河水运。

归化运往内地的货物商品，经黄河水上运输进入山西境内的碛口停船卸货，从而也造就了碛口的繁荣。据史料记载，碛口从清朝乾隆年间开始兴旺后，一直是中国北方著名的商贸重镇，五里长街店铺林立、商贾云集。碛口的繁荣达到鼎盛时期时，镇上有大小商号400多家，来往货船通宵达旦运输，每天有150多艘，街道上的骆驼队也络绎不绝。

碛口的上游，黄河水水流平缓，可以行船。碛口的下游，河道在晋陕大峡谷里，河面变窄，水流湍急，不能通船。货物必须上岸改为陆路运输。归化等地的货物商品在碛口渡口登陆后，再走陆路运往其他地方。

随着水运的发展，河路汉对黄河河道线路的熟悉程度和对行船操控的水平逐步得到提高。

清水河县境内黄河宽200～300米，深3～5米，浅滩处1米左右，流域面积13996平方千米。清水河段黄河航道位于晋陕峡谷开端，多暗礁，并时有洪峰出现。历史上，黄河河道与纤道无人治理，每年都会发生沉船和河路汉落水身亡事故。"吃的是人饭，走的是鬼路，发的是牛力"，这就是对当年河路汉生活的真实写照。从喇嘛湾到老牛湾，"鬼门关""鬼见愁"天险多处。从沙湾子顺流而下到冯家塔，河道两岸陡峭的石壁上有数不尽的小石穴，就如有很多鸽子曾经居住的巢穴一般，这些洞穴是天然形成的石洞，这就是有名的天险"鸽子石岩"；两岸石崖陡峭，河道缩窄，水流作响，船从石崖间穿廊而过，这就是"板凳廊"；岸边岩石群中，有一尊高大身躯的老人弓着上身，颈部深入河心，它的下身隐在崖边，湍急作响的水紧贴它的腹部直下，此乃"老汉石岩"，这一天险吞噬的船只和人命较多；岸边拱起半臂石桥，单腿立于岸上，河水从桥下流过，这就是"沙石桥"。所有乘船、掌船、拉船的人都望景生情，心惊肉跳，提心吊胆，每过一处天险就像过生死关一样。每当木帆船逆水上行，遇有顺风、偏顺风天气，扬帆上行；遇无风或偏逆风天气，就由河路汉用人力拉船上行。河路汉背着叉套，叉套上的拌拐连接二绳，二绳连接大绳。大绳几十斤重，二绳十几斤重，逆水上行十分艰难。河路汉们齐心合力，手脚并用，手攀脚蹬，爬行在石崖陡峭的岸上。稍不留心失足，不是摔下崖头，就是落入波涛。

有些航道地段，两岸干脆是齐刷刷几十丈高的绝壁，人无立足之处，船也无法再拉。到此处，船工们让船紧靠石壁，有的用杆子顶住石壁向上撑，有的用鹰钩嘴钩住石壁向上拉，还有人干脆用手搬着石壁使劲，船在水中十分艰难地一尺一尺往上移。稍有不慎，就会触礁沉船，财尽甚至人亡。外地船只通过此处时，难以掌握暗礁的分布及变化情况，只有用高薪雇请当地有经验的艄公护送航行才能通过。喇嘛湾至包头水路全程200千米，船只逆水上行历时10天左右时间，回来时顺水则省力易行，需要4天左右。

清代后期，清水河黄河水运进入全盛时期，渡口拥有木帆船达到300

多艘。每年春化出航，凌前停航，将境内的陶瓷、石灰、块石、煤炭等物资运往沿河上游，远到兰州、吴忠，近到包头、五原。

清水河各渡口跑河路的大船主要为木船，有长船、高帮船、七站船、小五站船。黄河船的形制，底宽为帮高的两倍，称为"一帮二底"；长度为宽度的三倍，称为"一宽三长"。长船的宽度有一丈八、一丈五两种，长度分别为五丈四和四丈五。油、盐、碱、畜牧业产品一般用长船运输。最大的长船，船宽两丈四，按照"一宽三长"的比例，长度为七丈二，可以装载八万斤。主要装载甘草、党参、当归、黄芪和枸杞等草药，所以叫做草船。草船有时也搭装盐、碱、黄烟、皮毛等物品。高帮船可载重五六千斤，七站船载重三万斤左右，小五站船小于七站船，载重量不等。木船下运载货多为皮毛、药材混装，上行载货多为糖酒、布匹、日用百货、工艺品，装载两三千斤，最多可装五千斤。木排筏子载重数千斤，到码头卸货后，连同编筏子的木头一起销售，货主和河路汉搭其他船或走陆路回去。

沿河的渡口，繁华时期每天都有几十艘船停靠。据史料记载，当时河运鼎盛时期，清水河段每年在黄河中行驶的船筏多达5000艘，平均每年上行运货900万斤，下行运货3200万斤。

清水河黄河水运一年通航时间有七八个月。冬季从小雪到立春，都因冰冻封河不能航行。喇嘛湾以下的石河不一定封河，但有大量浮动的冰凌，航行时危险比较大，船筏都很少。夏季，船筏也要"歇伏"，因为进入雨季常发洪水，当年人们对气象所知甚少，觉得难测的洪水很可怕，便不发或少发船筏。乾隆八年（1743年），山西巡抚刘于义在呈递的奏折里说，黄河船筏一岁中止可运6个月，三月、四月、五月、七月、八月、九月可以运米，惟六月中风涛太大，十月以后天气寒冷难以转运。通航时纤夫们可以拉纤，不通航时，就在码头附近打工度日。这种自然条件造成的河运情况，几百年里始终没有变化。

随着转运货物量的增加，人们对黄河河道行船的线路更加熟悉，从而也提高了货物转运能力，保证了商家的货物能大批量地运输。

万里茶道对黄河清水河段的历史影响

万里茶道货物的运输，导致大批商人在清水河段黄河沿岸定居下来，对清水河县产生的历史影响是深远的，不仅促进了清水河段黄河水运的发展，更左右了黄河沿线人们的生产生活方式。

对航道和渡口发展的影响。黄河奔腾到喇嘛湾，河道发生明显变化。从三道塔附近的老虎沟开始出现晋陕大峡谷的石灰岩，黄河从沙河进入石河，形成明显的分界线。把下游船只从激流断崖的石河拉上来，河路汉们精疲力尽，要在这里松一口气，休整后再继续上行。上游船只下来，面对晋陕峡谷内的一道道"鬼门关"，更需要停船检查，然后再放开胆量，冒着生死冲向晋陕大峡谷。上游沙河下来的羊皮筏子、牛皮筏子、木筏子不能进入石河，只能在此卸货，再重新整合运输。由于在此装货卸货的船多，订货、批货、零售、讨账的商人也多了起来，随之商铺、米店、钱庄、当铺等各类店铺也多了起来，五花八门，应有尽有，集镇便繁华起来，这也是形成喇嘛湾水陆转运码头的主要原因。

柳青渡口在晋陕大峡谷内，水流相对平缓，上游有"鸽子石岩""板凳廊"，下游有"老汉石岩""沙石桥"，河路汉将这四处天险称为"四大鬼门关"。柳青渡口位于"四大鬼门关"中间，上下游的船到此都要停歇休整。因此，柳青十分繁华，商号、当铺、饭馆、客栈一应俱全，专为过往商旅、走夫贩卒及船夫服务。

柳青渡口因为河道所处的地理位置的原因，最早是转运货物的临时集散地，属于黄河水运季节性的聚集场所。每年只有水运季节，才会有人在这里聚集。随着时间的推移，人们逐渐在这里定居下来，形成固定的村子。伴随着渡口商贾的不断增加，这里日渐繁华，到了乾隆年间，逐渐形成颇具魅力的柳青镇。

《绥远通志稿·城市》记载，清水河县城西南90里，黄河东岸的柳青，为县境最大的渡口，亦县属一镇。镇中有南北街一道，街衢狭隘，房舍卑简，似不若其他各镇，而曩日金融商业之繁昌活动，则不稍逊焉。凡黄河船只下驶至此，均必须停泊改装，始无触损之虞。在停泊时期，即为彼此交易良机。如典当业、酒饭馆、米面、杂货，均为重要营业场所。柳青从清朝康雍年间兴起，在黄河水道上繁华兴盛了200多年，一直是沿河上下著名的商贸集镇。

老牛湾渡口上承白头浪，下接狮子拐等黄河险要。是晋蒙之间河运交接地带的第一渡口，其重要地位十分突出。清乾隆、嘉庆以后，老牛湾由于人丁日繁，土地渐少，收入低微，农业生产逐步退居次要地位，跑河路成为百姓的主业。咸丰二年（1852年），河路社在河湾庙宇增建戏台一座，循旧规，每年正月初一、七月初二，在此祭祀关帝、龙王、河神等，并进行演出、交易，时限为7天，十里八村的民众会聚于此，场面热闹。一些榨油、制酒、制香等的作坊、百货商号应运而生。老牛湾的戏台见证了河运的兴衰，清光绪四年（1878年）、三十年（1904年），戏台又两次维修，可以看出黄河运输在老牛湾社会经济的发展状况。相传，当时老牛湾富者一户数船，贫者数户一船搞河运，老牛湾的河路汉又以谙熟石河水道及行船而颇有称誉。

黄河航运对清水河民居建设也造成极大影响。在清水河境内，石碹窑洞、土打窑洞是民居的主要形式，但在喇嘛湾一带，民居全是土木结构房和砖瓦房。

对渡口文化的影响。随着河运的发展，沿河商家由最初的"雁行人"到定居下来。将不同地域、不同民族、不同身份的移民负载的传统信仰、社会习俗、地方文化传播到迁入地，由此带来了文化的融合和发展。据《清水河县志》记载，清朝初期，大量移民从山西临县、太谷及陕西等地进入清水河黄河各渡口居住，以水运和商业为生。在喇嘛湾定居下来的主要有王、白、邬、薛、董五大姓氏。内地也有不少商人在喇嘛湾定居，每日往来的旅客颇多，云集渡口，生意十分兴隆，形成名副其实的杂货集散地。

迁居于渡口的人们，把自己家族的原有信仰和对未来发展的希望，通过建立寺庙进行寄托。于是，各类庙宇在沿河渡口兴建起来。从喇嘛湾到榆树湾，有伊克召、三皇庙、奶奶庙、马王庙、三官庙、老爷庙、观音庙、真武庙、龙王庙、五道庙、山神庙、雷音寺等，不足5千米的狭长地带上就盖起数十座庙宇。每逢庙会，远远近近的商贩便云集于此，摆摊设点，牲口市、粮油市、煤炭市、瓜果市、山货市、服装市，应有尽有，带动了当地的商业发展。

除了庙宇建设，其他各类文化也融入进来，比如剪纸、布艺、刺绣、陶艺，以及饮食文化的米醋制作等等。黄河九曲灯油会，民间称"转灯""灯游会""黄河龙门阵"等，相传产生于内蒙古清水河县黄河沿岸村庄。是封神榜中三霄娘娘摆下的阵型，因其像九曲十八湾的黄河而得名。因与黄河有关，每年正月十五元宵节，沿黄水运的人们会和其亲属一起转一转灯油会，期望黄河里拉船会一年通顺。集驱灾、辟邪、敬神、祈福、村民集会欢度节日于一体，融合了民乐、器乐、美术、手工等多重元素，年年举行，代代相传。黄河九曲灯油会由361根灯杆布成曲折回环的地上迷宫，每根杆的顶部都置以灯盏，以正中一支为核心，横竖左右皆为九数，连缀为九九方阵，远看璨如繁星，近看曲折迷离。沿着布满疑点的弯弯曲曲路线走下去，共行走1公里左右，可游遍整个九曲会场。灯阵中有360盏灯，阵内一年有24个节令，预示着"转转九曲，年年通顺，天天平安"。阵内的高杆名为老杆，民谚有"摸摸老杆，健康长寿"的说法。

有庙就要唱戏，随着渡口的经济发展，庙会成了各渡口的重大节日，各种戏曲也在沿黄渡口区兴盛起来。其中较为流传的戏剧剧种有朔州大秧歌、神池道情、晋剧、二人台等。朔州大秧歌是晋北主要剧种之一，后发展为土默川大秧歌，曲调优美，曲牌高亢激昂，道白全部用当地人的方言土语演唱，很容易听懂和被人接受。形成了独特的地域戏剧文化，深受当地群众的喜爱。神池道情是流行在晋西北和雁北地区的戏曲。当时也是黄河岸边演出的主要剧种之一，曲调优美，优雅动听，说唱道白都和黄河岸边人发音基本相同，通俗易懂，深受当地人欢迎。清水河的移民大部分来源于山西省北、中部地区，晋剧无论是唱腔、道白，都充满了乡音乡情，在当地群众的心中深深地扎下了根，成为当地流传范围最广的剧种。二人台剧种起源于清末，道具乐器简单，演员较少，一般由两名以上的演员共同演出，说唱结合，也有即兴表演，不受场地、时间的限制。节奏明快、简明扼要，说唱道白，均使用地方上的方言，便于传唱，成为黄河岸边流传的地方剧种之一。

黄河清水河段水运作为万里茶道上一个重要的节点，对万里茶道商家的商品双向流动运输起到的作用是很大的，对当时社会经济发展有着十分重要的意义。

呼和浩特在万里茶道上的位置及其作用

邓九刚

呼和浩特的重要地理位置

在阴山脚下，黄河之滨，矗立着一座城——呼和浩特。呼和浩特曾经是马可·波罗晋见元朝皇帝忽必烈经过的地方，是斯文·赫定考察新疆时经过的地方，是万里茶道上载货骆驼出发的地方；它是茶叶之路上的发动机，是我国长江流域、黄河流域与蒙古高原、西伯利亚，北京到新疆及西亚直到欧洲之间的交通枢纽，是茶叶之路东方的起始点，它是万里茶道上的物流中心、信息中心、资金流中心、人才流中心……它是一带一路上一个熠熠闪光的中心城市。

呼和浩特在茶叶之路上所呈现出来的形态很典型，剖析它具有极强的借鉴意义。对于呼和浩特人来说，茶叶之路是尚有余温的历史，这条国际贸易的大通道中断也是时间不长的事情。那时候，呼和浩特的一些商人曾经介入茶叶之路中，他们的父辈、祖辈曾经是驼夫、驼商、桥牙纪，他们的回忆中有欢笑、有财富、有自豪，也有泪水、汗水和血水。

隆庆五年（1571年），在得胜堡、水泉营开了市场，交换的马匹达28000多匹，以后的贸易量渐有增加。

今天，呼和浩特作为万里茶道和草原丝绸之路经济带上的重要节点城市，其地位和作用又被赋予更多新的含义。通过构建"中蒙俄经济走廊"，更好地发挥呼和浩特独特区位优势和资源优势，将会对呼和浩特乃至内蒙古经济社会持续健康发展产生积极而深远的影响。

实际上，在16世纪末或者17世纪初，贸易来往有时候就和走亲戚互赠礼物没什么区别，而这种亲戚往来般的贸易活动还可以追溯到更加久远的年代。

从地理上看，喀尔喀草原处于茶叶之路的中段，呼和浩特地处中段的南头，南段的北头，起着承南接北的作用。那时候沙皇政府处在征服西伯利亚地区初期，沙俄政府通过特别的免税贸易政策来鼓励边境贸易的发展。一方面是为了解决当时边境地区俄国驻防官兵和移民所急需的日常生活用品；另一方面是为吸引中国内地商人并发展贸易关系。开始，中国商人获准到托博尔斯克、托木斯克等城镇进行免税贸易，后又获准到塔拉、秋明、叶尼塞斯克等城堡进行免税贸易。到17世纪初，塔拉、秋明等地发展成为新兴的商埠。

这些国际贸易，涉及多个主体。那么谁是这场波澜壮阔的贸易的主动方、主导方，谁是参与者，谁又是促进者呢？我以为俄罗斯是主动方，大清政府和沙俄政府是主导者，而中国内地的商人商帮只是参与者。

中国茶叶首次进入俄罗斯

历史上，中国的茶叶就是沿着蒙古草原大道传进俄罗斯，是经由呼和浩特—蒙古草原—西伯利亚的陆上途径实现的，这已经是业内的共识。就是说是由陆上通道直接传入俄罗斯的，这一过程没有西欧国家的介入，也没有西亚国家的介入。

当俄罗斯使者将茶叶带回莫斯科时起，中国茶叶就堂而皇之地登上了沙皇宫殿。那还是在俄罗斯的沙皇伊万雷帝时代。

随后在俄罗斯，茶叶进入贵族家庭，进而扩展到俄罗斯民间。于是茶叶就逐步成为市场流通的商品，市场的需求决定了茶叶贸易的前途。这个过程用了不到30年的时间就完成了。

从17世纪70年代开始，莫斯科的商人们就做起了从中国进口茶叶的业务。中国茶叶传入俄罗斯与呼和浩特有着密切的关联，这也是呼和浩特成为茶叶之路东方起点的一个有力的佐证。

事实上，俄罗斯人第一次接触茶的时间很可能还要早些。另有一些史料证明，早在1567年，到过中国的两位哥萨克首领彼得罗夫和亚雷舍夫描述了一种不知名的稀奇的中国饮品，这种饮品在当时的西伯利亚东南部及中亚地区已经普及。但可能因为当时哥萨克首领的描述没有引起沙皇贵族的注意，因此，这段历史也就鲜为人知了。

后来发生了轰动一时的海上茶叶贸易事件，也就是著名的瑞典哥德堡号商船的故事。哥德堡号从广州启程回国，船上装载着大约700吨的中国货物，其中茶叶就有366吨，占货物的一半以上。其他货物包括瓷器、丝绸、锡、姜、珍珠、藤器和胡椒等。

茶叶的采购、运输、销售

前面，我们说了许多关于茶叶之路的事情，还没正儿八经说说茶叶的采购、运输、销售。

中国茶叶的主要产地在福建、云南、湖南、湖北、江西、安徽等地。早期商人直接到茶叶产地采购茶叶，后来晋商的专业商号常年驻扎在茶叶产地建立加工厂，从采购变为自采自制茶叶。有的茶叶商人还是呼和浩特商号的子公司，比如著名的三玉川茶厂、长裕川茶厂就是与大盛魁合作的子公司。这些加工厂按照归化商号的要求加工茶叶，主要是加工砖茶，在色泽、口味、规格上完全按照呼和浩特商家的要求制作，而呼和浩特商家又完全是遵照牧民的要求。从采购到运输再到销售形成一条龙服务。

你很难想象，在过去那个交通极不发达的时代，动辄数千里甚至上万里的遥远距离，作为大宗商品的茶叶从采购到加工再到完成运输，各个环节的联动是如何完成的。这完全靠的是商号对市场的深入了解，对茶叶加工的把握，对水路、旱路运输的娴熟，这绝对是一个庞大而精密的系统工程。

呼和浩特的茶商向蒙古草原、新疆和西伯利亚运输茶叶时，采用驼队是没有疑问的，就连骆驼驮载茶叶使用的装载工具也是有定规的，一律采用统一的器具。装茶叶的器具的大小也是规定好的不能随便改变，装三十九块砖茶称三九茶，装二十四块称二四茶。在市场上还会有更细致的分流，三九茶一般经张家口的分公司推向科尔沁、呼伦贝尔等市场；二四茶一般直接推向包头以西的市场。

在茶叶销售方面，呼和浩特的茶商对市场了如指掌。掌柜的、伙计们全都是曾经在驼道上摸爬滚打的，都有在草原上多年经营的经历，对那里的人文、宗教、礼仪、气候、道路、物产以及消费者的口味都再熟悉不过。茶叶销售的同时，也培养了消费者的口味。就算是砖茶，产地不同口味就有差别，同一产地生产程序不同都有差别，牧民都是能喝出来的。比如乌里雅苏台和科布多草原，那里的人们就只接受三九砖茶，什么三六茶、二四茶都不喜欢。还会讲究牌子，专爱长裕川和长盛川牌子的。每年这两地消费的三九茶数量有四五千箱，每箱12两银子。

光绪二十七年（1901年）到民国，由于社会动荡一度茶路阻隔，重新通商那一年，大盛魁往两地一下发了10000多箱三九茶。20世纪50年代苏联的一个贸易代表团访问我国时，还特别提出购买中国的三九茶，充分显示了品牌的力量。

传说中的砖茶货币，流行了200多年，可见其影响之深远。

清代俄罗斯市场对中国茶叶的需求量是60万担到80万担。现在是20万吨，大体相当。差别是过去200年他们喝的是清一色的中国茶，而现在也喝印度茶和斯里兰卡茶，当然近年来开始有所改变。

北方最大的外贸商号大盛魁的起家和发展，在很大程度上是依赖驼运业。大盛魁自己就养活着将近2万峰骆驼。

我们知道，呼和浩特城作为一座著名的商城和驼城，最多的时候拥有骆驼的数量多达20万峰。这个庞大的数字意味着呼和浩特拥有庞大的运力，同时也意味着数额巨大的运费收入。以清乾隆时的运价计算，从呼和浩特到恰克图，以1峰骆驼驮载300多斤货物计算，每峰驼的运费是12两白银。那么，如果一家驼户出动100峰骆驼在呼和浩特和恰克图之间走一趟，即可得白银1200两，这个数字差不多就是当时绥远将军一年的俸银。由此可见，当年呼和浩特的养驼户在经营驼运的收入是十分可观的。而拥有百峰骆驼的人家在呼和浩特可以说是数以百计的。就是说，在呼和浩特以驼运致富的人家能够构成一个较大的富裕阶层——中产阶级、社会中坚。

历史上的呼和浩特是一个充满机会的城市，只要你肯付出辛苦踏实做事，就会有发展前景。就算是一个普通的驼夫，走一趟恰克图脚钱可得20两银子，以当时物价能买60只羊。那么第二年再走驼道的时候就不再单纯是驼夫了，别人就得以掌柜的称呼他了，因为他已经有20峰骆驼投进了驼运。在驼道上，即便是做驼夫，发财的机会也多。彼时呼和浩特的驼运行还有不成文的规定，驼夫在为主家工作的同时自己也可以拉骆驼做些许小生意，此为捎驼。一般一个有心计的驼夫，经过3年的驼道跋涉就可以成为一个拥有百十峰骆驼的掌柜的。只要你不是特别的倒霉，比如遭遇盗匪抢劫，遭遇严重的自然灾害，就不会空手而归。

据专家估算，呼和浩特在茶叶之路兴盛时期，至少有数千家大大小小的养驼户因驼运而发家过上了比较富裕的日子。

万里茶道在呼和浩特之后运送货物全凭骆驼，不论是往东还是往西，不论是往北还是往南，驼道四通八达。

茶叶之路的分支道路：归化—库伦—恰克图（九十四站），归化—乌里雅苏台（五十四站），归化—科布多（九十四站），归化—奇台—伊犁（九十六站），归化—汉口的茶马大道。

此外，还有一条充满风险的漫漫黄沙路，驼道路线：呼和浩特—可可以力更（武川）—召河—百灵庙—东公镇—西公旗—中公旗—阿拉善旗—额济纳旗。在中公旗的海彦毛图，又分成两路：一路走二里子河，一路走银更、居延海，在甘肃省明水汇合。走出明水又分成两路：一路走天山南的哈密，一路走天山北的巴里坤，最后在古城子（奇台县）又并为一路。为了开通二里子河的驼道，归化的驼队用了2年多的时间。

当然，做驼夫也十分辛苦，动辄数千里的长途，驼夫要一步不落地走。在呼和浩特，驼运行还有不成文的规定，那就是不只是驼夫，就算是掌柜的在驼道上行走都不骑马也不骑骆驼，全都是依靠两条腿来走，爬冰卧雪自不待言。彼时在呼和浩特，养驼户和驼夫，也就是吃驼运这碗饭的人，大部分人的生活过得都比较富足。其中有不少人就此发展起来，像元盛德的掌柜的变成了大商号的东家。前不久，我在查阅有关资料的时候，看到在呼和浩特周边的十几个自然村里，差不多每个村都有几十户养驼户，有的大一点的村有上百户养驼户，比如麻花板、厂汉板、攸攸板……它们全都是真正的驼村。我手上有400多名驼户掌柜的名单，他们全都是货真价实的驼户掌柜。

由于茶叶和其他货物，使呼和浩特在清朝时期成为商品交易集散的重要商埠。当时在这一带居住的驼商，拉着骆驼进戈壁、过沙漠，进行长途贩运。

呼和浩特作为万里茶道经济带上的重要节点城市，要在新的起点上更好地发挥独特区位优势和资源优势，对呼和浩特乃至内蒙古经济社会持续健康发展都会产生积极而深远的影响。

万里茶道在呼和浩特境内的驼村和遗址

李樱桃

一、茶叶之路的交通工具为骆驼，起点就在呼和浩特

万里茶道是繁荣了两个半世纪的国际商贸通道，呼和浩特则是万里茶道上的重要节点城市。

当年，驼夫们拉着骆驼，从归化城出发，走过茫茫的草原，走到浩瀚的戈壁、沙漠。这条被归化城的驼夫们日复一日踩踏出的驼道，就是声名卓著的茶叶之路，也是被列入中蒙俄三国联合申遗项目的万里茶道。

二、呼和浩特现存的驼村、驼夫、驼道及遗址

几年来，我往返于呼和浩特的各大图书馆、档案馆，寻找着与骆驼

有关的信息。

清朝时归化城除大盛魁、元盛德、天义德三家大旅蒙商外，还有许多做今蒙古国、俄罗斯、新疆地区大青山后草原货运的商号，从归化城发出去的货物，都需要用骆驼运输。于是，归化城便长时间地聚集着数量庞大的骆驼群。著名历史学家卢明辉在他的著作《旅蒙商》一书中记载："至19世纪的后半叶，归化城专营驼业运输的字号尚有万盛泰、昌盛源、义和荣、元盛昌、兴盛茂、义昌瑞、福德堂、和盛公、福盛魁、万有堂、德厚堂、贵元堂等数十家。他们多则每个字号拥有骆驼七八百峰或数千峰，少则百余峰或二三百峰。还有数十家字号联合成立的驼业运输公会，名为集锦社，该公会拥有39家驼户为会员。这些驼业字号和公会，共计拥有约20万峰骆驼。其中十四五万峰常年跑外路，另有四五万峰为专门走西路的驼队，所谓走西路是指赴新疆古城、伊犁、塔尔巴哈台、乌鲁木齐等地以至远赴西亚各国。"

从图书馆、档案馆卷繁浩帙的资料堆中抽身出来，我便开始了对一个又一个驼村的寻找，我找到了呼和浩特周围散布的一些驼村，如麻花板村、厂汉板村和五路村等。

走进驼村，我见到了在世的老驼夫和离世的老驼夫的后代子孙。古老的记忆在驼夫的讲述中慢慢复活了。当年，这些正值少年、青年、壮年的驼夫们，将生命中最宝贵的年华投入到这段异常艰险的旅途中。他们与野狼搏斗、与土匪对峙、与干渴抗衡，有的走过漫漫的艰险之路存活下来，有的却永远地倒在了旅途中。

（一）坝口子村的驼道、古戏台、古树

1. 驼道。坝口子村村中央有一条南北大街，这条街就是当年驼队行走的驼道，也就是那条声名卓著的万里茶道上的一段重要路程。据坝口子村的老人们讲，他们小时候经常看到骆驼链子从此经过，晚上还会听到一阵阵的驼铃声。

当年，坝口子村的许多人家都养着骆驼。村里的人拉着骆驼从这条驼道出发。

有爬山调为证：

> 红彤彤的阳婆当头照，
>
> 蜈蚣坝是旅蒙商的金光道。
>
> 归化城启程可可以力更住，
>
> 蜈蚣坝是咱常走的路。

蜈蚣坝又称白道岭，白道岭下即为著名的古白道。《武川县志》引用《水经注》记载："白道"是因"其路经地土为白石灰色，两旁青山，此道独白的。"而称为白道。除今称蜈蚣坝的白道岭外，还有白道川、白道城。

据《太平寰宇记》记载："白道川，当原阳镇北。至山上，当路千余步地土白色如石灰，遥自百里即见之，即阴山路也。从此以西，及紫河以东，当阴山北者，惟此道通方轨。自外道皆小而失次者多"。由此可见，白道是古时穿越大青山较好的通道。

2020年10月2日，在大青山脚下三卜树村一位村民的带领下，我于大青山深处找到了古白道。呈现在我眼前的，无论是路上还是山上，到处都是白色的石头，白道名副其实。顺着白道前行，发现了石头垒成的羊场等历史遗迹。据村民介绍，此羊场应该有300多年的历史。

在清代，白道是驼商的"茶叶之路"和"皮毛之路"，也是草原丝绸之路，因而呼和浩特是连接草原与中原、东方与西方的重要交通枢纽。

盛唐时期，草原丝绸之路上曾行走过突厥人和波斯人的商队。考古学家在呼和浩特大青山下的坝口子古城内，发现4枚波斯萨珊王朝银币，而坝口子古城就是北魏时期的白道城。

白道所经过的白道岭的东面就是举世闻名的大窑文化，因为大窑文化，呼和浩特成为中华文明的发祥地之一。

作为万里茶道上的重要节点城市，呼和浩特曾是一座繁华兴盛的商城和驼城。每到秋天或冬天，驼队走过千难万险的驼道回来后，归化城戏园和饭馆便分外热闹，就像清朝诗人王循在《归化城》一诗中描述的："小部梨园同上国"。诗中描述的归化城戏园几乎像北京的戏园一样繁华热闹。

2. 驼夫后代。驼夫后代马山老人回忆，他的祖辈从山西忻州来到坝口子村。父亲给大盛魁拉了3年骆驼，走了3年大库伦（今蒙古国乌兰巴托）。从大盛魁出来成家后，父亲便放下骆驼缰绳，提着竹篮在村里卖纸烟和焙子，二大爷也拉骆驼去过大库伦，可是去了后就没有回来。

马山住的房子的窗户上贴着大红的窗花，窗户下面有一盘向阳的暖炕，炕边是做饭的锅台。屋子正面靠墙放着当年流行的大红躺柜，墙上挂着全家福照片。

3. 古戏台、古树。据坝口子村的温计宝和李根旺两位老人回忆，坝口子村原本除戏台外还有龙王庙，龙王庙和戏台建在一个大院子里。龙王庙建在北面，戏台建在南面。龙王庙和戏台的门两边各有两棵大树，夏天唱戏时，大树的阴凉把戏台遮得严严实实。这大树是柳抱榆，榆树从柳树中间长出来，柳树死掉后就留下了榆树。后来，龙王庙成了学校，庙里的龙王被请到后山搭起的一个棚子里。龙王庙被拆掉后只留存了戏台。

在村口附近，我看到了留存下来的古戏台。古戏台为砖木结构，坐南朝北，南面有两个圆窗、一个横窗，圆窗像龙眼，横窗像龙嘴。戏台正面的木制飞檐雕刻着龙的造型，龙头高仰，龙嘴、龙眼、龙须都依稀可辨。戏台的北面立着石碑。石碑的背面写着"坝口子戏台建于清代，位于呼和浩特市回民区攸攸板镇坝口子村，戏台坐南朝北，面阔三间，该建筑保存基本完整，建筑风格独特，为研究呼和浩特地区古代建筑民风民俗等提供了宝贵的实物资料。"

古戏台旁边的古树上也挂着牌子，上面写着"国家重点保护，古树名木"，落款是"呼和浩特绿化委员会"。

4. 驼村历史。坝口子村位于呼和浩特北面，清代建村，原名翁滚达坝口。据该村一位姓杜的老人介绍，来坝口子村早一些的是从山西忻州过来的杜姓人家，现在已经延续到第十一代了。

5. 曾经繁华的集镇。因坝口子村和北面的白道相连，所以成为走驼道的必经之路，从而带动了当地的商业发展，使之成为一个繁华的集镇。

以前的坝口子村四面都有城墙，还有南门、东门、北门。因为村中的大街是去新疆、大库伦等地的驼道，所以当年的坝口子村更像一个繁华的集市。村里的旅店有30多家，磨面的面铺有190多家，铁匠炉有七八家。坝口子村的人们从后山换上粮食回村磨了面再卖到归化城，每天早起，到归化城送面的人和车一聚集一大片。

（二）麻花板村驼村遗址纪念牌和在世的驼夫

1. 驼村遗址纪念牌。2013年8月3日，茶叶之路第一村麻花板驼村遗址纪念碑揭幕仪式在呼和浩特举行。2016年，我在采访中见到麻花板驼村遗址纪念碑，而麻花板村的村民已住进了新建的山水小区。

2. 在世的部分老驼夫。

驼夫董兰锁

驼夫董兰锁回忆，他11岁时开始拉骆驼，因为年龄小人家不愿意领，只是凑凑合合领上了，再苦再累他也得跟着走。他说，苦累不怕，最怕的是碰上土匪。有一次，他和其他驼夫一起住店，半夜店里来了土匪。一个土匪一脚把他踢到院外面，他连衣裳都没穿，冻得直打哆嗦。那时，就数后山的土匪多，每次走后山，他都特别害怕。

驼夫冯红柱

驼夫冯红柱回忆，他的爷爷养着10多峰骆驼，爷爷跟驼队走时，骑着一头灰毛驴，去的是乌兰花和百灵庙。后来，父亲拉骆驼去伊克昭盟（今鄂尔多斯市）的碱湖，到那里驮碱。100多峰骆驼，一个星期跑一趟。路上做饭用火铛子（一种平锅），烧羊粪、牛粪、骆驼粪。晚上住房子（帐篷），一顶房子住10多个人。他15岁开始拉骆驼到武川和乌兰花驮粮，临走时带点白焙子和炒酱，早晚吃酱泡焙子，中午才正经吃点儿饭。夏天放骆驼，冬天拉骆驼，他和骆驼打了3年交道。

驼夫徐全保

驼夫徐全保回忆，他的爷爷和父亲手里有10多峰骆驼，到了他们弟兄手里时发展到了22峰。有了骆驼，父亲和他们弟兄就拉了骆驼跑运输。父亲和大哥走的是西路，和别人朋房子搭伙去新疆、甘肃。跟着领房子的，即使黑夜也要找到水井。冬天时，粗帆布搭帐篷，用火铛子做饭。他6岁的时候父亲去世，12岁时就跟上大人拉骆驼，到百灵庙、四子王旗去驮粮。那时路上不太平，经常碰着土匪。土匪拦住了抢钱、抢洋烟，看见穿了好衣裳，连衣裳也要抢，不给就打。有一年，他跟着大人正月初八出门，到四子王旗驮粮。临走时拿着绳子、口袋和路上吃的干粮。第一天走了50里路，住到大青山沟里的卯独沁。刚吃了晚饭还没睡，店里来了两个土匪。一个土匪站在店外把枪捅进窗眼，一个土匪进店挨个搜查。店里有两盘炕，土匪搜了一盘炕又搜另一盘炕，住店的人带的钱都被搜走了。驮上粮返回住店，黑夜又进了土匪，没钱就脱衣裳。第二天上路，又遇到两个骑马的土匪，土匪看他们身上没钱，骑着马走开了。这一趟来回就碰到了三回土匪，好在人没事。在麻花板采访时，村里的老人们说，麻花板村土地贫瘠，种的庄稼收不了多少粮食，村里的好多人家都养了骆驼。一个村有60多户养驼户，现在拉骆驼的驼夫大多已经去世。

3. 12名驼夫被国民党杂牌军杀害。说起这12名驼夫被杀害，麻花板村的驼夫至今都心有余悸。1941年冬天，国民党杂牌军苟子臣的部队在卯独沁韩碾坊一带设卡，打劫从归绥到武川的往返行商和驮粮拉骆驼的驼夫。一天夜里，苟子臣的部队打劫了13个人，这13个人随身带的钱、粮以及骆驼都被抢走。这被打劫的13个人是，麻花板村的张有良、陈长才、陈照拴、于林和、李兰根、范白小、崔祯、李補根8人及大白头等5人。土匪当场告诉被抢的驼夫，明天到梁后韩碾坊一带找骆驼，他们要粮不要骆驼。

第二天，13个人一起前去找骆驼，中途驼夫李補根逃跑了，其他12个人跟着一个拾粪人一直走到苟子臣的团部。当晚，他们就被拉了出去杀害了。麻花板村的人虽然知道亲人被害死在沟里，可谁家也没敢去收尸。这12个驼夫里，李兰根只有18岁，张有良、范白小、陈长才都没留下后人。

4. 驼村历史。据《新城区·毫沁营镇志》记载：1575年建成库库和屯时，麻花板一带还是水草肥美的牧场。大约在明末清初，有牧民在这里扎包放牧，后有山西人移居，租种牧民的土地，以"莫罕板申"为村名，后演变为现名。麻花板村有东西两个营子，原住民大部分在西营子，后期移民多了，建起了东营子。

麻花板村有好几座古庙，有一座古庙是家族集资修建的龙王庙。龙王庙又名合议社，庙里供奉着雨神龙王。庙顶走边挑檐、龙头兽脊，上面挂着风铃、宫灯，还有朱漆菱形的门窗。大殿两侧东禅房三间、西禅房两间，东厢房五间、西厢房五间。山门大殿内立着汉白玉石碑，上面刻着建庙时捐款出粮的村民的姓名和具体捐款捐粮的数量，多的白银数两，少的高粱几斗。

戏台在龙王庙正南，村民为了祈雨，每年要给龙王领牲，丰收后要给龙王唱戏。龙王庙北面还有一座观音庙。离庙院南墙5米多的地方有3棵大榆树，东营子东北角也有上百年的大榆村，直径2尺多、树冠高10米。村民为大树修建了大照壁，照壁中有神龛，传说供的是大仙。

麻花板出了许多名人，最著名的是革命烈士多松年。多松年烈士故居被列为内蒙古自治区重点文物保护单位，在城中村改造时，村里的古建筑都拆掉了，现在仅保留着有百余年历史的多松年烈士故居。

（三）五路村驼夫的老房子、面铺街、旗杆

1. 驼夫遗留的老房院。在五路村，我见到了驼夫王占祥的重孙王利平。王利平说，他见过他的祖爷爷，还见过祖爷爷拉骆驼时穿戴过的皮袄和皮裤、毡嘎蹬。但是，他的祖爷爷去世后，这些东西就被随手丢弃了。

在王利平住的房子旁边有一个烂大院子，这烂大院子里的房子就是在他的祖爷爷王占祥手里盖成的。现在，这房子虽然已经破旧，但从这宽展的院子依稀还能够看出房子当年的气势和房主人的气魄。木头的窗扇上是雕镂成各式花样的漂亮木格，门前有一条长长的齐齐整整的沿台石。

2. 粮食交易市场。五路村位于呼和浩特东郊白塔（辽代万部华严经塔）南1公里处。清雍正前，五路以北的白塔、保合少，东北的陶卜齐、黑河南北的人都来五路村交换物资。乾隆二年（1737年）以后，随着土默川土地放垦，五路村发展成粮食交易市场。

3．面铺街。因归化城的面粉需求量大，出售面粉比较合算，磨面所需资本也不大，只要有劳动力到魁树沟砍几块磨盘，有一头骡子就可驾起磨杆磨面。所以，五路村的好多人争相磨面，于是出现了一条面铺街（现名当街）。其中最发达的是寿阳人开的任面铺，随着面铺的兴起，炸麻花、烙月饼等干货铺也在这条街上出现了。

4．旗杆。五路村有一件值得记录的大事是三和渠的修建成功，三和渠修成之后，五路村的水浇地从3000多亩增加到6000多亩。三和渠修成以后，村里的龙王庙一下子兴盛起来。新盖了砖瓦戏台、东西禅房，木头旗杆换成了铁旗杆，还用了个老道看庙。除农历二月十九唱按牲口摊钱的骡马戏外，三月初三唱按人口摊钱的人口戏，七月初一和秋收完毕唱按地亩摊钱的死日子戏与不定期的踩荐戏，遇到天旱祈雨还要唱谢雨戏。此外，领牲的次数也比以前多了好多，六月六、七月十五、八月十五要宰肥羊，在唱戏的时候，正殿、东西禅房、山门、戏台和旗杆上都挂起红"哈达"（俄国产的毛呢）做底、黑大绒做字的扯檐和四方旗，戏台上挑着三对玻璃宫灯，西禅房门口的两边挂出了"社房重地""闲人免进"的虎头牌。会首们庙上起灶，请的戏班全是归化城的大戏，演员也是名角。村里有钱有势的地主都当了会首，龙王庙也成了五路村的政治权利中心。龙王庙的院里还有大树。2015年的秋天，当我到达五路村时，大树、龙王庙早已不复存在，我看到的仅是并排而立的两根铁柱，这两根铁柱是庙院里的旗杆，旗杆约有8米高，中间有一个斗子，两个斗子上均有八卦图。旗杆下面也有斗子，左边旗杆的斗子上刻着"器重千秋"，右边旗杆斗子上刻着"芳流百代"。村里人说，旗杆的后面就是龙王庙。旗杆的前面原来还立着两块石碑，现在石碑已成了附近一户人家的门碫石。一块石碑上写着"瓜果月圆"，另一个石碑上写着"咸丰二年"。

5. 驼村历史。五路村座落于丰州古城的南门外边，位于大黑河冲击所形成的土坡上面。村内有一座元代就有的佛庙，清代的海蚌公主曾为佛庙布施过一项土地。康熙年间，五路村有一个从山西过来的李姓人租种土地，接着是山西阳曲县姑姑寨张、崔二姓朋伙的通事行来这里。五路村北边有白塔，村里有佛庙能招徕香客，南边又有清清的黑河水饮牲口，他们便在村里圈起圐圙，用茶布烟糖换回牲畜在圐圙里喂养，然后赶到口里出售。乾隆二年以后，随着土默川土地的两次放垦，五路村发展成粮食交易市场。之后，商业也迅速发展起来，除元广字号的张家在归化城有字号外，还有武家的银炉，陈家的信成号绸缎铺，杨家的天顺琏货店等，五路村俨然成了塞外名震一时的小归化城。

（四）莫尼山非遗小镇万里茶道驿栈

莫尼山非遗小镇致力于万里茶道历史文化的挖掘、整理，并创立了万里茶道驿栈。万里茶道驿栈为木格窗扇、木制大门，门楣上有一块黑色的牌匾，牌匾上是著名作家邓九刚手书的"万里茶道驿站"几个金色大字，大门两侧贴着对联，上联是"百年前驼队载梦闯天下"，下联是"新世纪铁龙逐日游五洲"。

推开两扇红漆大门，首先映入眼帘的是一幅泛着古旧的地图，地图上像蛛网一样的路线，从湖北的武夷山穿越千山万水到达归化城、白道岭，一直延伸到俄罗斯和蒙古国及其他地区。

万里茶道驿栈有骆驼雕塑和骆驼标本，还有年代久远的老茶包、老茶具、驼鞍、驼铃、驼夫穿戴和用过的衣物，以及著名作家邓九刚等作家挖掘、记录万里茶道的书籍。

2019年3月，莫尼山非遗小镇举行了"重走古驼道·又见白道川"相约莫尼山万里茶道驿栈万人徒步行暨万里茶道驿栈揭牌仪式。

万里茶道文化的爱好者们从坝口子村古戏台出发，从白道到达莫尼山非遗小镇。通过徒步行走，参与者亲身感受了草原丝绸之路的人文地理、民俗风情，体验了茶叶之路作为黄金旅游线路的文化内涵和沿途的秀美风光。截止目前，万里茶道驿栈已先后在莫尼山非遗小镇、武川等地挂牌。

2019年6月，莫尼山非遗小镇作为呼和浩特市优秀文旅企业参与了首届万里茶道文化旅游博览会，并为本次博览会提供万里茶道文物146件，助力首届万里茶道文化旅游博览会的举办和首届中俄蒙三国旅游部长会议的召开，向公众展示万里茶道丰富的文化内涵、深厚的文化底蕴和极具潜力的旅游开发价值。

三、驼村、驼夫托起呼和浩特的商业成就

驼村是沙漠之舟的孕育之地，万里茶道是一带一路的重要组成部分，被喻为连通中俄的"世纪动脉"。这条繁荣了两个半世纪的国际古商道上，留下了几代人行走的足迹。埋藏着许多不为人知的艰苦与辛劳，更有互相温暖的感动。

当年，驼夫们常年累月地行走于他乡，他们与当地的商人、牧民成了很好的朋友和兄弟。我听一些驼夫的后代说，俄罗斯和蒙古国的朋友还来看过他们的爷爷或是父亲，并给他们的爷爷或父亲带来了当地的礼物。

驼夫们永远记着，在千难万险的驼道上获得的友谊，是驼夫一生最为珍贵的记忆，而这种纯朴友谊也能促使交易双方建立起更牢固、长久的联系。

当年，有的驼夫由于这样那样的原因没有回来，永远地和家人失去了联系。若干年后，家人说起没有回来的亲人时，还由不住地叹息，他

们不知道远方的亲人在异国他乡是否还有后代留存，要是有后代的话，他们的后代是否知道在遥远的地方仍有着亲人的牵挂。

呼和浩特作为清朝时繁华兴盛的商业城市，驼村、驼夫、驼道是不可或缺的重要元素。可以毫不夸张地说，是上百个驼村和上万个驼夫支撑起了呼和浩特曾经令人瞩目的商业成就。

2016年，我通过采访创作了纪实文学作品《走进最后的驼村》，评论家认为，此书中所记录的驼村、驼夫，不仅是呼和浩特最后的驼村、驼夫，也是中国最后的驼村、驼夫。

是的，在岁月的长河中，我们往往会忽略或丢失一些珍贵的东西，就像驼夫创造的商业奇迹，在时间的淘洗中也渐渐淡出了人们的视野。让人欣慰的是，随着国际商道万里茶道越来越被重视，作为万里茶道上不可或缺的重要元素——驼道、驼村、驼夫，也变得越来越弥足珍贵，也必然成为呼和浩特这座草原城市——内蒙古自治区首府重要的文脉所在。

小人书杂忆

樊肃成

小时候没有电视，看戏和看电影也是奢望，除用收音机听评书之外，小人书就成了孩子们闲暇时的最佳伙伴。小人书价格低廉，毛二八分钱就能买一本。可是，当时老百姓家家生活不富裕，能给孩子们买小人书的家长也不多，如果哪一个家长给孩子买了几本小人书，那个孩子就得炫耀好几天。当时我们大院里孩子多，大家你三本他两本都拿出来互相交换着看。小人书种类很多，有的书一套好几十本，如《三国演义》一套48本，《西游记》《水浒传》等册数也都不少，《铁道游击队》也一套10本。买不起书想看怎么办？就去小人书摊花钱看，一分钱一本厚的，薄的可看两本。为了少花钱多看书。我们就叫上几个小伙伴一起去。你花一分钱挑一本书，几个孩子围住观看；看完了，他再花一分钱挑一本。这样，一个孩子一分钱就能看好几本书。在看完书回家路上，伙伴们还津津乐道地评说着书中的英雄人物和故事情节。

当时的小人书摊，为了方便孩子们挑选，大部分摊主会把小人书的封面撕下来，贴在木板或玻璃上，再把对应的书编上号码，这样既方便了孩子们挑选想看的书，摊主也更容易把所用的书拿出来。几十年过去了，如今我还保留着不少这样的小人书。

小时侯旧城看小人书的地方不少，小召前，大西街，大北街路西的自由市场里，大召东夹道，大召东仓等都有，其他地方也有。那时，去的最多的地方是小召前牌楼东面，路边有坐东朝西的一座老式二层楼，一楼就是小人书摊子。这个书摊，一进门靠南墙是放书的架子，地中间是用长条木板支起来坐的凳子，一楼的东墙北角处是上二楼的木楼梯。楼上是娱乐场所，时有吹拉弹唱声传下来；人们在木制的楼梯上上下下时，咚咚声响个不停，但见男男女女眉飞色舞地上上下下，可我们这些看小人书的孩子是不让上去的。只有趁人不注意时蹑手蹑脚，偷偷爬上楼梯，探头探脑地瞄几眼就赶紧下来，有时被摊主发现，会被训斥一顿。

摆一个小人书摊，现在想一想，一本书一分钱，一天能有多少孩子看书？摊主所得，只够糊口罢了。另外，在小召前的圪料街口往西点儿的路边，也有一个小人书摊，它比楼里那个摊子出现的时间晚，是20世纪60年代以后。摊主人也挺随和，个子高高的，穿件旧军装，一只袖筒空荡荡的，是个残疾人，姓金，人们叫他金胳膊。我也在他那里看过小人书，因为他的书摊是地摊，风吹日晒的，看书的孩子也就没有东面楼里多。我们院里的孩子们，大多数在楼里面看书。

有一个时期，大量小人书被销毁，小人书摊也就消声匿迹了。我家的不少小人书，也在那时被付之一炬。当时烧书是偷偷烧，选在做饭时，把心爱的书撕开填进灶火里，看着书页灰飞烟灭，我的泪水就不由自主流了出来，当时的场景至今不能忘怀。好在，我父亲把一些我心爱的小人书拿到了单位存放，70年代初才拿回家中，因此得以存留下来，也是不幸中的万幸。

1967年以后，又有大批红色小人书出现在新华书店的货架上。为什么叫红色小人书？因为大部分书的封面是红色的，内容也是反映革命题材的。有多种"样板戏"小人书和其他应时的红色题材，比以前的范围明显少了许多。但书的印刷、绘画质量都很高，如"样板戏"《智取威虎山》《红灯记》《沙家浜》等，还有单页成套水粉画《红色娘子军》《红灯记》，英雄人物和其他题材的小人书如《门合》《王国福》等。它们和70年代初出版的《孙悟空三打白骨精》，现在都是小人书收藏中的精品。

如今回忆起当时的小人书摊，露天书摊多，大都是季节性经营。因为呼市地区深秋以后天冷风大，户外是很难驻足的。看书也需要时间，谁也不愿意冷冻寒天蹲在路边看小人书。另外，风大书也禁不住风沙吹打。综合各种原因，小人书摊一年经营的时间也就六七个月——室内经营者除外。我记事时正赶上公私合营后期，除了国营企业，大部分服务行业都成为合作单位。但也有例外，如钉鞋、磨刀剪、卖冰棍、摆小人书摊、个体理发师、黑白铁钣金工、个人修自行车等，他们都是个体经营者，也领工商执照，交不多的税钱，是自食其力的劳动者。

小人书是连环画的俗称，是90年代以前最大众的印刷品，是老少都喜欢的通俗读物，对普及文化知识、开启民智起了很大的作用。因市场需求巨大，所以印刷量也很大，一本书发行量几十万上百万册的很普遍。但也有例外，如有些小出版社发行的书，一本书印刷几千册或上万册。一般小人书都是64开、48开等，另外有一些特殊版本，是供特定人群使用的，如32开、28开、25开（1957年版的《漳河水》）、24开、20开、16开、12开、8开等等。这些书多是名家名作，所以印刷精美，价格也高，数量就相对少了很多。如今小人书成了收藏品，这些特殊版本，因数量少质量好就成为收藏家们追捧的对象，如刘继卣先生的大开单页《武松打虎》，王叔晖先生的《西厢记》，贺友直先生的三卷线装本《山乡巨变》，刘旦宅先生的《李时珍》，沈尧伊先生的《地球红飘带》等等，书价高且不易求得。还有一些大套小人书，一套书册数多，如1977年以后的新版《三国演义》60册，《东周列国》48册等。这些书因为发行时间长，陆续出版，造成每一本的印刷量不一样，有多有少，印刷少的就成了这套书的稀缺本，书价自然就很贵，而且也不容易买到。这也就像七八十年代的邮票，一套多枚的邮票，低面值常用邮票发行量很大，高面值邮票发行量相对少，邮市中高面值邮票就成了这套邮票中的筋票，价值就高。

如今在小人书收藏界，还有一类成了大家争相收藏的宠儿，就是原作手稿。过去，大部分小人书的稿件保存在出版社，因为选中印刷的稿件，已经付给了作者稿酬，作品付印后，原稿一般不退还给作家本人。都做为出版档案保存在出版社资料室，如果市场需要追加印刷量或第二次印刷，出版社调出书稿就能付印。但是，凡事都有例外，因种种原因致使原作手稿外流，如前些年各地出版社拆迁翻盖，许多资料流入民间，还有拆迁旧房凉房时，有些画家自己保存的手稿也流散到社会上。这些手稿如今也开始出现在拍卖会上，价格不菲，吸引了大量收藏者的眼球。如有中意的拍品，藏家会不惜重金购买，因为手稿都是孤品，可遇而不可求，一旦错过，只能追悔了。

再说说笔者亲历之事，前些年下岗后，因年龄大，工作没有着落，只因平时爱书，就加入了卖旧书的队伍。每天早晚跑废品收购站或者私人家中，淘买有价值的旧书，然后再去摆地摊出售，虽无大利，也能养家糊口。当时在内蒙古社会科学院东面的桃李巷，是呼市地区最大的旧书市场。书摊一个挨一个，道路两旁摆得满满的。每逢节假日，人头攒动，好不热闹。赶上呼市地区拆除凉房和老旧小区之时，特别是出版社、报社、学校家属楼等地段，就有许多书籍进入废品收购站，经常有手稿一类的东西出现。我曾淘到过张长弓老师的短篇小说手稿、张占甫老师的《风景图案画》手稿，还有其他作家的手稿。更让人难忘的是淘到的小人书手稿，其中有邹越清老师的《水浒后传》第十集《南北会师大展宏图》手稿，刘志刚和张广伦老师合作绘画的《黄金大力士》手稿、还有《猫咪照相馆》彩色手稿等。这些画稿大部分是16开大小，画面精美，每一幅画都是画家一笔一笔绘制出来的精心之作，有些画面还留有画家的修改痕迹。修改处一般都用白广告色遮盖，也有挖补粘接的，这也反映作家为每一幅画作付出的良苦用心。

我对绘画的了解，是因我父亲樊振武是一位画家，50年代末就是中国美术家协会内蒙古分会会员。在20世纪六七十年代也曾画过小人书，再加上父亲的众多好朋友中，有不少画小人书的画家，以至我也对小人书爱好有加，也或多或少了解画家画小人书的艰辛。

在父亲遗物中，就有出版社审查没有通过的画稿，还有不少画稿是半成品，也包括连环画草图。另有多幅因创作需要画的各种动态人物素描，动物、物品、环境、场景图等等。为了作品的真实性，画家还得熟悉画作内容的环境和细节。1972年，父亲为了感悟真实的草原，曾在锡盟草原体验生活2个多月，每天和牧民吃住在一起，画了大量的写生作品，为后来小人书创作做了坚实的准备。那时候，父亲速写本不离身，一有时间就画速写，除了在单位画，回家后也会坐在炕桌前伏案工作。至今，那熟悉的身影，还留在我的脑海中。

在80年代初，我因在市工会职工美术班学习绘画，经常接触父亲的好朋友张殿云老师。那时，张老师负责市工会美术宣传和工人文化宫的电影广告绘画工作。同时他也是内蒙古著名小人书画家。那时候，我们几个学画的同学，有时也给张老师打下手画电影广告。到后来，为了锻炼和提高我们的画技，张老师就让我们自己独立完成电影广告绘画。因为经常在工人俱乐部活动，所以，在张老师的办公室里，我曾多次观摩张老师画小人书。一张稿纸，几支碳素笔，一个人静静地坐在桌子前，一笔一笔地创作小人书作品。张老师娴熟的点线描绘画法，每一幅作品都非常耗费时间。有时一幅作品将近完成，因自己不满意，只能放弃重新画。如果是小改动，就用点眉毛笔蘸上白色水粉画颜料进行涂改，这种涂改在原作上是有痕迹可寻的。但是，因为稿纸是16开，在缩小印刷成64开后，一般是看不出来的。在创作小人书时还有许多工作是局外人想象不到的，因为那时的画家都是挣工资，再加上物资不丰富，拥有照相机的人很少。画家只能靠眼睛去观察，用画笔去记录生活场景。有时因需要，除了参考书籍图录外，也会让身旁的人做模特，模拟场景动态画速写，进行现场体会，只有这样才能绘出真实而满意的作品。

时间如梭，四五十年过去了，父亲也英年早逝，离开我们快50年了。他的那些好朋友，也进入风烛残年。画小人书的张殿云老师，虽然比我父亲小七八岁，但也是八十四五岁的老年人了。前几天我去拜访他，有幸又欣赏了张老师的钢笔淡彩画作。更让人难忘的是，看到了张老师的大部分小人书原稿。看着这些老人呕心沥血的画作，敬佩之心油然而生。在和张老师的交谈中得知，他想把这些作品捐赠给有关单位，给它们找个妥善的家，以防这些宝贵的手稿流失，我为他无私的抉择由衷赞叹。

因为小人书曾经伴随着我成长，更因为我有个值得骄傲的画家父亲，也因为他从事过小人书创作，所以我对小人书情有独钟，同时也在不经意间保存了不少小人书，机缘巧合还收存了几种小人书手稿得以时时鉴赏，做为一个年近古稀的人，这也是一种幸福。

青城风物

后山莜面

陈　刚

在海南吃了一顿武川莜面

那年我到南方考察，在海口邂逅一位内蒙古老乡，他问我："多会儿来的？"一听这口音，莜面味儿就扑鼻而来。

他要请我下饭馆，问我想吃什么。我开玩笑说："最想吃的恐怕这儿没有吧？"他瞪大眼睛看了我几秒钟，现出不知所措的样子……我笑着说："老兄，我已经离开后山一年多时间了，就是没吃过莜面。"

"嗨，我还以为你要吃天鹅肉呢。想吃莜面，有。一家巴盟人开的，全是武川的好莜面，热汤、凉汤都有。"

"哎呀，太好啦，庄户人讲排场，莜面肉汤汤。不过，莜面在这海南岛上蒸出来到底筋不筋？"

"我们经常吃呢，筋的筋的，你一吃就知道了。"

"老板，你这莜面里头是不是加母土来来？这么筋。老家的人常说后山的莜面过了大青山往南到了土默川就不好吃了，你这莜面已过了黄河、长城、长江，还越过了大海。"

"老乡，这你就说对了，莜面特别忌讳换水土的。这海南岛上有4000多内蒙古人，每天来吃莜面的人很多。如果不筋，我这铺子还能红火到今天？"

"噢……我明白了。你们是不是把母土也拿来了？我知道了，早年听父亲说他们的马场转移到大青山前坡，马鞍子上不但驮一袋子莜面，另外还得驮一碗本地土。和莜面之前，先捏一点土放在锅里添上水，烧滚之后再沉淀一会儿，然后和莜面。这样蒸出来，和后山本地的效果是一样样的。结果后来才知道，莜面在大青山以南的呼和浩特、包头、鄂尔多斯等地都不用加母土。这只是父亲他们当年听别人说的一种做法，其实不然。"

我说了一通，那个女老板笑了笑，给我们介绍说确实是，他们这几年因为每次从老家坐飞机来海南总要带一些莜面和母土。把机场的安检人员也搞得不明白，总觉得去南方带点莜面是稀罕的土特产，可这黄土花上高昂的起票费，到底要做什么？莫非是栽花呀、种草呀？机场的那些安检员恐怕到我写出这篇文章也不一定清楚这件事的原因。

"歪嘴大娘"的水萝卜腌汤调莜面

莜面到底是个什么好吃的东西？说来话就长了，父亲生前是个民间大夫，经常给十里八乡的患者扎针配药。扎好了不少人的腰腿头痛、嘴歪眼斜和发霍乱，他几乎没有挣过现钱。

但盐汤莜面，肉汤汤莜面，那是他从来不拒绝的。记得有一年，和父亲去邻村寻马路过一户人家的大门口时，一个大娘从家里跑出来边招手边喊："兄弟，兄弟快回来，这几天小园地里的水萝卜长起来了，有大拇指粗了，这个晌午，嫂嫂给你们父子俩吃一顿水萝卜腌汤调莜面。"

此刻，父亲的脸已经笑成一朵花了。这个大娘就是父亲曾经给扎好的"歪嘴大娘"。我和父亲吃了大娘整整一大竹子笼窝窝和鱼鱼，那刚揭笼的莜面往调好的放了水萝卜、辣椒、葱花、素油的腌汤碗里一放，用筷子一搅拌，筋道得忽颤颤的，吃到嘴里还没怎么嚼就下肚了。

一顿莜面煮山药把我香得忘了给牛喂草饮水

莜面的香呀，那真叫个香。从炒黄莜麦粒子起，散发的香味儿就吸引得人们开始整把整把地抓着黄莜麦吃。莜面有三熟，这是一熟。小时候把黄莜麦装在裤兜里或褂子兜里，上学时当干粮吃，经常引得同学们拿煮鸡蛋、糖烙饼兑换。放学回到家一碗滚水，七八根葱叶灌上炒面，又是一顿饭。

用滚水和莜面，这是二熟。第三熟，当然就是最后的蒸熟。滚水一往莜面里倒，冒起来的那个炒香味儿，就扑鼻而来了，我总会跑到和面盆前闻一闻。在瓷盆里搓上三个来回，就软筋软筋的了。

母亲做得一手好莜面，那年春天我种莜麦从地里回来，离家还有十来步远，就闻到了微风里蒸莜面和夹杂着煮山药的味儿。香得我跑回去就吃，吃完后才想起耕牛还没有喂草饮水。我大爹还说："就一顿莜面煮山药，把你能香得忘了喂牛？"

小时候家里一吃莜面，父亲就总免不了说一句："莜面吃个半饱饱，一喝滚水正好好。"后来随着年龄增长，才感到吃莜面真耐饿，好像要超过白面的2倍，荞面的3倍。

在内蒙古西部吃特色饭首选莜面

莜面真正走出大后山应该是在改革开放之后的20世纪90年代。事实上，是随着爱吃莜面的人带出去的。无论是天津、北京，还是海南岛，只要有内蒙古人，就有莜面，而且影响很大。外地人只要吃上一顿，就想吃第二顿。包括外地人来了内蒙古西部吃特色饭，首选肯定是莜面，当地人接待外地人也是同样的想法。我曾接待过来自东北、新疆、上海、河南、云南等地的朋友，不但在农家乐吃莜面，即使到了草原深处的旅游景点上以手扒肉为主的席面上，也少不了一道凉拌莜面或肉汤汤莜面。

我在呼和浩特定居多年，经常自己家里做莜面吃不说，如果不做，就去市场里挑选武川或达茂人做好的莜面吃。每次回后山老家达茂旗，武川县城是必经之地，那是非要吃一顿莜面不可的，包括吃早点都要吃莜面肉汤汤。根本等不到回到家里让母亲做莜面吃。但回去后，肯定还得让母亲做一顿莜面。还有，小时候经常吃的莜面圪生糊糊、莜面炒面糊糊，在我家里至今仍常吃。

莜麦粒憋死了土匪头子的坐骑

听当地的老人们说，1949年前，我们村发生了土匪的马被莜麦粒憋死的事件。那年深秋的一个傍晚，一股子土匪突然来到我们村，首先就杀了郭家的一只大肥羊，吃完炖羊肉这帮家伙就开始抽大烟。抽足了大烟，又向大户人家每户要十块现洋（银圆），一般家庭要五块，而且说在鸡叫前必须交齐，否则全村人的性命难保。这下，郭家、李家、王家，还有我家的人全慌了。因为给人家牛羊和粮食不行，必须现钱。村里的人们在土匪的枪口逼迫下开始翻箱倒柜，翻到半夜也都没凑下十块现洋。这时，鸡已经叫过两遍了，土匪气得时不时就用枪托子戳人。

而土匪的七八匹坐骑早已在场面里的莜麦捆子堆上吃饱了，当时的成宝爷爷是给土匪遛马的人之一，他是一般农户，土匪不太逼他。这天正好他姐姐家的场面里打下一大堆莜麦粒，土匪头子的马就去吃，一个小土匪还高兴地站在一旁傻笑。成宝心想：报复的机会来了。他跑到离场面不远的水井上去往家里挑水，顺便往水井旁饮牲畜的石头水槽子里满满添了一槽子水。土匪头子的马大约吃了50斤莜麦粒，口渴得一口气就喝下半槽子水……

当鸡叫第三遍的时候，村的南梁背后突然响起了枪声。土匪立马乱套了，也不逼要现洋了，赶紧找自己的马。别的土匪都找回来了，唯有土匪头子的马不见了！

土匪拔出手枪正不知要做什么，忽然先前那个傻笑的小土匪说他的马在场面墙外四蹄朝天死了，肚子胀得就像扣了两口锅！土匪头子瞅了一眼，骂道："你还能干个甚？"说完一枪就结束了小土匪的性命。然后夺了小土匪的马和别的土匪一起逃走了。

事后，人们听说枪声是保安团弓德胜（弓团）的队伍在剿匪时路过南梁背后响的枪。

人们在剥死马皮时，发现马的胃部已经炸开近一尺长的口子，胃里的莜麦粒是原来的三倍大。成宝还开玩笑地说："说得莜面吃个半饱饱……你们看，我这一槽子冷水，不但饮死土匪头子一匹马，还消灭了一个小土匪。"是的，一斤干莜面，蒸熟就上到了二斤半。

莜麦从青苗到成熟的秸秆，牲畜都爱吃，始终有甜味儿。是特别有营养的一种好饲草。

莜面对人体的益处

原来只知道莜面好吃、耐饿，后来又知道莜面还是很好的保健品，高血压、糖尿病患者吃了很有益处。在我未离开故乡后山的时候，几乎没有见过癌症患者。我同学的父亲已经退休，有一次我回后山，专门让我买了一百斤"知根打底"的好莜面。我说："就您们老俩口怎么买这么多呢？"这位大爷却说："嗨，就这也不够吃一年。"

其实，莜面在后山的历史长河中，早已形成了厚重的文化。

昔日的儿童游戏

杨建中

人生易老天难老。岁月不饶人，一晃竟步入了耄耋之年。

近日，常常想起20世纪80年代参与《玉泉区志》的编纂时，被赶鸭子上架般编写儿童游戏时的情景，我浮想联翩，童年美好时光浮现在眼前。孩子们的嬉戏玩耍，天真童趣使人难忘。

爱做游戏是儿童的天性。即使在物质极度匮乏的20世纪五六十年代，小孩子们也会找到适合他们当时条件的娱乐形式。今天看似土得不能再土的一些游戏，尽管有的已经消失，但对曾经经历过的人来说，却是忘不了的永恒记忆。

溜冰。这里所说的溜冰与现在的滑冰有所联系，但区别很大。20世纪五六十年代，旧城的小孩子们有冰鞋的极少，但这也挡不住他们冬季在冰上活动的乐趣。他们发挥自己的聪明才智，因陋就简、就地取材自制"冰鞋"。所谓"冰鞋"，其实就是在一块宽5厘米、厚3厘米，长度和使用者脚大小相近的木块上固定一根粗铁丝而成，然后用细绳子绑在自己的鞋上。有的人只做一个，就只能单脚溜，若做一副就能双脚溜了。后来，发展到有人在木板中锯一个槽子，把二三毫米厚的薄钢板镶嵌进去（不过木板的厚度需加厚）。这种"冰鞋"的功能已接近真正的冰鞋了，溜变成了滑，速度快了很多。在冬季放学或假期，每天都有小伙伴在西河沿扎达盖河结冰的河道上溜冰玩耍。

打夹克儿。这是由两个人玩儿的一种游戏。把直径约2厘米、长约5厘米的木棒两头削尖，呈枣核状，称之为夹克儿；再制一个厚1到1.5厘米、长约30厘米，状如现在建筑工人砌墙使用的瓦刀的木板，称为板子。玩法是把夹克儿放在地上，用板子击其一端，使夹克儿弹起，并在夹克儿落地前用板子把夹克儿尽量击远，然后用步量其所击距离，接着连续往下进行。若某次击打不中或是夹克儿落在死角用板子无法再击打，则为失败，由另一人进行击打，最后谁击打的距离远（步数多）谁就为胜者。步数由对手量，因此步子会尽量大些，以缩少步数。

扇三角（也有四角）。三角或四角是用纸折叠成三角或四角状的游戏用具，一般由两个人玩耍。此种游戏盛行于20世纪50到70年代。玩法很简单，第一个人用自己的一个三角或四角用力扇拍另一个人放在地上的三角或四角，若被扇拍的三角或四角被翻过，则为赢，此三角或四角归胜者；若没翻过，则由对手扇拍，依次反复进行。

扇拍者为使扇拍力度大，往往要套几个三角或四角，使之加重，这样赢的可能性会大些；当然，被对方扇走，输的也多。

高粱棒角力。这是一种多人玩的游戏。角力工具是参赛者各自把一节高粱棒有结一端的头掏成旱烟袋头状，可制作多个以备使用。方法是先在两人之间进行。两个高粱棒头互相勾咬住相拉，如一方的棒头被另一方拉掉，则为输。胜者与下一人接着进行，直至产生最后的胜者，类似打擂台的规则。这种游戏，也有用杨树叶的叶柄玩的。

抓骸儿。骸儿是猪、羊腿部关节骨骼中的一小块（内蒙古东部地区称嘎拉哈），把它们收集起来打磨光滑用来玩耍。

每组的骸儿数目不定，少则三四个，多则七八个，但每一组的大小应尽量一致，其中一块要染色，是为本骸儿，以区别其他骸儿。

所玩场地应平整、干净，因此多在室内的床（炕）上玩耍。如在室外玩，场地也要符合要求。一般是两个人玩，玩者把骸儿撒在场地，使骸儿既不能过分集中，也不能过于分散，因为那样不利于抓起。然后把本骸儿向上抛起，在本骸儿下落的瞬间，用同一只手迅速将场内的骸儿抓起一个，同时将本骸儿抓入手中（本骸儿始终不能落地），然后再将本骸儿抛起，其间还要把抓到的骸儿再放回到群骸儿中，如上述方法由一抓到最多数目。如果在抓的过程中本骸儿落地或没有抓住应抓的数目或触碰了应抓数目以外的骸儿，即为失败，改由对方抓。

此种游戏可锻炼参与者的手、脑并用及反应能力。有的地区用石子替代骸儿，规则基本相同，称为抓石子儿。

玩此种游戏者，以女孩为多。

打沙包。沙包是用布缝制一个垒球大小的包，内装细沙而成。游戏方法是两支人数相等的队伍，每队由5～10人组成，男女不限，其中一队分列两端为打击队；另一队在中间，为被打击队。首先由打击队向被打击队的某个队员抛出沙包，若被击中，此队员出队，直至被击队员全部出队（沙包被抓在手中，不算被击）。然后两队变换位置进行。

还可把打击队围成一圈，被打击队在中间，方法和规则同上。打沙包的游戏现在还在流行。

跳皮筋。这是流行时间最长、范围最广、最有益于身体健康的一种游戏。

把有弹性的皮筋两头缝制连在一起，呈圆状。周长根据参与人数多少而定，一般是5～10米。这个游戏最少需要3人，多人没有定数，通常5人。先由2人把皮筋套在双腿下部（踝关节以上）抻长，其他人按规定动作轮流跳，边跳边唱着有节奏的歌谣。一曲歌谣唱完为一轮，能顺利完成规定动作者升入下一级。每升一级，皮筋的高度上移一段，最高可移至参与者的头颈部。若在中途某一轮跳错或脚没钩住皮筋，此人就算出局，换其他人来跳。

跳皮筋从幼儿至小学高年级学生均可参与。

玩此游戏者也是女孩子为多。

钓"骆驼"。在长有低矮草丛较为平坦的沙地，经常会看到一些向下的小洞，洞口很小，洞身直径约10厘米，在洞内寄生着一种长约1厘米的粉红色软体小虫子，其背部有一突起的肉瘤，因不知此虫何名，小朋友给它起名为"骆驼"。

玩法是小朋友在附近的草地上择一根又细又嫩的草棍，将其插入洞中（不要插到底），洞内的"骆驼"闻到草香味，就会咬住草棍，玩者慢慢将草棍拽起，"骆驼"就被"钓"起来了。

由于条件所限，此种玩法在城区已彻底绝迹。

斗蛐蛐。蛐蛐，学名蟋蟀，本地也称秋蛉儿。蛐蛐好斗，人们利用它的习性，在夏秋捉来，让其互相咬斗，供人们消遣、娱乐。

相斗的蛐蛐为雄性，好的蛐蛐个头大，眉毛（触角）长且完整，叫声宏亮、清脆、悦耳。玩法是双方将各自认为最厉害的蛐蛐放入盒中，让它们互相撕咬，经几个回合后，胜者会振翅鸣叫，败者就会逃出场地。

20世纪70年代前，旧城（玉泉区）九龙湾有个蛐蛐市场，是人们斗蛐蛐的集中地，也是交易蛐蛐的市场。这个市场由来已久，闻名遐迩。

呼和浩特市城区周边凡是有草、有庄稼的地方，都有蛐蛐，但普遍个头较小，无买卖和观赏价值，只能供幼儿玩耍。进入九龙湾市场的蛐蛐，大多产自城北哈拉沁和城南八里庄。蛐蛐喜食葱白、黄瓜、西瓜皮、大蒜。一般用硬纸板糊裱成无盖的盒子放蛐蛐，再糊裱一个顶面有玻璃罩面的套子套住盒子，借此可以观察蛐蛐；盒子可以在套子里推拉取放蛐蛐。有的善养者可将蛐蛐养至冬至。

20世纪80年代后，旧城区改造，蛐蛐市场已不复存在。现今玩蛐蛐的人已很少了。

套麻雀。到了冬天，下过一场大雪，各种鸟儿无处觅食。20世纪五六十年代，小孩子们经常套捉麻雀玩。

套捉的工具是用一个废旧的盖帘（又叫盖垫、饺子拍，用高粱秆制作，可以当瓮盖、锅盖），用锥子扎孔将马尾穿过，一头固定，一头绾活结成圈状，然后将盖帘置于雪地，上面撒少许粮食当诱食，当麻雀等小型鸟儿落上时，脚就伸进了马尾圈内，待它们起飞时，就被马尾圈活结越拉越紧，只能"束腿就擒"。

如今，麻雀不再是"四害"之一了，国家实行对野生动物进行保护的政策和措施，因此套麻雀的做法已成为历史。

过去比较常见的游戏还有男孩们喜欢玩的踢弹儿、弹珠珠、顶拐拐、打老油。

现今仍在继续玩的游戏有滚铁环、跳房子、老鹰抓小鸡、丢手绢、跳绳、踢毛毽等。有些游戏已消逝，留在了经历者们的记忆之中。

马老红与他的三合兴

郭 义

流逝的岁月可以抹去人们的记忆，但抹不去历史的痕迹。20世纪三四十年代活跃在大青山南麓商界的马老红和他的三合兴杂货铺，在支持八路军抗战的革命事业中做出过不可磨灭的贡献。

一

提起马老红，知道他的人无不翘起拇指交口称赞，说他有思想、有气节、爱国家，懂经营、会管理、讲信誉。他亲手创办的三合兴也是老字号，在塞外青城呼和浩特的商业史上也占有一席之地。

马老红学名马文良（1901—1972年），世居新疆叶尔羌（今莎车县）。据史料和马姓碑文记载，乾隆二十四年（1759年）秋，清军彻底平息了大、小和卓的叛乱。第二年，和卓部香妃的哥哥图尔都等平乱中立功的人应诏陆续来到北京拜见乾隆皇帝。图尔都被封为一等台吉。乾隆令他们在京居住，并派使者接他们的家眷来京，图尔都的妹妹买木热·艾孜（香妃）也随家眷进京，并被选入宫。是年，香妃族人马姓祖先随同大小和卓部落王子——阿布帕克忽急赞护送香妃等图尔都家眷到北京后，300多族人在返回新疆途中路经呼和浩特市八拜时，看到这里景色如画、气候宜人、水草丰美、牛羊绕塞，便上奏清廷想在这里安家落户。乾隆赐给他们"一马之地"，恩准在此定居。并把马姓一族部分人员派往承德当护卫，享受朝廷俸禄。

历史变迁，朝代更替。清朝末代皇帝溥仪于1912年2月12日在北京紫禁城宣布退位，就此终结了清朝268年的基业。同年，曾作为护卫的马姓一族也被迫离开承德，结束了享受旗人吃俸禄的生活。

马姓后裔多年居于承德，繁华的市井生活、繁荣的市场景象丰富了马老红之父马安荣的人生阅历，他决定带着妻子儿女另谋出路。于是直奔呼和浩特寻找马姓其他族人，并在归绥（今呼和浩特）落脚谋生，干起了跑单帮的生意。马安荣每次出行去天津、北京、承德一带做买卖，第一站总要住城东的保合少村。当年的保合少是归绥以东的第一大村，是通往陶林（民国时县名，在今察哈尔右翼中旗科布尔镇一带）、卓资山、集宁、丰镇、大同及京津的必经之路。聚集了南来北往的各地客商，是归绥东最大的商品集散地，被商旅称为歇头，也就是旅途歇脚的地方。保合少人流熙攘、车水马龙，各行店铺沿东西大街在路南、路北相对排开，各家买卖字号生意兴隆。马安荣一眼就认准这块风水宝地，便将全家从归绥迁至保合少。

青出于蓝胜于蓝，马老红在父亲的影响和熏陶下，很小就有了经商意识和经济头脑。17岁时自己推着货车在归绥大南街一带沿街叫卖，出售针头线脑、日用商品，积累了一些资金，后来在保合少租了两间门脸房创办了三合兴。

　　三合兴是按周易八卦中的天地人三要素相合而起的名。三合兴店铺坐落在保尔合少大街中段，到了抗日战争时期已经发展到了一定规模。在路北有九间门脸的铺面，经营针头线脑、布匹绸缎、叉耙扫帚、锄耧镰犁、锅碗瓢盆、烟酒糖茶、各式点心、米面油盐等上百种商品。后院还有专门加工粮食的磨坊和三合兴点心铺。同时，还耕种着一顷多土地，从事农业生产。可谓农工商俱全。经营的商品立足陶林、旗下营、卓资山等周边地区，远销北京、天津、张家口、大同等地，尤其是加工的粮食定期整车销往北京、天津、河北一带。其他日用杂货的销售也很好，每隔一日用三套马车到归绥进一车货，经营规模较大，利润可观。

　　三合兴快速发展、不断壮大的诀窍是严格管理、诚信经营，奉行货真价实、童叟无欺的经营理念，确保秤平、斗满、尺足。虽然雇用的店员不多，很大一部分是自己家的人，但是对内管理是非常严格的。店内设有掌柜的、记账、跑外、伙计、磨倌、车倌等，干农活的还有长工、短工。店规要求所有人员不准听戏、不准逛妓院、不准赌博和无故缺勤、不准在外过夜。外出办事过午不候饭，过夜不留门。违反店规，一训、二罚、三解雇。人少事多，一人多岗，所有人员都要加强学习，认字、写仿、打算盘，不断提高文化水平、业务能力和综合素质。

　　马老红经常告诫店内的员工：要想学会做买卖，必须先学会做人。君子爱财，取之有道，不取不义之财。和气生财、友善聚财，诚信待客，你欺客一次，客远你一世。做买卖和处朋友一样一定要讲信誉，有诚信，这样才会续长，达到日久弥坚。不能以貌取人，待人要有同情心和正义感，一视同仁，童叟无欺。

　　马老红的正直、正义和诚实、厚道赢得了乡亲和客户们的信赖，三乡五里的乡亲们都愿意来他这里买货，也使处在被日军封锁经济物资匮乏的抗日根据地的八路军，看到了可与马老红合作的希望。于是，八路军指派已在三合兴帮工的大青山游击队地下工作者郭栓龙给马老红做思想工作，希望他能为大青山抗日游击队提供粮食、布匹、棉花及铅笔、橡皮、笔、墨和肥皂、牙粉、煤油、火柴等学习及生活日用品。

郭栓龙是面铺窑的一户佃农，光棍一人，房无一间，地无一垄，经常是吃了上顿没下顿，靠打短工为生。起初每年农忙时帮着马老红在地里干一段时间农活，农闲时帮众人干一些杂活。后来随着马老红的三合兴买卖不断壮大需要人手，郭栓龙又肯干、实干，马老红就把他收留在三合兴当帮工，赶车、下夜、出外要账的活儿都干。郭拴龙经常利用同马老红一块儿进城贩货的机会向马老红讲述八路军大青山抗日游击队在后山的深山老林里忍饥挨饿，少吃没穿，坚持抗日的事情。郭拴龙的讲述，也使马老红常感慨不已。看着马老红的思想变化，郭栓龙及时抓住时机向马老红宣传抗日救国的道理，并向马老红提出给八路军大青山抗日游击队准备粮食及其他物资。起初马老红以为郭拴龙在和他开玩笑，没当回事。后来郭栓龙多次和马老红提起此事，马老红觉得自己也应该为抗日救国出一份力，就答应了。

从此，马老红经常以给北平、天津送粮食的的名义，绕道将整车的小米、炒面、布匹、煤油等日本人的禁卖品送到面铺窑、奎树沟八路军游击队所在地。小件物品八路军游击队也派人来店里取。马老红有时也假借送货的名义到八路军游击队所在地参加一些会议，思想觉悟和爱国热情进一步提高，就这样一来二去马老红和八路军的关系就更密切了。从此，三合兴就成了大青山游击队的情报联络站和后勤物资供应点了，八路军游击队的地下工作人员经常在三合兴的后院草房里召开秘密会议。

由于来店里的陌生人逐渐增多，引起了日伪警务厅和汉奸特务的注意。特别是当地三个好吃懒做的二癫子，平时游出去晃进来、游手好闲，专门打听、传播东家长西家短的事，人送外号大、二、三红鞋。这三个民族的败类，甘心堕落的家伙，认贼作父，穿起了"皇协军"的狗皮，死心塌地要当汉奸，专门为日本人搜集各方面的情报。经常在店铺周围活动，监视三合兴动向和马老红的行踪，发现他们认为形迹可疑的人和事，马上报告警务厅。

尤其是大红鞋徐全全经常领着白塔车站"警务署"一个姓尹的特务到店里敲诈勒索，今天说："马老红你犯事了，跟我们去一趟警务署吧。"明天说："你把货卖给游击队了，这是私通八路。"马老红也知道他们是敲诈，但为了息事宁人只好用钱或物打点他们。不然被抓到警务署先打个半死，然后还是要钱财。

1944年春节前夕，郭栓龙听联络员说，游击队急需一批白布和棉花给新战士做军衣。因时间紧、任务重，马老红不敢耽搁，不到贩货的日子就提前进城了，这一举动引起了大、二红鞋的注意，大红鞋徐全全将这一情况报告了白塔"警务署"。

就在马老红进城当天，根据地的区长王元生叛变了，当天晚上马老红正和双义成的李掌柜在柜房喝茶闲聊，王元生领着一个日军和两个汉奸特务闯了进来，日军用手枪指着马老红说他私通八路。马老红认识王元生，没说过话，和他没有任何来往。但他做好了应对的心理准备。

马老红被日本人押至"警务厅"留置场，这是侵华日军在中国建造的法西斯集中营，是折磨中国人的魔窟，人称活地狱，是关押"政治犯"的场所。留置场设在新城西街一家老式大院，日军把原有的一排房子的门窗全部用砖石封死，再把几间房屋打通形成一个房套房的黑屋。

在留置场，日本人对马老红用尽了各种刑具，什么老虎凳、辣椒水、坐电椅、棒子打、皮鞭抽，打得晕死过去再泼上凉水弄醒，什么样的刑罚都没有使他屈服。日军让他承认自己是共产党，马老红眉头紧皱，咬着牙关，反复就说："我不是共产党，我是本分的买卖人，只知道干活养家，挣钱糊口，别的一概不知。"当日军叫来叛徒王元生和他对质时，马老红说："我不知道谁是八路军，我不认识他。"日军问不出来他们想要的结果，便又是一顿毒打，昏死过去再用凉水泼醒。就这样连续审问了七八天，马老红始终就重复那几句话。日军审问没结果，释放又不甘心，处置还没有证据，就把马老红关押在留置场。

马老红与被关押在这里的八路军和抗日进步人士以坚强的意志，忍受着日军毒刑拷打和阴暗潮湿恶劣环境的折磨，他们互相勉励、互相照料、彼此安慰，表现得非常乐观。

特别是八路军经常给马老红做思想工作，讲抗日救国的道理，使马老红深受教育，更加增强了与日军斗争的勇气。因没有确切的证据，又经八路军和马家人托人买通日军洪翻译营救，马老红总算在1944年9月走出了留置场这个人间地狱。

9个月的牢狱之灾，将马老红结实的身板摧垮了。由于各种刑具的摧残和大量冷水泼，再加上在留置场长期不见阳光，寒邪湿侵入肌体，使马老红关节肿大，且时有糜烂，身体一直虚弱，落下终身残疾，但这并没有减弱他支持抗日的信念。他亲身感受到不把日本人赶出中国，老百姓是过不上好日子的。回到保合少后他以三合兴为基础，更加积极地参加抗日活动。

一次，伪军不知从哪里抓到十几个八路军伤病员，全部用麻绳捆着关在马老红家的磨坊。马老红想解救他们，提出为他们担保，但日伪军只允许他保一个人，他只好保了一个仅有15岁的叫石骡驹的八路军小战士。他的行动教育和激发了他的家人和亲友的抗日激情。在他的影响和带动下，女婿杨瑞以及刘义、杨红等一批青年也积极加入抗日行列，他们想方设法把八路军大青山游击队需要的各种物资运到抗日根据地，打破了日伪军对八路军抗日游击队的经济封锁，为抗日做了很多有益的工作。

抗战胜利后，由于国民党的黑暗统治，三合兴逐步衰落。这一时期，城郊匪盗猖獗，经常来三合兴"请财神""吃大户""抓绑票"，要钱、要粮、抢东西。三合兴几经洗劫，濒临倒闭。

中华人民共和国成立后，党和人民没有忘记马老红这位有民族气节的爱国老人，在家庭生活、子女就业等各方面都给了极大的关怀和照顾。1951年，中央访问团来大青山革命老区访问时，向为革命做出特殊贡献的军烈属分别赠予一枚铜质毛主席纪念章，马老红也获得了这一殊荣，这是对他抗日爱国行动给予的褒奖。马老红和他的三合兴也将永远载入史册。

托克托河俗

铁 军 荣 英

大黑河概况

黄河，世界第五大长河，中国第二长河，中国北部最大的大河，全长约5464千米，流域面积约752443平方千米。

托克托地处大青山南麓、黄河上中游分界处北岸的土默川平原上，世代以黄河为自己的母亲河。行政上隶属内蒙古自治区首府呼和浩特市，总面积1416.8平方千米，全县地势东南高而西北和西南低。东南部丘陵区为黄土高原的边缘部分，由黄河切割而与黄土高原分离，西北部系河流冲击平原。属中温带大陆性气侯，四季明显。托克托紧紧地依偎在黄河的怀抱中，享受着母亲河的精心呵护。黄河从双河镇十四份村进县境，经麻地壕、柳林滩、撒拉湖滩、河口、郝家窑子、东营子、蒲滩拐、海生不拉、圪堵子、毛不拉、碱池、章盖营、前房子至新营子镇大石窑村入清水河境，流经县境37.5千米，年平均流量229.7亿立方米，是呼和浩特市主要的饮用水源和托克托县工农业的主要水源。

说到托克托的黄河，不能不提黄河的重要支流大黑河。大黑河发源于内蒙古自治区卓资县境的十八台镇坝顶村，流经呼和浩特市时，汇集了呼和浩特市诸多水流，于托克托河口注入黄河，干流长236千米，流域面积17673平方千米。流域内盆地面积5154平方千米，占流域面积的29%，土地平坦、肥沃、渠系纵横，是自治区的重要粮食基地之一。北部为山区，约占流域面积的54%，其余为黄土丘陵区。大黑河水系由东部的大黑河支流、西部诸支流以及哈素海退水渠三部分组成。大黑河干流由河源至美岱村（赛罕区美岱村），河长120千米，穿行于石山峡谷间；美岱村以下至河口，河长116千米，流经土默川平原，系土质河床，其中分为美岱村至三两村和三两村至河口镇两段。在美岱村以下左岸有什拉乌素河、宝贝河、银号河、大沙河等较大支流汇入。西部各支流，都发源于大青山，较大的有哈拉沁沟沟水、乌素图沟沟水、枪盘河（水磨沟）、万家沟沟水、美岱沟沟水（土右旗）、水涧沟沟水（土右旗）等，沟口附近有洪积扇，出峪口后山洪漫流于平川之上然后入大黑河。哈素海退水渠，由北向南流经平原低洼处，汇集各渠系之退水流入大黑河的尾闾处。

大黑河，秦时称为黑水河，汉朝时上游称荒干水，下游称沙陵河，隋唐、辽金时期称金河，据清《水道提纲》记载，其名为伊克图尔根河。大黑河的名称，是因流域内土质黝黑而得名。大黑河流域土地肥沃，古时牧草丰美，地理位置极为重要，自古就是兵家必争之地。有多个王朝在此先后筑城。这里有过许多城市：建于战国的云中城，北魏的白道城，辽代的丰州城，明代蒙古部建立的库库和屯（即呼和浩特）等。其中云中城是内蒙古地区的第一座城市。

大黑河在托克托县境的主要支流有什拉乌素河、银号河、宝贝河和大沙河。什拉乌素河发源于呼和浩特市东北的笔架山中，从土默特左旗王气村西折转南下进入托克托县境内，流经南的力图、乔富营、永圣城、满水井、邓井圐圙村西至大圐圙村入大黑河。银号河发源于和林格尔县境山区，由油坊营子入托克托县境，经南刀凹营、阿林召、范家西滩、邓井圐圙、保号营子村南至东大圪达村入什拉乌素河归大黑河。宝贝河在汉时称白渠水，唐时称濛水，由和林格尔诸水汇合而成。在黑沙图入托克托县境，流经三庆营、太水营、邓井圐圙、东大圪达、西大圪达村入什拉乌素河归大黑河。大沙河发源于清水河县东刀儿麻营子什拉乌素沟，从沙沟村入托克托县境，经苗家窑子、张全营、马家圪堵、新营子、什拉乌素壕村、伍十家村至西大圪达入什拉乌素河归大黑河。

大黑河河床平坦宽敞，落差小，水流缓慢，沿途夹带泥沙不断淤澄，到托克托段时水明如镜，清澈见底。即使黄河汛情严峻，水流逆涌灌入大黑河，大黑河的水流也平静如湖，温顺似羊。而黄河即使枯水季节，也不改汹涌澎湃激流勇进的气势。大黑河入黄河，永远似一名温柔的少女投入粗犷、豪放的小伙子的怀抱，即使黄河暴怒，浊流冲撞，大黑河依然心如平镜，待黄河暂息雷霆震怒之后，依然不离不弃，投身大河的怀中。

黄河与大黑河及其支流造就的土默川平原托克托在地理区域上属亚洲半荒漠植物区，植被较为丰富。栽培的粮食作物主要有小麦、糜子、黍子、玉米、高粱、谷子、蚕豆、豌豆、绿豆、豇豆、大豆、马铃薯等，经济作物主要有胡麻、黑芥（油菜籽）、向日葵、茴香、甜菜、枸杞等，瓜果蔬菜类有白菜、菠菜、甘兰、黄瓜、茄子、番茄、白萝卜、青萝卜、胡萝卜、辣椒、豆角、葱、蒜、南瓜、西瓜、香瓜、葡萄、苹果、杏、李、海棠等。野生植物中苦菜、麻黄、苍耳、甘草、苦豆根、艾草、夏苦草、菟丝子、蒲公英、车前子等是药材，芦苇、沙打旺、苜蓿、沙蓬、马莲是优良牧草。全县有耕地60万亩，林地48万亩，草地42万亩，宜农宜牧。

"一方水土养一方人"。在黄河上中游分界处、大黑河流域养育了一方百姓，创造了灿烂的云中文化，包括流域内绚丽多姿的河俗文化。

游九曲黄河阵

九曲黄河阵是托克托元宵节社火活动的重头戏，历史悠久。游九曲黄河阵，以求一年通顺、四季平安、健康长寿。明《帝京景物略·春场》记载："门径曲黠，藏三四里，入者误不得径，即久迷不出，曰黄河九曲灯"。

九曲黄河阵是古代兵家的一种易守难攻的阵式，因其阵像九曲十八弯的黄河而得名。

位于黄河上中游分界的托克托人对于九曲黄河阵酷爱有加。托克托的九曲黄河阵跟陕西、山西、河北、河南、山东的形制大同小异，但1949年后已经失传。20世纪70年代，县文化馆的高文华先生在县文教局副局长赵守常、文化馆馆长张友良的支持下，走访当年健在的老者，复原了九曲图案，并参照河口龙王庙生铁旗杆，把老杆设计为蟠龙缠绕，顶端一面红旗，四盏宫灯，聘请县乌兰牧骑郭福良共同制作设置了县境1949年后的第一场九曲黄河阵。九曲黄河阵占地五亩左右，用18根3米高的大木杆撑起代表青州、衮州、幽州、并州、冀州、豫州、雍州、荆州、扬州的9个城门，以绳索连接的342根1.5米高的小杆分割成9个方阵，代表华夏九州，弯弯曲曲、阵阵相连。九曲阵的中央设一高15米的盘龙大柱，即老杆，一面红旗、四盏大红宫灯照耀四方。城门的18根大杆顶端设置中型灯笼，342根小杆顶也各设置一盏彩纸糊制的小灯笼，下配灯谜，老杆灯和360根大杆、小杆灯相呼应，灯火齐明、层次分明，气氛显得非常庄重热烈。从正上方看是一个正方形，其中有九曲十八弯。

应该指出，托克托的九曲黄河阵在复原的基础上有所创新，比如老杆和九州城门的设置，小杆上灯笼下灯谜的配置，既增添了喜庆的色彩，又赋予了新的文化内涵，还突出了地域特色。

游九曲黄河阵，当地还有很多说道：九曲代表中华九州，九曲路线曲径通幽，柳暗花明，也就是游完了九曲就代表踏平坎坷、逢凶化吉，走遍了中华九州大地，经历了九九八十一难，一年就顺顺利利、万事如意。当转到老杆前，都要抱一抱老杆，俗话有"抱老杆，一百三"，据说可延年益寿。所以参加此项活动的人特别多。

九曲的文化内涵非常丰富。九曲灯历来就被视为吉祥物，有平安灯、发财灯、送子灯、前程灯、求婚灯、长寿灯、步步高升灯等18种灯，是民间祈福、祛邪、去病的游乐灯阵。如转九曲碰倒灯杆、撞灭杆灯，都被视为不吉利。但有偷灯、送灯的习俗，即转九曲偷一盏灯供于家中，可消灾避难。如新媳妇偷灯可求子（想生男偷红灯，想生女偷绿灯）。既然是偷灯，就不能让人发现。当年偷回去后无论应验与否，第二年都要主动加倍还灯。还来的灯补上了被偷的灯，寓意好运年年、人人相传。

每年正月十五元宵社火活动中，九曲黄河阵外舞龙、耍狮、高跷、旱船等秧歌围得水泄不通，锣鼓声、唢呐声、欢歌笑语声；九曲黄河阵内，游人扶老携幼，缓缓绕行，人在灯中游，灯在人上闪，明月高照，祥瑞笼罩，欢乐和谐。

九曲黄河阵，不是除妖降魔的战阵，而是祈求平安幸福的场所。

九曲黄河阵，曲中有直，直中有曲，无曲便无直，曲中以求直，畅游可感悟人生。

九曲黄河阵，是民间文化的一朵奇葩，内涵丰富，给游人以平安、幸福、希望。

九曲黄河阵，是人类和谐、富裕的缩影。

九曲黄河阵，是托克托人新年伊始对母亲河的首场隆重祭祀。

清明节踏青

清明节踏青是中国人的普遍习俗，托克托人也不例外。

踏青，又叫春游、探春、寻春。中国的踏青习俗，传说在先秦时已形成，也有说始于魏晋的。到了唐宋，踏青之风盛行。

南方春来早，北方春来晚。当中原地区"梨花风起正清明，游子寻春半出城。日暮笙歌收拾去，万株杨柳属流莺"（宋吴惟信）时，北方依然春寒料峭，然而托克托素有"二月清明遍地青，三月清明没一根"之说，谓黄河、大黑河双河交汇的托克托得天独厚春来早。农历二月二、三月三，人们纷纷到村郊、城外踏青赏景，游春访胜，告别寒冬，感受春天的气息。黄河、大黑河自然成为县境居民首选的目的地。

清明踏青，多择伴而行。脱去厚厚的冬装，换上轻便的春装，迎着和煦的春风，在荒野中或奔跑或漫步，寻找出土的嫩绿，吸吮春天的芬芳，荡秋千、放风筝、拔河……

托克托荡秋千

清明节荡秋千是男女老幼最喜欢的活动之一。清明节处处荡秋千，也有人把它叫做"秋千节"。人们在宽阔处栽两副"人"字架，搭一根横木，或者在适宜的两棵大树上拴两根大绳，下边系一块踏板，荡秋千者或站或坐在踏板上，两手抓住大绳，由下边的人推一把或单脚登地助力后，使秋千荡起，随后凭借荡秋千者自身的力量不断地加大力量，使秋千越荡越高，并变换各种姿势，表现自己的健美、轻捷，吸引观众的眼球。

托克托在荡秋千之外，还喜欢荡忽悠悠，亦称胡游游。"所谓胡游游，是一安装在竖立木桩上可以转动的圆轮，轮边缘对称方向上各系有拴踏板之绳索，人或坐或站在踏板上，由下边的人旋转圆轮。当轮快速旋转时，在踏板上的人被甩向两旁，作圆周运动。妇女们都愿意坐一坐胡游游，有坐之则眼睛亮的说法……"（《托克托县志》1984年6月版209页）

开河祭奠

每年冬至进九，到七九天气转暖河冰就开始融化了，到八九就更暖了，大雁便从南方飞回来了。据此，黄河流域古代农耕的中心地区有"七九河开，八九雁来"之说。托克托地处黄河流域较高纬度，所以有"七九河开不定开，八九雁来准定来"的谚语。所以托克托段黄河每年春季在七九、八九即3月初开河，届时村民们都会举行祭祀活动，祈祷黄河两岸风调雨顺收成好。

过去的祭典颇为隆重，祭祀人员来到海口，在河岸边摆放祭桌，供上全牛、全羊、全猪（多用白面蒸的牛羊猪代替），称为"全三牲"，焚香叩拜，主祭颂读祭文。另一位主祭人员将滴有鸡血的酒洒向大河水中，以此祭拜河神，祈求保佑平安吉祥。这种开河祭典，开始是船夫或渔民一家一户出船前在码头举行的祈福祭拜活动，祈求河神保佑平安吉祥，以后逐渐转由渔船会社组织，有财力、有物力的几大家族带头捐款组织这种大规模祭拜活动。规模大了，参加祭拜、看热闹的人也就多了，就发展成万人空巷的开河祭祀大典。

后来，开河祭奠逐渐消亡。

游河河

托克托人有游河河的习俗。游河河从开河就开始，五月端午、六月六、七月初七都为游河河的吉日。最吸引人的当数暑热盛夏的游河河。

五月端午，南方盛行赛龙舟，托克托则时兴游河河。大黑河上，岸柳葱茏，河水清凉，水草丰美，碧波荡漾，鱼翔浅底，水鸟成群。一叶叶月牙形的小船撑离岸边，画出了一道道美丽的弧线，激起一片片迷人的浪花。青年男女泛舟绿水，神清气爽，好不惬意。棹桨舞动，水声簌簌，船如蝶飞，人在画中。与大自然亲近，是最开心的事。尘世的烦恼苦闷、忧愁病痛，仿佛都被这清凉的和风吹散，被这清净的河水洗净。亲朋故旧水上相逢，欢声笑语，其乐无穷。

现在，大黑河一边生成了森森浩瀚的南湖，一边诞生了玲珑剔透的珍珠翡翠湖。小船之外，增添了快艇、摩托艇、游船等现代设施。每年呼和浩特托克托县都要举办黄河旅游文化活动。托克托人游河河的习俗推陈出新了！

封河祭奠

农历十月十五是下元节，此时农历时入立冬节令，是黄河封河时节。托克托历来有下元节封河祭奠之习俗。

下元节是水官诞生日，也称水官节、完冬节。这一天也是人们祭祀祖先的重要日子。旧时俗谚云："十月半，牵砻团子斋三官"。这一天道教徒要在家门外竖天杆，杆上挂黄旗。晚上，杆顶挂三盏灯，做团子斋水官。民国以后，此俗渐废，祭祖仪式也提前在农历七月十五中元节时举行或推后到农历十一月初一举行。唯船工渔民封河收船之后，仍要祭奠河神，感谢河神保佑一年鱼米丰收、人畜平安。

托克托沿河船工、渔民祭祀封河，大多于河岸边上香摆供，供品为素馅包子、面鱼、新鲜水果、酒类。鸣炮祭祀、三拜九叩之后，饮酒食供，并把部分供品、酒食抛入大河，意为与河神共享。

踩　凌

黄河流凌一年两次，封河时波澜壮阔，气势非凡；开河时排山倒海，虎啸龙吟。冬季一开始流凌，船工便收船上岸，船运停歇。直到大河彻底解冻，大河上下恢复交通。然而每年冬春两次流凌，短则十天半月，长则一月有余，给两岸百姓往来造成诸多不便。于是，踩凌渡河的踩凌人便应运而生了。

踩凌多是事当紧急不容延缓的应急之举。事关江山社稷的军情匪讯、疫情灾患，在现代通讯技术没有发明普及之前，踩凌人充当了传递信息、救急应急的信使。康熙西征平定噶尔丹叛乱，踩凌人曾自甘宁一带踩凌片抵归化传送军事情报，胜过十万火急的快马传报，为清廷运筹帷幄创造了奇迹。据传，抗战期间，踩凌人也曾多次在流凌季节利用日伪流凌期放松戒备往返两岸传递情报。

踩凌人大量承担的是民间救急之事。有人命关天的求医问药、有亲友间要事紧急磋商。流凌季节，信息传递非踩凌人莫属。特别是家居黄河南缺医少药的百姓，遇有急病，非得到托克托、河口取药救命，这时踩凌人便义不容辞担当起来，成为百姓生活不可或缺的部分。据说大船拖运货物抵达上游，突然遭遇流凌无法返回时，船工也会踩凌顺流返乡，当属一种快捷、省钱的交通方式了。

小时候的呼和浩特新城

高雁萍

我出生在20世纪60年代末，出生地是呼和浩特市郊区桥靠村，门牌30号；而我记住的是后来重新排序的桥靠村83号和92号。桥靠村在呼和浩特市新城区南端。当时一过护城河上的石板桥，就算进城了。顺着南街一直走到鼓楼，在岗亭那里左拐，路过将军衙署、电影宫、博物馆、锡林商店、联营、人民公园、青城餐厅、人民剧场、儿童商店，不知不觉，已经到了旧城，也就是历史上的归化城。

从我记事起，有关新城的所有记忆，好像都跟吃有关。东街我大爷屋檐下肥硕的葡萄；南街低矮店铺里红色柱子后面那一箱箱黄灿灿的槽子糕和萨其马；鼓楼百货商店往南，马路边儿小贩货摊上诱人的海棠果子干；二眼井巷表姐家的猪头肉炖土豆；内蒙古医院对面儿朝阳商店柜台里扎成小把出售的甜拐枣和3分钱1两的杏干儿；西街电影宫门前叫人直咽口水的冰糖葫芦和现炒葵花籽儿；内蒙古医院北墙外护城河边的周末自由市场内7毛1斤的油条……这些好吃的，都曾因遥不可及而让我牵肠挂肚。

小时候，新城对我而言，只是一个小小的区域，好像还不如我们村儿大。现在的大学路文化商城附近，曾经有个叫黄门面的商店，也有人称其为黄合社，因外墙涂黄色而得名。黄合社正好在师范学院家属院外，学生和老师们买东西极为方便。我们村离黄合社不远，小孩儿们经常结伴去那里买糖吃。从旧城开来的公交车到黄合社就到终点了，因为这里是新城的最南端。

新城东门外在我印象当中，还没走到今天的内蒙古大学艺术学院，就显得空旷又荒凉。北街及北门外让我记住的，除了新城医院，就是那段遗存至今的老城墙。

童年夏天的晌午，我们坐在大门外的阴凉里，支棱起耳朵，捕捉从内蒙古大学东门方向由远及近的吆喝声："牛——奶——冰棍儿——4分钱——1根儿……"那飘来的声音，仿佛还带着小木箱中的冰棍儿那甜丝丝的凉气。

听到这熟悉的声音，我们姐妹和弟弟就赶紧跳着高往家跑。推开门，才刚喊了声爷爷，爷爷已从睡梦中笑眯眯地坐起来，手里正拿着那个让人眼睛放光的语录皮儿。那可真是个聚宝盆，里面总有掏不完的票子。当时最贵的冰棍儿是奶油冰棍儿，每根卖1毛钱，冰凉绵软，入口即化，有纯正的奶油香，现在的任何一款雪糕都无法与之媲美；但因不易存放和需求少而难得一见。还有一种是小豆冰棍儿，个头比牛奶冰棍儿稍大，上面半截全是红红的豆子，特别诱人，卖3分钱，比牛奶冰棍儿便宜1分钱。应该是1983年吧，卖1毛5分钱1根的奶油雪糕上市，而前述三种产品则永远退出了我们的生活。

一上小学，我就能提着瓶子进城帮家里倒醋打酱油了。醋卖1毛3分钱1斤，酱油是1毛钱1斤。那时，离我家最近的商店，是村西头内蒙古医院对面的朝阳商店。一般情况下，这是种白跑腿儿的活儿，我更愿意为爷爷打那5斤的散装呼白酒，因为爷爷给的酒钱总有富余。那时，我在新城打酒的地方有三处。除朝阳商店外，余下的两家一个位于现在的满都海公园对面，一个位于现在的农委大院儿内，都叫合作社。每次打好酒，我总要用富余下的钱买1毛钱的水果糖，如果还有剩的，就再花1分钱，从村小学门口那个提篮叫卖的二宝手里换2个糖枣，或花2分钱买1小包酸枣面儿。今天想来，那可都是当年吃不够的人间美味。

20世纪70年代初，国民经济水平依然不高，人们手里没钱，国营商店里的商品更是单调得可怜。记得有一年冬天，新城鼓楼一带那几家店铺只卖一种灰头土脸的点心，吃到嘴里有一股呛人的碱腥气。这个点心油少，还发硬，只有放在炉盘子上烤热才能有少许油香，吃起来也稍微软和点儿。因为买点心既要钱又要粮票，所以这点心也不是谁想吃就能吃到的。

那时下午放学后，我的任务就是和同学结伴穿过村北头的菜地，沿着护城河西行一段，过南门外石板桥后，顺着马路往北走，去新城南街路西的三中院子里，用玉米面换加工好的钢丝面。每换1斤钢丝面，需要交给人家2分钱的加工费。

年复一年，在我们慢慢长大的日子里，国家经济日渐好转，市场也一天天繁荣起来。随着温饱问题的解决，城市建设的速度也在不断加快。泥土地变成柏油马路，矮房子变成高楼大厦，南门外的石板桥不见了，路西那片树林与大水坑也变成小桥流水、蝶飞鸟鸣的满都海公园。鼓楼立交桥已飞架于东西南北。同时，市区也开始一点点向农村蔓延。数不清的新生事物如雨后春笋，在我祖辈们赖以生存的土地上破土而出。站在我家高高的房顶上放眼四周，自西北向东南顺时针看过去，内蒙古饭店、呼和浩特市第三十五中学、内蒙古老干部活动中心、武警黄金第二支队、呼市煤气公司、新城区人民法院、内蒙古林业厅、草原研究所、内蒙古社会科学院……桥靠村变得越来越小，新城则变得越来越大。

1983年我从呼和浩特市第三十五中高中毕业，先在乳品厂上班，后调入五四商场振华商店，又调到新城东门外的青年商店，再辗转回到乳品厂。修建新城鼓楼立交桥以前，现立交桥周围的商业非常发达，有劝业场、新时代、工艺美术、百灵商厦、民族分店、电影宫百货大楼、南北商场、西街菜市场等等，买卖都特别好。每月一发工资，我总要到这一带转一圈儿，几乎都成习惯了。

随着社会发展的需要，新城的城市建设仍在继续。2003年，为了彻底改变人们的居住与生活环境，城中村改造的序幕彻底拉开。一座座新颖、别致的建筑取代了平房。新城，早已今非昔比了。

盘炕而坐

胡国栋

十亩薄田一犋牛，老婆孩子热炕头，这是我的祖辈追求的真实而又充满享受的人生目标。如今，火炕在水泥丛林般的高楼中早已变成遥远的记忆，但我总是会梦到自己睡在人挤人的大炕上，醒来时却只有孤单的自己，透过窗帘的缝隙看到窗外的灯火阑珊，心中怅然若失。

现在我住的楼房是地暖采暖，席地而坐感觉热乎乎的，极像炕的感觉。地板上铺一块地毯，一张小炕桌置于其上，坐着喝茶，躺下看书，困倦袭来倒头就睡，一觉睡到天明，仿佛在自家曾经的炕头上般心安理得。

想了想，30岁之前，我的生命有一半时间是在炕上度过的。那时候家里来客多，来人戴着帽子掀开门帘，却不是快速进屋，而是伸长脖子张望，凛冽的冷空气，强力地冲击着本来就不够暖和的家。那时候我的父亲或母亲会热情地招呼："上炕，快上炕！"这话就好像搭救了溺水者般，来人迅速甩掉用毛毡做的靴子，忙不迭地蹿到炕上。我们早已习惯了这种不速之客的到访，家族人多，远亲近亲不计其数。某一天晚上，我们家并不算大的火炕上至少睡了19个人。

没有充足的燃料，大青山的冬天是断断熬不过的。家暖一盘炕，被凛冽的北风蹂躏过的身体一挨火炕，便仿佛黑暗中号寒啼饥的婴儿被搂入温暖的母亲怀抱。

200多年前饥寒交迫的三晋移民绝地求生，走西口是条生死两茫茫的路，大多数移民来到阴山之北时，面对空旷的大地，像刀子一样呼啸的西北风，两手空空的追梦人便追悔莫及，好在老祖宗教了他们盘炕这样的求生绝活，他们的薪火才一代一代燃烧至今。

大青山冬季漫长而寒冷，有钱人尚可"萧萧一夕霜风紧，却拥貂裘怨早寒。"而对于生息于此的百姓来说，火炕则成了他们的依赖，在朔风漠雪的世界撑起一方温暖，好让人们存活下来。炕，成了每家每户最核心的位置。记得有个叫张金海的泥瓦匠，人称"炕王"，他凭盘炕这个手艺在武川中心位置临街盖了栋小二楼。他盘的炕热量均匀，过火畅快，家无熏烟，他从不拘泥于传统，因房制宜。

说到炕，总会扯出一个"盘"字，一盘炕，一盘棋盘炕，盘腿坐炕上热乎乎的。首先是炕像棋盘，而建造炕的过程叫盘炕，在炕上的人都是要盘腿而坐，这是男女老幼的基本功夫。

"房漏灶火烟，炕上躺个病骨伶"是"四大糟心"事之一。灶火倒扑，做饭烧水误事不说，还能把一家人呛死。靠火炕过冬，那不是要人命？一盘畅通的火炕，要像汽车一样定期维护。家暖一盘炕，关乎一家人冷暖的头等大事，却也衍生出个叫人头疼的"灰营生"——掏炕。掏炕和捅烟筒、下窑、清茅坑，被人们称为"四大灰营干"。掏一回炕，鼻腔里塞满黑灰，黑糟（山西方言，指煤炭）半个月洗不净。

炕头的地位在家里显得很尊贵，常说"宁舍一犋牛，不舍热炕头"，也有"三不让人"之说——老婆不让人、娃娃不让人、炕头不让人。

冬日的早晨，起床后的第一件事就是烧炕。抱一捆柴火或一箩筐干透了的牛羊粪烧火，女人不时拉动风箱，火苗跳跃得像一个舞者手中的红练，兴奋的火焰拂着锅底，加满了水的大铁锅渐渐泛出热气。不一会儿锅里的水就沸了，揭起锅盖，屋内水汽升腾如雾在炕上弥漫开来。

休闲时光，女人们稳坐炕上，做针线活儿、捻毛线、剪窗花、纳鞋垫……嘴里天南海北，嘻笑和快乐从炕头滚到炕梢，又从炕梢滚到炕头。

最寒冷的长夜，北风呼啸着，席卷着大地，使劲摇曳着那些光秃秃的树的枝丫，吹打着破旧的院落。窗户纸努力地抵御着风的肆虐。被窝下，炕的温暖续着春天的梦。一个梦接着一个梦，又在朦胧的窗棂上消失。

农忙时累得七倒八歪，等到回家，吃罢饭倒头就睡，一通呼噜便是天明。夏天的炎热扰得人烦燥，开一扇窗，吹灭了油灯，一家人或半仰着，或躺在被窝里，听着窗外蛙声一片，炕热得像烙饼的锅，人便不停地翻身，睡不着便说些家长里短的话，还有一些陈年的旧事……

文博非遗

清代呼和浩特的衙署

曹建成

清代，清政府先后在呼和浩特建置了九个军政机构来管理漠南蒙古中部事务。

明崇祯九年（后金崇德元年，1636年）土默特部领主俄木布被废，接着又于崇德三年（1638年）六月庚申，以其众编分牛录，设固山（"旗"之意，亦称固山衙门）。以古禄格为左翼都统，杭高为右翼都统，增设参领，驻于归化城。

清雍正元年（1723年），因山西人来种地或经商者渐多，又在归化城设置了由山西大同府管辖的归化城厅理事同知衙门，后改由朔平府管辖。

乾隆四年（1739年）绥远城建成，又在城内设置了将军衙署、绥远粮饷同知厅。

乾隆六年（1741年），因清政府放垦，租种地的人渐多，仅一个同知管辖不了，于是又增设萨拉齐、托克托、和林格尔、清水河4个协理通判厅。归山西省直接管辖，称归绥道，全称山西总理旗民蒙古事务分巡归绥兵备道兼管归化城等处税驿，随后又建了管狱巡检署。

乾隆二十八年（1763年）废土默特左右两翼两旗都统，设归化城副都统衙门，改由京员兼任，受绥远城将军节制。

一、土默特左右两翼旗都统府

土默特左右翼都统府，是清崇德三年（1638年）在归化城土默特部设置的管理土默特部两翼旗蒙古事务的衙门，都统为清朝武从一品官。土默特两翼旗都统是在特定的历史条件下产生的行政机构和官衔，是清王朝初期为了遏制土默特部而采取的一种行政措施。土默特左右两翼旗都统的设置，结束了近一个世纪的土默特"汗"的统治，成为清朝的内属旗。

土默特两翼都统府设置后，左翼都统府设于归化城内西侧的原顺义王府内，首任都统"古禄格，崇德三年（1638年）上任，康熙五年（1666年）其四子锡拉布袭。康熙九年（1670年）锡拉布长子古睦德袭。康熙二十五年（1686年）古禄格六子阿拉那袭。康熙三十六年（1697年）古睦德再袭，康熙四十三年（1704年）古睦德长子丹津袭。"土默特左翼都统府下设6个甲浪，设参领6员，佐领30员，前锋校10员，骁骑校30员。右翼同上。乾隆二年（1737年）丹津卒，诏停袭左翼都统，左翼都统府随之取消。府邸由丹津后人居住，人称丹府。1978年，大北街扩路，丹府被拆。

右翼都统府设于归化城内东侧（府址在今恒昌店小学校）。康熙三十二年（1693年）抚远大将军费扬古驻归化期间，曾把他的办公地设在右翼都统府内。20世纪初府前尚有青砖照壁一座，照壁有砖雕麒麟图案，依次为府门、过厅、大堂、内宅，府邸为三进院。右翼首任都统是杭高，崇德三年（1638年）上任。顺治四年（1647年）托博克继任右翼都统，康熙九年（1670年）托博克次子古噜袭，康熙二十年（1681年）古噜子拉察布袭。翌年，拉察布卒，其叔托博克的第三子乌巴什袭。康熙三十五年（1696年）阿弼达袭，翌年停袭。雍正元年（1723年）阿弼达长子根敦重袭都统。乾隆七年（1742年）班达尔什袭。乾隆十九年，班达尔什卒，托博克系都统一职停袭。右翼都统衙门下设单位和左翼都统衙门相同。乾隆二十八年（1763年）土默特右翼都统被裁撤，都统府随之取消，府邸由其后人居住至民国。

二、归化城理事同知厅衙署

归化城理事同知厅衙署是清政府为了更好地管理土默特地区的事务而设置的行政机关。由土默特左翼都统丹津具奏，雍正元年（1723年）设置。厅是清朝在新开发地区建置的一种行政机构名。分直隶厅和散厅两种。直隶厅与府、州同级，散厅与县同级。归化城理事同知厅被当地老百姓称为二府衙门。是山西省在归化设置的第一座衙署。

归化城理事同知厅衙署在今天的县府街大桥西百米的地方，整座建筑布局严谨，中轴线分明。门朝南开，门东西侧各有一条小巷，东边的巷子叫县府东巷，1975年更名为县府街二道巷。西边的巷子为县府西巷，1975年更名为县府街三道巷。

归化城理事同知厅设置后的220年中，先后上任同知59任，民国后历任知事、县长26位。首任同知是雍正元年（1723年）上任的多尔济，末任是宣统三年（1911年）上任的樊恩庆。民国元年（1912年）归化城理事同知厅改为归化县，同知改为知事。民国二年（1913年）归化县更县名为归绥县，民国十七年（1928年）知事改为县长。首任知事是杨瑞鹏，末任县长是张化民。

1954年，归绥市改称呼和浩特市，同时撤销归绥县机构，并入土默特旗，县衙旧址入住居民。

三、将军衙署

绥远城将军衙署亦称将军府，与绥远城同时筑成，位于新城西街东端路北。是清乾隆四年（1739）建成镇守漠南蒙古中部的驻防军事中心，乾隆二十八年（1763年）起管辖归化城土默特左右两翼（旗），成为集军政一体的衙署。清末放垦伊克昭盟、察哈尔十二旗群等地的土地时，伊克昭盟、察哈尔十二旗群等地的一些事务也由将军衙署管辖，该衙署是我国至今保存完好的清代将军衙署建筑。

将军衙署横跨两街，正门在西街，后门在建设厅街，是座六进院落的建筑，衙署规模按照清代正一品封疆大吏规格设置而建。衙署东西长115米，南北长137米。整座建筑气势非凡。衙署由内外两院组成，外院四角设更房，院西建有土地庙和花园。衙署门外东是保护衙署的先锋营，西是土默特官厅。

将军衙署按传统中轴线由南往北依次是青砖照壁（照壁长24米，高4米，厚1.7米，照壁正中上方有石刻"屏藩朔漠"四字）、木制旗杆两根、辕门二、鼓房、青石狮一对。清代，西街因将军衙署而禁行，街南的落凤街为城内东西大街。将军衙署署门三楹悬山式，外筑八字墙。进院首仰仪门三楹悬山，左右各设一垂花门，为日常公务行走之门。过仪门，沿中轴线依次为大堂、二堂、三堂、四堂。

大堂五楹悬山，五脊六兽。是将军接见来访官员、接受参拜、决议军机之地。大堂北是二堂，二堂五楹，是将军举行二堂会审和不进行公开审讯及商谈机密研究决策的地方。二堂北是三堂，三堂北是四堂，三堂、四堂是将军及夫人起居之地。每堂都有配房各三间，都是四合院。

绥远城将军衙署于乾隆四年（1739年）设绥远将军1人、副都统2人。共历任将军75位79任。首任将军王昌（一作王常）。其后依次为依勒慎、补熙、富昌、松阿哩、保德、恒禄、如松、舒明、蕴柱、嵩椿、巴禄、傅良、常在、诺伦、容保、乌米泰、雅郎阿、弘晌、椿嵩、乌尔图那逊、积福、兴肇、图桑阿、永琨、恒瑞、乌尔图那逊、富锐、永庆、崇尚、德勒格楞贵、奇臣、春宁、来仪、郭勒丰阿、八十六、禄成、德英阿、奕颢、晋昌、果齐斯欢、特依顺保、那彦保、升寅、彦德、棍楚克策楞、色克精额、奕兴、禄普、英隆、成玉、托明阿、乐斌、善禄、华山泰、庆如、成凯、德勒克多尔济、福兴、堃瑞、定安、善庆、庆春、瑞联、丰绅、克蒙额、永德、信格、钟泰、恒寿、贻谷、信勤、瑞良、桂春、坤岫。

民国元年（1912年）10月，绥远将军张绍曾改将军衙署为将军府，把将军府内西院的小花园改建为绥远政务厅秘书处办公场所。

从民国二年到民国十七年（1928年），将军府成为绥远特别行政区所在地，计上任将军、都统、主席16位。

民国十七年（1928年）12月，国民政府置绥远省。绥远城为省城。省政府驻将军府。民国十八年（1929年）1月，徐永昌出任首任省主席，同年8月，李培基继任。民国二十年（1931年）8月傅作义任省代主席，12月任主席。傅作义上任后，下令把将军府门前的鼓房、炮房、东西辕门、旗杆、栅栏拆除，西街开通，结束了192年西街不通的历史。从此，西街成为了绥远城内一条主要的东西大街。

民国二十六年（1937年）10月15日归绥沦陷。德王（德穆楚克栋鲁普）成立的伪蒙古联盟自治政府入住将军府，一度成为伪政府驻地，绥远城为伪政府"首都"。不久，伪蒙古联盟自治政府东迁张家口，将军府又改为伪"巴彦塔拉盟公署"办公地。民国三十四年（1945年）8月抗战胜利，绥远省政府迁回新城入驻将军府。翌年，董其武出任绥远省省主席。

1949年，"九一九"绥远和平起义成功，绥远省人民政府入驻将军衙署办公。

1954年，内蒙古自治区人民委员会（人民政府）迁入将军衙署。

1956年内蒙古人民委员会迁新华街新址，内蒙古自治区高级人民法院迁入将军衙署。后自治区文化厅进驻将军衙署。

1992年，文化厅迁出，成立将军衙署博物院。

今天的将军衙署是我国至今保存两处清代边陲将军衙署之一。2006年5月25日被公布为第六批全国重点文物保护单位。

四、绥远城理事同知厅衙署

绥远城理事同知厅衙署初称绥远城粮饷理事同知厅，俗称粮饷府，设置于清乾隆四年（1739年）。位于绥远城内东南今利民街中段北（新城区东街街道办事处即旧署址）。初属将军衙署管辖，乾隆六年（1741年）转为归绥兵备道管辖，并更名绥远城理事同知厅。史载："归绥兵备道建道初期所属同知署两所，一在道署西，一在将军衙署东南，通判四所"。

绥远城理事同知厅是一所管理绥远城旗民事务，收取归绥道诸厅粮米地丁和保障储备绥远城满州八旗粮饷的二级衙门，故后人称之为二府衙门。该同知官为正五品，还兼管城东南之粮仓仓大使署衙门。

关于绥远城理事同知厅同知衙署史载很少，据居住在利民街的白姓老人回忆和1987年由佟静仁编写的《呼和浩特满族简史》绘的《粮饷理事府署图》来看，该衙署应是一处三进院落外又加大院的四进院。是绥远城内仅次于将军衙署的衙署。绥远城理事同知厅衙署"占地七亩五分"，前是利民街，署墙后为法院后巷。

绥远城理事同知衙署，府门为三楹悬山建筑，外筑八字墙，东西辕门二，设木制栅栏，南筑照壁。入衙署内迎面仪门（二门）三间硬山建筑，西筑一间房曰"土地祠"，入内有大堂三间，东西耳房各二间，东厢房三间，西厢房三间。左一小院，院内有正房三间，东西耳房各一间。三院府门一间，内二堂三楹，东耳房三间，西耳房三间，东西厢房各三间，东北角库房一间。四院为内宅后院，正房五间，东西厢房各三间。整座衙署为二重围墙，有房舍五十三间。

绥远城理事同知衙署设置后共有26位同知到任，末任同知是宣统二年的马泽沛。

民国三年（1914年）绥远将军潘榘楹设将军府审判处，由审判处长雷祖培将绥远城理事同知旧署房舍加以修治，设法庭、办公室、警卫室、宿舍等为通判处办公地。民国十八年（1928年）审判处长张钦奉命改将军府审判处为绥远省高等法院，张钦任院长。民国二十六年（1937年）绥远城沦陷，绥远省高等法院院址成为日本侵略军的仓库。

中华人民共和国成立初期，绥远城理事同知厅衙署建筑尚存有照壁、大堂、二堂的残垣断壁。后有关部门在衙署旧址建起了民办纸盒厂，还有新城公安分局东街派出所以及新城区东街街道办事处等单位在此办公。

五、协领、佐领署

协领：清代武职官衔，武从三品。绥远城筑成后，这座军事驻防城除设将军衙署外，还设置协领衙署12座，是绥远城将军衙署下设置的二级衙署。协领署初设满州协领十人，蒙古协领二人，协领署十二所，各三十八间。后漠北安宁，两次裁汰二人，到乾隆三十五年（1770年）又将"满州协领裁汰四人，蒙古协领裁汰一人"，留满州协领四员，蒙古协领一员，协领署五所分布在绥远城内。

蒙古协领署。位于新城东街19号的镶白旗协领署，"占地八亩七分八厘"，有房屋38间，民国后剩8间。到1989年时，这座协领署建筑尚存"带抱厦正房五间"。

满州镶红旗协领署位于新城西街西段北32号，民国时期"占地十六亩一分七厘，有房百间"。

满州镶黄旗协领署位于东落凤街西段北侧。民间传说中慈禧太后曾居住过的衙署。"占地六亩六分七厘"，民国时期是晋绥军第70师司令部的驻地。

满州镶蓝旗协领署位于新城南街路西。"占地二十五亩六分五厘"，有房屋38间。民国时期建筑齐全，省职业学校占用。

满州正黄旗协领署位于建设厅街原6号。"占地六亩零八厘"，衙署大门一间硬山式建筑，坐北朝南，对面是将军衙署（1937年后，德王为进出方便，就在衙署后墙开一小门），入内为青砖照壁，北为硬山厅子房三间，耳房各两间，东西厢房各三间。二院硬山厅子房三间，耳房各两间，东西厢房各三间。三院即后宅正房五间，东西房各三间。1980年后拆除，建内蒙古煤炭厅宿舍。

满州协领相当于旗之参领。当地老百姓称之为"嘎拉达"。民国时协领废除，各协领衙署闲置，房产均被国民政府、军队、学校占用。民国十七年（1928年），绥远实业厅从将军衙署搬出进驻正黄旗协领署办公，翌年绥远实业厅改称绥远建设厅。1937年10月日本侵略军占领绥远城后，德王出任伪蒙古联盟自治政府副主席一职，并把正黄旗协领署加以改建成为府邸，人称德王府。1949年7月，德王府一度成为华北人民政府驻归绥联络处代表团驻地。中华人民共和国成立后，正黄旗协领署房产充公。府址在今内蒙古煤炭局宿舍楼一带。

佐领：清武职官名。又称牛录章京。牛录是清代八旗基本编制单位，章京系官名（武正四品）。佐领有世管佐领（世袭佐领）、公中佐领。佐领战时领兵，平时为行政长官。每佐领领兵丁150～200名。

绥远城有统兵的佐领60名，衙门60座，后经不断裁汰保留19座，每座佐领署有房屋24间。到清末佐领衙门尚存18处。设佐领19员。两年后又增佐领5员，后缺佐领由协领兼任，剩佐领12员。其中"正红旗一人、镶红旗一人；正白旗一人、镶白旗一人；正蓝旗一人、镶蓝旗一人；正黄旗一人、镶黄旗一人；蒙古佐领四人。"其中左翼佐领2人分管镶黄旗、镶白旗；右翼佐领2人分管正黄旗、镶红旗。

1949年后尚存的佐领署：

乾泰泉街（曙光街）1号的佐领署，"1989年时尚存房屋正房五间，东西厢房各五间"。

苏虎街4号佐领署，"二进院，前院硬山正房三间，东西厢房各三间。二院前影壁，正房硬山三间，西厢三间"。

建设街49号佐领署，"1989年尚存正房五间，东西厢房各三间"。

西夹道5号佐领署，"正房五间"。

总局街51号佐领署，"1989年尚存正房硬山三间，西厢三间"。

西街正红旗头甲佐领署，1949年之前"房屋齐全，占地三亩九分八厘，公安五分局占用"。

西落凤街镶红旗二甲佐领署，1949年之前有"房十五间，占地三亩八分三厘，省日报社占用"。

西街镶红旗蒙古佐领署，1949年之前尚存"房屋十一间，占地三亩五分"。

关帝庙街镶红旗头甲佐领署，"占地十二亩零一分。省立第三完小占用"。"1989年后尚存硬山正房七间，东西厢房各三间"。

家庙街镶黄旗头甲佐领署，民国时期"有房屋十八间，占地七亩五分一厘"。民国十四年（1925年）"绥县立第二小学占用"。

马神庙北街（和平北路）佐领署"正房硬山五间，东西厢房个三间"。

元贞永街2号佐领署，建筑完好，在今满族幼儿院内。东落凤街镶白旗二甲佐领署，民国时期房屋齐全，"占地十亩三分四厘，省第二小学占用"。

城防街（水源街）3号佐领署，1989年时尚存"正房硬山五间，东西厢房各三间"。

法院街（利民街）佐领署，1949年之前房屋齐全，"占地九亩五分一厘，地方法院占用"。

民国后，这些佐领署大都被国民政府机关和学校、部队占用。到今天绥远城的佐领署只剩2座，即元贞永街经过修整的佐领署，还有今水源街未修过的佐领衙署（已成民宅）。

六、归绥兵备道

乾隆六年（1741年），山西总理旗民蒙古事务分巡归绥兵备道设置。道署位于西河岸西（今呼和浩特市第一中学地址）。归绥兵备道初期"所属同知署两所，一在道台西，一在绥远城将军衙署东南，通判四所。"后改为五厅，即归化城厅、萨拉齐厅、托克托厅、和林格尔厅、清水河厅。到光绪二十九年（1903年）时，先后又增设了丰镇厅、宁远厅（凉城县）、武川厅、兴和厅、五原厅、东胜厅。时归绥道共领口外十二厅。

1978年以前，在今呼和浩特第一中学五层教学楼前筑有一座青砖照壁，照壁北侧是拆了道署建的教职员工宿舍，再北是教室。史载："归绥道署，在厅治东西河之北，乾隆初新建，三十七年修，嘉庆十八年又修。慈禧皇太后随父惠公在署时，曾经懿览，应敬谨修葺，以存古迹。计凡甬壁一，辕门二，东西鼓吹厅各一。大门三楹（悬山建筑），门内东为礼科房，西为工科承发房，再北为仪门。东科房五间，后有官厅三间，向南西科房六间。大堂三楹（硬山建筑，五脊六兽）。两侧为厢房，各三间，为接待来往办事官员客厅。堂后是宅门，内有东门房三间，西门房三间。穿过大堂是二堂，二堂五楹硬山，连耳房各一间。过垂花门是大院，建有刑房等设施。再往北就是三堂五楹，有内室，三堂北是后堂，东西厢房各三间。绕以游廊，群房共十间。后堂北是一座小花园，园中叠石为山，山腰竖石笋，光洁可爱，建凉亭三楹题曰还翠山房。六角亭在山下，悬树慈亭匾。"这座凉亭相传是慈禧太后少年时随父读书之处，称漪园。后归绥道胡孚宸将花园内的六角亭修葺一新，改名懿览亭。并制匾悬挂在凉亭上，该凉亭民国时期拆除。时有文章赞美懿览园："懿览亭在尹公署后园，为归绥兵备道街。慈禧西太后生长于此，德崇敕建懿览亭已祀之。道尹郑长耀，茶话于亭下，亭后有土阜，高出麻字，建别墅其上。远嘱青山在望，蜿蜒起伏，盘绕四周，如天然屏障。冬多大雾，琼山玉壑，尽人几席。秋则红叶万点，随风飞舞。登楼四望，若在绮罗宋景中。夏则草木畅茂，牛羊牧放，无腔短笛，隐约可辨。春则日暖风和，舞翠飞红，夫耕妇饁，往来陇亩。"归绥兵备道衙署在咸丰五年（1855年）重修，有房屋130间。

归绥兵备道首任道尹六格，乾隆六年（1741年）上任，末任咸麟宣统二年（1910年）上任。道光二十九年（1849年）到咸丰二年（1852年），慈禧父亲惠征出任归绥道第三十一任道台。其间慈禧随父在绥远城暂住一段时间，后来人们就把慈禧居住过的那条街称落凤街。

民国元年（1912年）归绥兵备道改称归绥观察使，其办公地址设在原道署衙门内，观察使潘礼彦。民国二年（1913年）二月，归绥观察使更名绥远民政厅，厅长项致中。由于民政厅还在原道署衙门内办公，就把道署后的那条东西街命名为民政厅街（今一中后街），把西河东岸的一条街命名为民东沿，把西河岸西的一条街命名为民西沿（1975年民西沿更名为县府街头道巷）。21世纪初，民东沿更名为西顺城街，县府街头道巷更名为沿河西路。

七、管狱巡检署

管狱巡检署是归绥兵备道设置缉拿犯罪分子的一级法典衙门。位于归绥兵备道道署东（署址在今呼和浩特市一中后街东口和太平街南端交汇处的学府花园）。管狱巡检署管理归化城厅、萨拉齐厅、托克托厅、和林格尔厅、清水河厅司法。全称归化城属管狱巡检署。《归化城厅》

载："管狱巡检署，在道署中东，乾隆二十五年改为通判，三十年裁汰后，设巡检，即居此署。"《归绥县志》载："管狱巡检署，在旧城道署后街，今为省会公安局。"

管狱巡检署是座大型四合院，建筑考究，全部是青砖对缝，灰筒子瓦挂顶，另用黄色琉璃瓦压边，硬山建筑。有正房五间，系厅子房，东西厢房各五间。"计凡三堂五楹，堂左为大仙庙，东西厢房共四间。再前二堂五楹，东厢房三间，西厢房三间，堂右北房五间。再前为宅门，门外大堂三楹，堂东北马棚二间，东西役房共八间。前为仪门，门之西为监狱，再南为南门，隔道为甬壁。大门自东为土地祠，正殿一间，右北房三间，为巡检书吏办公所。"

管狱巡检署据说是占用原清公主来归化城时的暂居地而改建。早年，该衙署大院内正厅子房上铺黄色琉璃瓦，并且在琉璃瓦上雕有凤凰花纹。故有学者（荣祥）认为这处府邸就是清公主在归化城的暂居地。

管狱巡检署周边早年被人们称为衙门口。一提衙门口，就心惊胆颤。因为在衙门口平常放个站笼，里面站一犯人，不能动，夏天日晒，冬天挨冻，以此警告过往行人不要犯法。清末，管狱巡检署发生过一次重大的洗狱事件。时从山西过来的新军已占领托克托，并攻打包头，归化城同知樊恩庆为归化安全起见，就下令把关押在管狱巡检署西侧监狱里的重犯一律拉到草桥河畔杀头处决，并将人头高高悬挂在北门城门口和草桥边的木杆上，以震慑老百姓。

管狱巡检署首任张方桂，道光二十九年（1849年）上任。末任孙寿榆，光绪三十一年（1905年）上任。

民国时，署址先后由归绥警察厅、警务处、绥远省公安局占用。1956年以前是呼和浩特市公安局的办公地。

八、副都统衙署

副都统衙署是清乾隆二十八年（1763年）废除和停袭土默特左右两翼都统后，重新设置的专门管理土默特左右两翼两旗官兵和旗务的行政机构。衙署位于旧城城内西侧（今友谊小区富泰热力加压站一带）。并"归绥远城将军统辖，设副都统一人"。这说明副都统衙署从设置开始，就从原先由清政府直属，下放到归绥远城将军管辖，其行政级别也由早年的武从一品改为二品。

副都统衙署是"乾隆二十七年准工部来咨迁建而成。道光二年重修，四年建大门，五年添建辕门。计凡大门三楹，左右鼓乐楼各一。门内大堂三楹，左房三间，为土默特先锋营；右房三间，为绥远城戈什房。东西房各三间。再进为仪门，内北房五楹，左右耳房各二间，东厢房三间，西厢房三间，仪门之西，书房三间，大堂之东，北房三间，迤北为马号，共房十二间。大堂西为箭道，箭亭三楹，前有报厦。其户司、兵司仍居旧署"。

副都统衙署设置后，先后有31位副都统在任。首任副都统绰和诺，乾隆二十八年（1763年）上任。末任副都统麟寿，宣统元年（1909年）上任。

民国四年（1915年），北洋政府把副都统衙署废除，改设土默特总管旗。废除后的副都统衙署后来成为绥远省财政厅办公地。民国二十六年（1937年）归绥沦陷，该址又成为了伪蒙疆厚和浩特市公署驻地。民国三十四年（1945年）8月15日，日本投降，国民政府设归绥市，市公署在此办公。1949年9月19日绥远和平起义，归绥市人民政府在此办公。1954年至1958年呼和浩特市人民委员会在此办公。1958年呼和浩特市人民委员会搬迁到中山路办公，呼和浩特军分区入驻。1962年军分区迁到三里营，副都统衙署旧址改建成宿舍。20世纪80年代旧城区改造，建成友谊小区北区。

九、议事厅

土默特旗总管衙署俗称议事厅，位于归化城内东侧。雍正十三年（1735年）设置。辕门初朝西开，道光四年（1824年）辕门移巷内，改坐北朝南开。门南筑青砖照壁一座，巷西口建一座三间四柱木牌楼。此牌楼于20世纪50年代末期被整体迁建到呼和浩特市人民公园北门内，后又移至东门附近。议事厅"初大门三楹，东厢房三间，西厢房三间，左为户室档案，右为汉稿房，中为仪门。内以大堂五楹，左银库，右军器库，东西厢房十六间，为各官办公所。再进二堂三间，堂东楼三楹，储存案卷，又印房三间"。议事厅是土默特左右两翼参领（十二嘎勒达）集体议政办公之地。民国四年（1915年）改设土默特旗总管公署，有12任总管上任。首任章斆，民国四年（1915年）上任。民国十七年（1928年）满泰出任，这是自清乾隆以来，首次由土默特旗人任本旗主官。同年土默特总管衙署改称土默特旗政府。末任总管荣祥，民国二十三年（1934年）上任。1950年1月1日，土默特旗人民政府成立，旗政府设在议事厅。后为乌兰察布盟驻呼办事处，现为内蒙古自治区重点文物保护单位。

绥远城将军衙署今昔

柳青青　斯钦布和

　　清朝康熙年间，蒙古卫拉特准噶尔部噶尔丹入侵外喀尔喀，迫使外喀尔喀内附。噶尔丹继续南进，清朝与噶尔丹部进入战争状态，呼和浩特渐成为西北塞外用兵的军事重镇。噶尔丹败亡后，其侄子准噶尔汗国首领策旺阿拉布坦与清政府的矛盾也日渐加剧。至雍正十二年（1734年），清准双方相持日久，彼此皆劳，罢兵议和，并相互派人商谈议和及划定外喀尔喀与准噶尔之间游牧界线。为永久加强西北地区的防务，清朝开始谈议在呼和浩特修城驻军。

　　雍正十三年（1735年）二月，雍正帝下旨："归化城地理位置重要，派满兵几千前往，并修建城池。"（中国第一历史档案馆藏《军机处满文月折包》）但由于雍正当年10月去世，在呼和浩特建城驻军未能落实。在乾隆登基的次年，在呼和浩特修建驻军城池的事就被重新提上日程，最终选址在呼和浩特东北2.5公里地方建城,当年动工。

绥远城告竣于乾隆四年（1739年）。经过近三百年的风风雨雨,如今除东、北部分城墙和将军衙署外，大部分建筑已不存在。绥远城将军是清代14个常设将军之一，属清廷从一品武官。绥远城将军衙署是我国现存规模最大、保存最为完整的清代边疆驻防将军衙署之一。

将军衙署现存建筑由东、中、西三部分组成，平面呈南北长、东西窄的长方形。将军衙署文物保护范围内的清代建筑遗存主要包括照壁、府门、东西倒座、仪门、大堂、折房、文秘处、官厅、印房、二堂、箭厅、客厅、三堂及三堂东西厢房，后又复原了民国时期的"澄园"。

照壁：在府门前，长24米，高4米，砖构悬山式一字大照壁，其上有驻防将军克蒙额于光绪十六年（1890年）书写镌刻的"屏藩朔漠"石额，这也是驻防将军的职责所在。照壁与府门之间设辕门，当时百姓通行，必须从照壁外其它街道绕行。

府门：府门两侧有八字影壁、门前一对青石狮子，左雄右雌。府门为衙署的正门，为三间悬山式建筑，中柱辟三门，府门内左右倒座设土默特官厅和前锋营。

仪门：位于府门内中轴线上，面阔三间，进深四椽架，木构架硬山式建筑。仪门，又称为礼仪之门，是一座强化封建礼制的建筑物。在衙署中出入门庭必须遵循"礼制"。仪门通常是关闭不开启的，只有在将军上任，恭迎上宾，或者有重大庆典活动时才打开，以示隆重。平时来往人员从两侧"阿斯门"通行。仪门有楹联，"柳营春试马，虎帐夜谈兵"，对联说的是汉代名将周亚夫的故事。西汉文帝时，将军周亚夫驻军细柳（地名），他练兵有方，军纪严明，在此训练出的兵将武艺高超，所向披靡，为西汉定国安邦，立下汗马功劳。后来，在历代的军营中，经常能看到一幅对联"柳营春试马，虎帐夜谈兵"。

仪门内东西两侧为折房和回事处。

折房：折房在大堂的东厢房，是将军的僚属负责起草、誊写奏折、上传下达公文的部门，属于辅佐将军日常工作的重要机构。

回事处：回事处在大堂的西厢房，又称"文秘处"，是将军衙署的典吏整理日常往来文件、建档造册的办公处所。门前挂有一副楹联"有为有猷有守，日清日慎日勤"，意为官要有所为有法度有操守，要清廉做事要谨慎细心，要勤奋。

大堂：穿过仪门，到达宽敞的大堂院落。大堂是将军衙署内规格最高，面积最大的建筑。大堂前有月台，也称露台，是新官到任时举行"望阙叩恩"之地，也是官员举行重大礼仪活动的地方。

大堂五间，宽19米，进深12米。

大堂门前一副楹联，"议论作社稷谋，事业为黎民福"，意为日常的讨论都是为了国家的发展在谋划，所忙的事务都是为了老百姓的福祉。

印房：大堂的东西配房为印房和官厅。印房在大堂的东配房，将军衙署内部机构之一。掌管将军印信，办理章奏文移，协办各项事务，并兼管恩赏银库事宜。清代官员的印章称为印信，有严格的等级，具体为宝、印、关防、图记、条记、钤记六种。将军衙署使用的是印，为银印，用的是朱红印泥。

官厅：官厅设有专职的官吏负责，由将军衙署的笔帖式或其他官员兼职，以将军的名义向各部门、各地方的负责官员发布指令，处于将军的直接管辖之下。

二堂：二堂规格仅次大堂，是将军日常办公及与官员议事的场所，并为读书及休憩的场所。

二堂外挂有一副楹联："政惟求于民便，事期可与人言"，上联意为执政的唯一目的是为老百姓便利，不是压榨、管束盘剥百姓，更不是中饱私囊，下联讲的是执政者所做的事情要能公之于众，不怕老百姓谈论，揭示了以民为本，政务公开的主张。

二堂门楣挂有回文体匾额，从左至右读为"安民则惠"，意为让百姓安居乐业才是当官最大的实惠；从右到左读为"惠则民安"，意为为官之人多给百姓实惠，百姓就能安居乐业。

客厅：客厅属二堂配房，是来访客人等候将军召见的地方。

清代地位等级森严，如有人前来拜访将军，由门卫将帖子呈递将军，并请拜访之人在客厅等候。

客厅内部中间为中堂，由八仙桌、太师椅、条案、中堂镜组合而成。满族人以西为上，来客要坐在西边，主人与之对坐。

箭厅：箭厅是将军衙署主管军需武备和军队训练的官员办公场所。执行官称为"枪箭营官"，他奉将军的指令，安排一年的武备事宜，并具体操办一年两季的阅兵活动。除此之外，将军衙署守卫人员的主要兵器也存放在这里。

三堂：通过垂花门，便到了将军日常生活起居的地方——内宅，也称为三堂。垂花门，因两旁的柱头形似倒垂的花蕾而得名，这道门把将军的办公区与内宅分隔开来，一般限制外来人员的随意进入。

民国元年（1912年）10月，新任绥远城将军张绍曾改将军衙署为绥远将军府。民国三年（1914年）7月6日，中华民国政府下令成立绥远特别区，改绥远城将军为绥远都统。使将军衙署变为军、政合一的都统署。1928年，南京国民政府废止绥远特别区，改设绥远省，省政府驻将军衙署。绥远省主席李培基、傅作义、董其武等军政首脑都曾在此办公。

三堂宽五间，木构架硬山式建筑。民国十三年（1924年）三堂、四堂被大火烧毁，又于当年重修。重建后的三堂，建筑形制有较大改变。

三堂原为将军与内眷日常活动的场所，民国十三年改建之后，成为都统、省府主官的办公之所，东西厢房皆置有前廊彼此通联。改建后的形制，是民国典型的时尚建筑形式。

三堂东西厢房：西厢房前廊槛窗下的地面上各有一方形孔洞，这是北方地区自有的一种取暖方式——地热灶，从外面的地热口点火，通过地火龙传热，在山墙内设有烟囱排烟，这样一来，在严寒的北方，屋里既干净又暖和，是典型的满族生活设施。

东西厢房冬暖夏凉，西厢房是将军及家属用餐的地方，又称"内茶饭房"。东厢房称"侍卫处"，是负责内宅的安保人员的工作和生活场所。

澄园："澄园"是将军衙署的小花园，位于将军衙署的东跨院，民国十九年（1930年）时任绥远省主席李培基所建。澄园的设计采用我国传统园林设计中的取之自然而又高于自然的风格特色，随势自然布局。设置的假山称"螺山"，其上置"两宜亭""观稼亭"，富于诗情画意的名称丰富了园林景观的文化艺术内涵。用"吸水机抽水的人造瀑流曲涧下注，则造就了一处浓缩自然、静中有动的环境，更加增添了澄园内"爽气怡人"的勃勃生机。澄园"味莼轩"位于螺山之前，为"澄园"的休憩之所。宽三间，进深六椽架，四周直棱栏杆围廊歇山式建筑。门窗赫红刷饰，不施彩绘，整体风格朴实无华。

澄园留存有三个题字的养鱼石槽，其中一个上首竖书为"中华民国十九年"，横书四字"得近自然"，下首书为"李培基题"。另一个无上首题字，横刻四字"天机活泼"，下首小字竖书"知鱼乐者"。第三个上首刻书"民国十九年"，横书四字"退而结网"，下首刻书"涵礁书"，涵礁是李培基的字。

一座将军府，半部青城史。将军衙署作为呼和浩特地域文化的代表，记载着土默川这片土地近300年的历史脉络，珍藏着呼和浩特人民的情感记忆。

　　1949年"九一九"绥远和平起义后，绥远省人民政府进驻将军衙署，1952年内蒙古自治区人民委员会（人民政府）迁到呼和浩特后，办公地点也设在将军衙署。1954年3月6日，绥远省及其军政机构撤销，原辖区全部划归内蒙古自治区。将军衙署全部成为内蒙古自治区人民政府办公地。1956年内蒙古人民委员会（人民政府）办公地搬迁到新华街新址后，将军衙署成为内蒙古人民法院办公场所，后内蒙古自治区文化厅进驻。1992年，内蒙古自治区文化厅迁出，依托将军衙署成立将军衙署博物院暨内蒙古自治区书画院，隶属自治区文化厅。2006年将军衙署被国务院公布为第六批全国重点文物保护单位。2007年，又和内蒙古文物交流中心合并成立为内蒙古自治区将军衙署博物院，2009年被评为国家二级博物馆。2012年5月10日，将军衙署移交呼和浩特市人民政府，由呼和浩特文化局管理。同年，进一步清理将军衙署保护区内被占用和出租的场所。2014年到2016年，开展将军衙署周边环境综合整治工程，拆除了将军衙署周边的违章建筑。2015年，开展将军衙署文物本体修缮保护工程。2017年7月31日，历经两年多的修缮和环境整治，将军衙署博物院重新对外免费开放。

揭开后城咀石城遗址的神秘面纱

阿勒得尔图

2021年1月5日，内蒙古自治区文物考古工作者大都在埋头整理刚刚过去的一年里的田野收获。或是分析田野调查数据，或是撰写发掘报告。"清水河县后城咀石城遗址、武川县坝顶北魏阴山皇家祭祀遗址、苏尼特右旗吉呼郎图匈奴墓群等十几处考古发掘已经取得一系列新成果，"内蒙古自治区文物考古研究所所长曹建恩说，"对这些新成果加以梳理和研究，在考古学上一定会有新贡献，特别是将后城咀石城遗址与神木市石峁遗址加以对比研究，或许会有突破性进展。"

后城咀石城遗址的神秘面纱是怎样被揭开的

后城咀石城遗址位于内蒙古自治区清水河县宏河镇后城咀村浑河北岸台地之上，距今4000—4200年，属于龙山文化时期遗迹。

后城咀石城遗址是典型的黄土高原地貌，东西长约1200米、南北宽约1150米，占地约138万平方米。由内城、外城、瓮城构成，拥有较为完备的瓮城、城门、马面、瞭望台等防御体系，是目前内蒙古中南部发现的等级最高、规模最大的龙山时代石城址。

后城咀石城遗址第一次被发现是1990年，在丰准铁路开工建设前，内蒙古自治区文物考古研究所第一次对后城咀石城遗址进行考古发掘，揭露出以庙底沟文化晚期、阿善三期为主要文化内涵的遗存。

2004—2005年，开展"浑河下游区域性考古调查"时对后城咀石城遗址进行全面调查、测绘和航拍工作。进行考古发掘揭露出以龙山文化为主的房址、灰坑等遗迹，在城址靠近浑河河岸处还发现石质建筑，这是后城咀石城遗址走进人们视野的发端。

2010年，对后城咀石城遗址进行无人机航测，通过对高清影像图、3D模拟图的分析研究，提出内城、外城兼备的基本认识。

2019年，为推进《考古中国——河套地区史前聚落与社会研究》课题研究，阐明内蒙古中南部南流黄河两岸地区龙山石城的具体异同和变化关系，寻找内蒙古中南部龙山石城核心城址。对后城咀石城址进行了主动考古发掘工作，累计发掘面积2000多平方米，揭露城垣2段、壕沟1条、马面2个、台基5座、墙垛4处，出土少量陶器、玉器、石器、骨器等。初步掌握了后城咀石城文化属性、城垣分布、空间结构、附属设施等考古学信息，改写了瓮城始现于历史时期的认知，对阐释龙山时代石城发展脉络，探究内蒙古中南部地区龙山时代早、晚期石城的差异有着重要的意义。

2020年7—11月，内蒙古自治区文物考古研究所河套项目组为了进一步厘清后城咀石城瓮城的基本形态，辨明内蒙古中南部龙山石城核心聚落形态，了解石城的考古学文化内涵，决定将后城咀石城址作为课题重点开展持续性的主动考古发掘工作。累计发掘面积1000平方米，揭露墩台2个、马面1个、壕沟2段、城门1座，城垣2段、墙垛2处，出土陶、石、骨、玉等器物若干，基本厘清了瓮城的结构布局。

2020年对后城咀石城遗址考古发掘的新收获

后城咀石城遗址是"十三五"期间国家文物局提出的重点工程《考古中国——河套地区史前聚落与社会研究》课题之一。2020年7月，以内蒙古自治区文物考古研究所所长曹建恩为领队对后城咀石城城门进行科学发掘。

CM1（1号城门）位于发掘区的西南侧、瓮城中南部，与MM1（1号马面）相距约16米，与MM2（2号马面）相距约18米，城门石墙和主城墙（Q1）相连。城门平面形状呈长方形，南北长约15米，东西宽9～11米。城门整体由两段石墙围筑而成，每段石墙长约14米，宽约1.5米，残高约0.3米，石墙所选石块较为规整，为大块页岩层层错缝垒筑而成，石块间以黄土填充，立面均平直齐整；两侧石墙的南部拐角处建有两个土质墙垛，每个墙垛长1.7米，宽1.5米，皆与主城墙和城门石墙相接。城门两石墙之间留有进城直线型通道，平面形状呈长方形，笔直宽阔，长16米、宽2.7～3.6米，通道内踩踏面保存较好，存有多层，每层厚1～5厘米，可能经过多次修缮。通道最上层踩踏面经火烤，呈青灰色或砖红色。通道两侧建有高约50厘米、宽约160厘米的土质墙体，保存较好，墙体平面铺砌一层厚约5厘米的板石且各存6个柱洞，纵向排列，间隔皆1米左右，柱洞内还存有残碳化立柱，大多可见木柱年轮纹理；土质墙体平面及立面皆以草拌泥抹面，经长期火烤，形成似烧结面的墙壁，颜色呈青灰色或砖红色，局部可见与通道踩踏相接。通道踩踏面与土质墙体平面上存有大量木炭，木炭个体明显、纹理清晰，其宽度、长度以及木炭间相互交叉叠压情况清晰可见，个别木炭外部碳化，内芯还保存完好，从木炭分布及叠压等情况推断城门顶部应有木质建筑。

MM2（2号马面）位于发掘区的西南、瓮城的西侧，凸出于东西向延伸的城垣，与主城墙垂直分布，平面形状大致呈长方形，南北长约9米，东西宽6～7米，马面三侧包砌石墙，东西两侧石墙与主城墙墙体直接相接，墙体宽1.3～1.6米，残高1.3～2米，建造所选用的石块较为规整，多以大块页岩层层错缝垒筑而成，石块之间以黄土填充，立面较为平直齐整。石墙间没有接口，三面石墙应为一体建造。马面为空心，底部为一层黄花土硬面，其上残存大量木炭，个别保存较好，年轮、枝节纹理清晰，从木炭分布及叠压等情况推断城门顶部应有木质建筑。

"通过航拍测定，后城咀石城遗址可发掘面积为138万平方米，城门可发掘面积为4000平方米，现在仅仅发掘城门面积的2/3收获就如此丰富，"曹建恩说，"我们对未来充满期望！"

企盼后城咀石城遗址的庐山真面目

通过近两年的考古发掘和对出土文物的比对分析，可以确定后城咀石城遗址与石峁遗址同期或略早于石峁遗址。

一般认为，瓮城出现在汉代且大多为实心，后城咀石城遗址瓮城的发现，将瓮城的历史向前推进2000多年。而且其建筑为空心，瓮城从空心向实心的演变，为人们的深入研究提供了文物支撑。

后城咀石城遗址既有瓮城，又有环壕。环壕既有排水作用又有防御作用，这是石峁遗址所不具备的。

后城咀石城遗址的瓮城所出土的玉刀显示这个石城遗址应该是那个

时代的高级聚落的中心宫殿式院落。

初步明确后城咀石城遗址，是中国北方地区已知最早的具备完整防御体系的遗迹，瓮城内出土的长方形玉刀、饰以几何纹的敛口瓮、斝足、夹砂鬲等器物具有老虎山文化和永兴店文化双重文化特征，为研究内蒙古中南部地区和晋北、陕北地区黄河流域史前考古学文化谱系，阐释老虎山文化、永兴店文化等地域文化类型之间的关系提供了崭新的材料。

后城咀石城遗址以壕沟间隔处形成进入瓮城的通道，通道两侧分立"阙"式建筑，与二里岗文化望京楼城址、偃师商城西门遗址相似；入城的直线型门洞式结构与辽宁北票康家屯城门相似；这与已发掘的石峁、下塔等同期石城存在明显差异，在河套地区龙山时代石城中也尚属首次发现，对于探索中原地区早期城址建筑特征、规划布局，印证河套地区龙山时代与中原夏商时期考古学文化之间的互融关系，探讨河套地区龙山时代石砌石城传播路径，明晰中原城防体系中的规制建筑具有极为重要的社会价值。

通过近两年的考古发掘和对出土文物的比对分析，后城咀石城遗址应属内蒙古中南部龙山时期文明的中心，周围环绕下塔、下脑包等石城和一般性龙山时代遗址的社会聚落格局已初具端倪，聚落等级与社会阶层明显分化的群落层级体系特征明显。

后城咀石城遗址在以石峁为核心的河套地区龙山时代石城体系布局中地域核心特征明显。

"后城咀石城遗址城门发掘只不过3000多平方米，还不是一座完整的城门，说是冰山一角十分贴切，"曹建恩说，"如果对居住区、墓葬区进行考古发掘，将有什么样的收获的确令人期待！"

镶嵌在阴山之巅的北魏祭祀遗址

阿勒得尔图

横亘在内蒙古高原上的莽莽苍苍的阴山山脉是一座文化之山，战国赵北长城、秦始皇阴山长城、汉武帝外长城南线、汉武帝外长城北线、北魏长城、金长城犹如六条巨龙蜿蜒在阴山山脉及其以北的漠南草原东西一线，激情地诠释着厚重而古老的长城文化；而内蒙古自治区文物考古研究所在阴山之巅发现并发掘的呼和浩特市武川县坝顶北魏阴山皇家祭天遗址把中华民族优秀传统文化中的礼仪文化推向一个极致。

01

"但使龙城飞将在，不教胡马度阴山"，这是唐代诗人王昌龄《七绝·出塞》中的千古名句，在描写阴山的诗中是最为脍炙人口的。

阴山一线的长城，阴山下的敕勒歌，都被人们所津津乐道。而阴山岩画更是以其无穷的艺术魅力激发着人们的无限遐想。第一个记录阴山岩画于史籍的，是北魏地理学家、《水经注》的作者郦道元。

阴山岩画是我国已发现的岩画中分布最为广泛、内容最为多样、艺术最为精湛的岩画。

阴山岩画大多取材于狩猎活动，其中数量最大、凿刻最精致的是动物岩画。如山羊、绵羊、盘羊、羚羊、岩羊、大角鹿、白唇鹿、赤鹿、麋鹿、驼鹿、狍子、马、骡、驴、驼、牛、野牛、羚牛、狗、龟、野猪、兔、狐狸、蛇、狼、虎、豹等等，又栩栩如生。动物与人类共存共生，反映人与动物关系的牧羊图、牧马图、倒场图以及狩猎图等岩画亦活灵活现，这些岩画反映的是远古部族的淳朴思想和社会生活。而武川坝顶北魏阴山皇家祭天遗址的发现，又极大地丰富了阴山文化的内涵与外延。

02

2020年11月2日，洁白的雪花装点着初冬时节的阴山，中国文物学会副会长吴加安、陕西省考古研究院研究员田亚岐在内蒙古自治区文物考古研究所副所长张文平的陪同下来到武川坝顶北魏阴山皇家祭天遗址进行实地考察。瑟瑟寒风中，张文平饶有兴趣地讲述着坝顶北魏阴山皇家祭天遗址发现与发掘的过程。

20世纪80年代，在第二次全国文物普查中内蒙古文物工作者就发现了这处遗址。内蒙古第一代考古工作者汪宇平先生在《呼和浩特市北部地区与"白道"有关的文物古迹》一文中论述，这处遗址就是郦道元笔下的"阿计头殿"；而北京大学教授苏哲在《内蒙古土默川、大青山的北魏镇戍遗迹》一文中强调位于阴山山脉中段的大青山及山前的土默特平原"不仅是北魏故都盛乐、金陵、宗庙之所在，也是北魏防卫之襟要"的同时，通过实地考察认为坝顶遗址"现存主要建筑遗迹为一平面为圆形的夯土台基"，"坝顶遗址南瞰白道城，北眺阴山北麓，为兵家必争之地，历代白道镇将不会忽视在此筑垒置戍"，坝顶遗址"极有可能是北魏白道城下属的烽戍遗址，并为后代延用"。

2007年全国长城资源调查工作开展之后，作为内蒙古自治区长城资源调查工作负责人的张文平和他的队员们来到大青山蜈蚣坝，调查分布于这一区域的汉代当路塞遗址。当路塞是汉长城的一种类型，分布于山顶之上或沟口地带，起到把守隘口的作用。蜈蚣坝汉代当路塞除土筑的长城墙体外，沿线还分布有障城、烽燧等，烽燧往往倚墙体而建，障城则位于墙体内侧。坝顶遗址位于蜈蚣坝汉代当路塞南侧不远处，按照常理，极有可能是一座汉代障城。单看坝顶遗址的形制，与方方正正布局的汉代障城差别较大，而且地表散布的遗物，也多是北魏常见的陶片和砖瓦。对前辈学者关于魏帝行宫阿计头殿或者白道城下属烽戍的认识，张文平也不敢苟同，前者与《水经注》记载相悖，后者与坝顶遗址的形制不相符。那么，坝顶遗址的性质究竟是怎样的呢？这个问题始终困扰着张文平和他的长城调查队员们。

03

张文平站在坝顶，向吴加安、田亚岐等人介绍坝顶遗址的发掘过程。

如果坝顶遗址的确是一座北魏礼制建筑遗址，那么它的文物价值就太大了，但这需要通过考古发掘予以证实。附近的坝顶村村民常年在遗址上耕种，对遗迹的破坏逐年加剧。为了明确遗址性质，以便开展有效的保护工作，2018年内蒙古自治区文物考古研究所向国家文物局申报了主动性考古发掘项目，2019年、2020年连续两年对该遗址开展了正式考古发掘。

坝顶遗址远望如一个圆形大土包，地表大致可见三重土筑围垣，分布范围约1万平方米。发掘中布10米×10米探方100个，两年共发掘1300平方米。发掘区选择在遗址中部与东南部，初步搞清了遗址的建筑结构，自内而外由祭坛、内环壕、内垓、外垓、外环壕等5部分组成。

祭坛位于遗址中心，环绕一周的圆形夯筑土墙，底宽约8.5米，顶部最宽处达5米，残高2.9～4.4米。内径约15.5米，外径约32.5米，东南方向设门，方向为150°。门道长约8米，宽约1米，两侧可见残高0.9～1.7米的炭化木壁柱，其中东壁有壁柱28根，西壁有壁柱21根；门道踩踏面土质坚硬，当中有宽约0.25米的凹槽排水沟。门道外侧垒砌有"L"形石墙，南北长约2.4米，东西长约2.6米，墙体宽约0.6米，类似一个小的瓮城。

从门道进入祭坛内部，除东部有两个不规则坑之外，环绕墙垾内缘是成排的9间房址，中间部位形成一个略呈方形的露天场所。建筑房屋的木头均已炭化，材质有榆木、松木、柳木等。墙垾夯土墙内壁之上可见环绕的木壁柱22根，残存高度约1米，相互间距为2～2.5米。从部分可辨识的房屋坍塌遗迹观察，房屋内部均有木柱支撑，两侧有成排的木柱隔墙，顶部木椽作架，其上覆盖草拌泥。房址进深多在5米左右，多数房址的开间难以辨识，两侧木柱隔墙较为明确的一座房址的开间约为4米。初步推算，整个墙垾内部的房址大约为9间。北魏有祭天、祭祖、祭神灵的习俗，这些房屋可能具有安放祭祀神祇的功能。大部分房址内部出土有陶器，还出土少量石器、铁器等。这些陶器，应该就是《魏书·礼制》记载的祭祀所用陶匏。中间的方形露天场所四周有木柱围绕，边长约6.5米，为祭祀时主祭人员的活动场地。

距墙塄墙体外缘约4.4米，有内环壕环绕，为在山体基岩上开凿而成的环壕。环壕开口宽约5.1米，底宽约1.2米，深约2.3米。内环壕外侧为内垓，二者间距约2米。内垓由内环壕中挖出的砂石夯筑而成，内径约55.5米，外径约67.5米，墙体宽约6米，残高0.5～1.2米。内垓外侧为外垓，二者间距约7米。外垓由外环壕中挖出的砂石夯筑而成，内径约81.5米，外径约89.5米，墙体宽约4米，残高0.4～1米。外垓外侧为外环壕，二者间距约1.5米。外环壕开口宽约3米，底宽约0.85米，深约1.4米。外环壕开口外缘的直径约98.5米，由此计算出遗址本体的占地面积达7620平方米。

内、外垓是陪祭人员站立的平台，内、外环壕可以起到保护皇帝与陪祭人员的作用。目前，在内、外环壕之上尚未发现通往祭坛门道的道路遗迹，推测祭祀时可能搭置木板通行。内环壕的废弃堆积中，出土有北魏时期的陶片、残砖、板瓦等。

内环壕之内，有两个地点出土了用于祭祀的动物骨骼。第一地点位于环壕底部，主要是马、羊的头骨和肢骨，初步鉴定有12匹马、2只羊的个体，部分骨骼表面有火烧痕迹，周围覆盖有红烧土和碳化木头。第二地点位于环壕距地表约1.85米处，出土2个马头、1个羊头。这两处地点，应该分属两个不同年代的祭祀。初步推断，祭祀时，先在环壕中燃火，然后将宰杀后的牲畜的头骨、肢骨放置于火堆之上，待祭祀结束之后，用土将火堆及祭品掩埋起来。对第一地点出土马骨作了碳14测年，年代范围是430—490年。

04

祭天是拓跋鲜卑的重要传统。

拓跋鲜卑起源于大兴安岭东麓，在东汉末年至魏晋初年之际，渐徙于漠南草原，游牧于阴山南北。拓跋珪定都平城以前，阴山南北是拓跋鲜卑的主要活动区域。

拓跋珪定都平城给漠北柔然的崛起与发展提供了历史机遇，阴山以北拓跋鲜卑曾经的故地成为柔然纵马驰骋的疆场，导致新兴的北魏政权无暇南顾只好挥鞭北指，拓跋珪开始从六月末出巡阴山，从而形成北魏"阴山却霜"之俗；拓跋焘继位后出于统治的需要始终以"巡幸阴山"作为主要的政治军事活动。

拓跋焘"巡幸阴山"有时逗留长达半年以上，解决皇帝的吃住以及安全保卫问题势必要大兴土木。《魏书·世祖纪》记载太平真君三年（442年）"六月丙戌，（南秦王杨）难当朝于行宫。先是，起殿于阴山之北，殿始成而难当至，因名广德焉"；《水经注·河水三》称"世谓阿计头殿。宫城在白道岭北阜上，其城圆角而不方，四门列观，城内唯台殿而已。"由此可见，阿计头殿、广德殿和坝顶祭坛应该都是拓跋焘时期主持修建的。

"阴山却霜"从政治军事行为演变成朝廷仪式是在文成帝拓跋濬时期，而使"阴山却霜"最后终结的权贵无疑是冯太后。

05

《魏书·高祖纪》记载，孝文帝拓跋宏在迁都洛阳前的太和十八年（494年）和迁都洛阳后的太和二十一年（497年）先后两次来到阴山南北举行"谒金陵""行幸阴山，观云川""幸阅武台，临观讲武"等一系列活动。

孝文帝拓跋宏两次来到阴山都是出于政治军事目的，而不是沿袭

"阴山却霜"之俗,因为冯太后执政以后"阴山却霜"之俗即告废止。

孝文帝拓跋宏太和十八年来到阴山乃因已行迁都诏,旨在抚慰北镇留军,拜谒金陵;孝文帝拓跋宏太和二十一年来到阴山是因处理穆泰等人叛乱之事顺道而往。

"冯太后已死近10年,对孝文帝的震慑作用不复存在",张文平如是说,"所以,'行幸阴山,观云川'极有可能是指在坝顶遗址举行祭天活动。依照古代皇帝祭天礼仪,祭祀活动结束之际,晚上要举行'望燎'仪式,皇帝手执火把点燃柴禾堆,神职人员且歌且舞,所有与祭人员仰望星空,目送天神回归天庭。'观云川'应即'望燎',《魏书》以'观云川'代指阴山祭天活动是可以理解的。"

06

金陵是北魏皇家陵园,最早安葬在这里的却不是北魏开国皇帝拓跋珪,而是拓跋珪的祖父代国君主拓跋什翼犍的母亲王氏。《魏书·皇后列传》记载,什翼犍于建国十八年(355年)葬其母王氏于云中金陵,后什翼犍及其子拓跋寔君之妻贺氏均葬于此。

拓跋珪死于平城,明元帝永兴二年(410年)九月,也葬于金陵,这也是鲜卑贵族阴山"北巡"拜谒金陵的原因。金陵既是北魏诸帝及帝后归安之所,也是勋贵功臣死后荣归之处。

冯太后于太和五年(481年)令预建寿陵于方山,"立碑于石室之庭,又铭太皇太后《终制》于金册。"冯太后于太和十四年(490年)死后葬于方山,是为永固陵。《魏书·皇后列传》称:"太后与高祖游于方山,顾瞻川阜,有终焉之志,因谓群臣曰:'舜葬苍梧,二妃不从,岂必远衬山陵,然后为贵哉!吾百年之后,神其安此。'"不仅如此,就连孝文帝也"于永固陵东北里余预营寿宫，有终焉瞻望之志"。如果不是迁都洛阳，平城方山取代金陵成为北魏新的皇陵没有任何异议。既使方山没有成为北魏新的皇陵，金陵同样被遗弃了。

"金陵具体在什么地方还不清楚，但坝顶皇家祭天遗址的确定为寻找金陵提供了重要线索"，张文平如是说，"以北魏皇家祭天遗址为坐标，其西北直线距离约5千米处是阿计头殿（今武川县土城梁古城），从阿计头殿再向西北约40千米处是广德殿（今武川县圪塔古城），北魏皇家祭天遗址、阿计头殿、广德殿大体呈东西一线分布，金陵在大青山南似可定论。"

张文平接着说，"孝文帝太和十八年北巡，先后抵达金陵、朔州、阴山、阅武台、怀朔镇、武川镇、抚冥镇和柔玄镇等地。经考证，朔州治城在今呼和浩特市托克托县云中郡故城，怀朔镇为今包头市固阳县白灵淖城圐圙古城，阴山皇家祭天遗址的认定，对确定武川、抚冥、柔玄等北魏六镇的具体位置亦有参照作用。"

07

太和十八年（494年），郦道元陪同孝文帝拓跋宏北巡，时年28岁，风华正茂，风流倜傥。

"白道"是郦道元笔下的地理坐标，但他对"白道"没有做出现在看来必要的解释，想必当时"白道"已经是家喻户晓的称谓。武川县文物管理所副研究员武明光通过多次实地勘察，划出路线图："'白道'自呼和浩特市回民区坝口子村北入阴山，溯河而上，蜿蜒西北行，途经沙湾子、焦赞坟（金代渔阳关旧址在此）、红土窑子、肖家店，上行经山沟东岸一段石灰岩构成的山路，直上白道岭（蜈蚣坝）制高点，再北行至马家店，经牌楼馆、中店子、水泉，直到大青山的什尔登隘口，也即白道的北端出口，全长约35千米。"

这条"白道"，郦道元陪同孝文帝全程打马走过，他对阿计头殿、广德殿以及相关水系的记载细致，这从旅游开发的角度考虑，是否可以打造一条"孝文帝太和十八年北巡路线"？这不是突发奇想和耸人听闻，把坝顶北魏阴山皇家祭天遗址打造成独具特色的考古遗址公园，"孝文帝太和十八年北巡路线"就如北京香山"曹雪芹小道"一样游人如织了。

将坝顶北魏阴山皇家祭天遗址建成考古遗址公园最好的参照物，就是以隋唐圜丘为主题的西安天坛遗址公园。

08

祭祀文化、礼仪文化源远流长，是中华民族优秀传统文化的重要组成部分。

陕西省宝鸡市凤翔县雍山血池遗址，浸染着400多年的秦汉祭祀文化；

陕西西安隋唐圜丘，浸染着200多年的隋唐祭祀文化；

北京市明清天坛，浸染着500多年的明清祭祀文化；

武川坝顶北魏阴山皇家祭天遗址的发现，填补了魏晋南北朝时期皇家祭天遗存的一个空白，深入研究该遗址所承袭的鲜卑习俗及其对华夏礼制的吸收与认同，对铸牢中华民族共同体意识既有历史意义又有现实意义。

呼和浩特发现一处汉代官营手工业作坊遗址

勿日汗

2020年1月，笔者从内蒙古自治区文物考古研究所了解到，考古人员在位于呼和浩特市玉泉区的沙梁子古城遗址发现一处汉代官营手工业作坊遗址。

考古人员在沙梁子古城遗址东区发掘清理出砖瓦窑8座、墓葬1座。据介绍，此次清理的8座汉代砖瓦窑，从形制、规模、出土器物来看，显然经过统一规划和布局。考古人员初步认为，此窑址区为汉代官营手工业作坊。这是我国北方草原地区首次发现大规模烧制砖瓦的官窑作坊。

这批窑址保存较好，在窑内、各窑址间均发现有柱洞，这在汉代砖瓦窑遗址发掘中是首次发现，对复原窑的结构以及窑址区的建筑构成具有重要价值。作为大规模烧制砖瓦的官窑作坊，其产品可能不仅仅供应城内建筑，还供应周边其他城址，这对于理解汉代城址的功能以及城址间的经济交换具有重要意义。

　　沙梁子古城遗址出土遗物丰富，包括大量的陶制品和石制品、铜制品、铁制品、骨制品、漆器以及贝壳、动物骨骼等。从出土遗物及清理的遗迹可见沙梁子古城是一个长期连续性居住利用的城址。从出土陶器的风格及钱币、铜印等遗物判断，沙梁子古城的年代主要集中在西汉晚期至东汉，属汉代城址。

清水河的本土文化闹元宵

李 军

一年一度的元宵佳节如约而至，街道上早已张灯结彩，一派节日的气氛。闹元宵表演队更是积极准备，要为观众送上节日的厚礼。

回想起20世纪八九十年代，清水河还仅有一条东西街，每到元宵节，便大街小巷大红灯笼高高挂，各文艺表演队从正月初八九便开始给单位或个人拜年。当时流行的一句话叫"贾家湾的高跷（条）神池窑的龙，城关镇的毛驴逗死人"。

到了正月十四、十五、十六晚上，街上更是人山人海，家家户户的老老小小都穿着节日的盛装来到大街上看转旺火表演。十几岁的我们，三个一群、五个一伙穿梭于大街上的旺火之间。天气寒冷，人们在表演队来之前先围着旺火取暖。锣鼓声近了，几个手拿彩旗的人就率先进来打场（空出表演的场地）。人们像潮水般向后涌退，叫声、笑声、抱怨声此起彼伏，在祥和的夜空中构成一曲多重唱。这面一群人退后，那面一群人又涌前；那面一群人退后，这面一群人又涌前。这其中便有我们的恶作剧。几番折腾后，好不容易打开场表演队入场了：坐车的、推车的、骑驴的、坐船的、大头人人、老头儿、老太太，个个装扮得维妙维肖。偶尔你被人涌前，表演者过来一个鬼脸，让你吓得忙往后躲，接着便是捧腹大笑。一队一队，就在这你推我搡的热闹中，结束了他们的精彩表演。

十五晚上，各队表演结束，人群便像洪水般涌向大操场，"咚"一个大礼花飞上天，"唰"一声礼花炸开，红的、蓝的、绿的、紫的、黄的，如同天女散花般。"哇——真好看呀！"地上的人群中不时发出阵阵的赞叹。操场上下午布置好的"猴子爬杆、鹅下蛋、炮打城"马上要上场了，天上礼花，地上彩花，让人目不暇接；炮声、笑声、惊呼声，让人心花怒放！就在这普天同庆的氛围中，一年的闹元宵活动已圆满结束，耳畔边似乎还回荡着那盛大的场面。人们又期盼着明年更好看，有更精彩的表演。

托克托码头调源流初探

高文华

　　码头调属民歌。人们在长年的劳动生活中创造了种类繁多的劳动号子，干什么活唱什么歌，有挤奶歌、擀毡歌、割麦歌、打夯歌、碾场歌等，码头调应是船工或水旱码头工人在劳动中创作的劳动号子或休息之际演唱的小曲小调。码头调在北京、江浙一带已经形成较为成熟的曲艺，托克托码头调应属于初级说唱艺术。其形成似应早于二人台，但晚于爬山歌、黄河曲儿或与之同时。

　　码头调在全国分布极广，主要在黄河两岸、长江流域的码头地带。黄河流域的青海、甘肃、宁夏、内蒙古、陕西和晋冀豫鲁京津等地都有，长江流域从西藏、四川到湘鄂赣江浙沪都有分布。较为知名的当属北京、江浙一带的码头调。

　　为了对托克托码头调有一个比较清楚的认识，我们应对托克托码头调与吴歌码头调、北京码头调都有初步了解。

托克托码头调的基本情况

托克托码头调是船工、码头工人在行船或装卸货物时喊的劳动号子或劳动之余演唱的小曲小调。以反映群众现实生活、情感生活为主，也有歌颂历史人物、叙述历史事件、传播神话、讲述传奇故事的。多为一调多段唱词。曲调最短的两句，似爬山歌的上下句，如《同三刁人》等；多为四句，也有十几句的。演唱时用锣、鼓、镲伴奏（严格来说是间奏），一人或数人清唱。作品有《打蒜苔》《打酸枣》《放风筝》《观灯》《撩分子》《画扇面》《画八扇》《绣花鞋》《绣荷包》《绣绒花》《聘闺女》《游河河》《调兵》《开茶馆》《拔壮丁》《出口外》《三国题》《古歌》《独立队九九图》《偷鞋》《分公子》《珍珠倒卷帘》等，还有无固定唱词的，见什么唱什么，属即兴创作。其中有的曲调如《偷鞋》与二人台曲调一致。

托克托码头调多在元宵社火活动中的踩高跷、双墙秧歌等表演结束后由演员聚在一起演唱，作为这一个段落到下一个段落的过渡。

托克托码头调与北京码头调、吴歌码头调之比较

北京码头调、吴歌码头调在1949年前发展成为比较成熟的曲艺；托克托码头调走进当地民众的生活，停留在码头调或融入了二人台。

北京码头调和吴歌码头调曲调徐缓、婉转动听、柔情脉脉，不再有船工壮汉等劳动人民那种激越、高昂、豪放、粗犷的激情，更适合专业的艺人演唱。

托克托码头调则从码头、船头走进了当地民众的生活，由商铺货栈

进入村落街区，成了当地每年正月十五、五月十三群众社火活动的一项文艺表演。表演踩高跷、双墙秧歌、跑旱船的演员在一场表演之余，围聚在一起，以一段或数段码头调助兴。所以托克托码头调保留了码头调的最初样貌。

与此同时，二人台艺术家们，无论是打坐腔的还是搭台演出的，吸收了托克托码头调的部分曲目，改造成适合二人台表演的曲目或剧目。如《珍珠倒卷帘》《刮野鬼》《偷鞋》《分公子》《观灯》等曲子都与二人台乐曲大同小异，有的二人台曲子像《刮野鬼》与码头调的《刮野鬼》《同三刁人》完全相同。二人台小戏《观灯》《放风筝》《绣荷包》《拔壮丁》《画扇面》《叹五更》也是由码头调发展而来的。

托克托码头调与北京码头调、吴歌码头调在曲调和器乐上的差异

北京码头调、吴歌码头调演唱多在亭堂馆舍进行，演员男女都有，且女性较多，曲调委婉，所以伴奏器乐逐步与曲艺趋同。有弦子、琵琶、四弦和胡弦，以后逐步演变为三弦为主，琵琶佐之。

托克托码头调的表演场地仍局限于野外，在码头、街头、院落或广场，多为一人领唱大家合唱。曲调较为单调，缺少抑扬顿挫。演唱时没有伴奏，只有过渡（"过门"）时才有伴奏，而且只有鼓、锣、镲等打击乐伴奏，没有丝弦伴奏。如踩高跷时唱码头调用的乐器是大锣、小锣、大镲、小镲四件乐器，没有鼓。行走时只用大锣、小锣、小镲伴奏，开始唱以前、段落过渡和结尾都用大锣、大镲、小镲伴奏。

托克托码头调的源流之我见

托克托码头调应是来源于北京码头调、吴歌码头调，是河北、山西走西口的人来到河口水旱码头带来的"口里"民歌，抑或船工商贾抵达京津带回北京码头调加以借鉴发展而来的。可见，北京码头调、吴歌码头调是"源"，托克托码头调是"流"。

托克托码头调原封不动地引进了吴歌码头调的《茉莉花》：

好一朵茉莉花，好一朵茉莉花，

满园花草，香也香不过它；

我有心采一朵戴，

看花的人儿要将我骂。

好一朵茉莉花，好一朵茉莉花，

茉莉花开，雪也白不过它；

我有心采一朵戴，

又怕旁人笑话。

好一朵茉莉花，好一朵茉莉花，

满园花开，比也比不过它；

我有心采一朵戴，

又怕来年不发芽。

《鹅梅花》《调兵》《三国题》《画八扇》《十盏灯》等应该是来自北京码头调。如《鹅梅花》：

好一朵鹅梅花，

满院的花儿赛也赛不过它。

拿刀刀割不（的）断呀，

用了手儿解开它。

托克托码头调在吸收、引进北京码头调和吴歌码头调的同时，在作品中融合或创作了当时、当地的所见、所闻或所干活计等内容，形成了独具特色的托克托码头调的主体。

如《出归化》：

门楼楼高，门楼楼高，

四下里又拿砖瓦包。

两廊里挂纱灯呀，

里边有夫人们喂哎哟……

如《独立队九九图》《同三刁人》《撂分子》《拔壮丁》唱的全是土默川上的事，《游河河》（又叫《扳船》《撑船》）更具体到包头南海子：

无事出城东

河湾去散心

南海子起了一个河灯会

人儿乱咚咚

有的如《拔壮丁》《绣荷包》《打蒜苔》《赶煤车叹十声》《打酸

枣》就是唱的托克托的事。

《拔壮丁》：

二月里来龙抬头，

乡长要上壮丁走。

壮丁开在县政府，

家中老人发忧愁。

三月里来是清明，

壮丁要在绥远城。

家中老人来打听，

把门卫兵不叫进。

《绣荷包》：

一绣一只船，

绣在大河岸，

二位那个艄公船呀船头站……

《撂分子》反映了当地的生活情景：

花轱辘大车白马拉，

车倌又拿皮鞭打，

我问车倌去哪呀，

乌素图召上请喇嘛。

《拉骆驼》唱的是大盛魁走草地的故事：

> 大骆驼又驮上京杂货，
>
> 二骆驼又驮上帐房锅，
>
> 一链子拉五个。

以上例子足以证明北京码头调、吴歌码头调是"源"，托克托码头调是"流"。

对托克托码头调的未来走向判断

托克托码头调根植于托克托大地，是托克托老百姓几代人学习、创造的独具特色的文化遗产，倾注了几代民间艺术家的心血。20世纪中期以来，由于社会发展等多种原因，出现了断代失传的危机。各种艺术发展的不平衡和新的文化形态的出现及传播手段的不断更新，使年轻一代艺术家对原生态的码头调失去了兴趣，加上对托克托码头调传习的畏难情绪，使码头调陷入后继无人的窘迫境地。随着群众对文化需求的扩展，码头调的生存状况引起了有识之士的重视，开始对托克托码头调进行研究。现在已经申请了自治区级非物质文化遗产，但综观托克托码头调的现状，前景仍不容乐观。

就目前托克托码头调的未来走向来看，笔者以为将会出现以下三种情况。

第一，在原生态托克托码头调的基础上，借鉴其他文化形态的发展经验，吸收多种艺术手法，加入现代声、光、电传播手段，与时俱进，走出群众艺术创新发展的新思路，形成与时代相适应的崭新的托克托码头调。

第二，托克托码头调可能继续融入二人台，成为二人台的新增剧目，如《观灯》《放风筝》等。

二人台《观灯》的唱词与托克托码头调基本相同，其中有的唱段完全一致。如：

> 观罢这个灯来往前行，
>
> 那边厢山上一伙小顽童。
>
> 嘿，顽童手拿什么灯？
>
> 顽童手拿水浒灯。
>
> 水浒灯，也有名，
>
> 我给你讲，你那里听，
>
> 大肚汉，叫武松，
>
> 毛鱼子张顺水里行，
>
> 刘唐下书好匠人，
>
> 李逵就叫黑旋风，
>
> 好一个替天行道的宋公明。

有人认为，东路二人台《观灯》源于山西民歌《看秧歌》，这是可能的，但西路二人台《观灯》源于托克托码头调《观灯》却是确定无疑的，至今许多二人台老艺人唱的仍然是原汁原味的码头调歌词。

托克托码头调《放风筝》叙述的是姑嫂二人清明节踏青放风筝的故事，西路二人台《放风筝》的故事情节、人物设置与托克托码头调一模一样，甚至部分唱词也基本没有什么变化。如：

姑嫂二人往前行，

大小姐，巧打扮，红头绳，美敦敦，

柳叶眉，完正正，杏核眼，花生生，

鹅梅牙，碎纷纷，杨柳腰，周正正，

红绸袄子，缠腰中，绿绸裤子，两腿蹬，

片锦带子，明又明，市布裹脚，白生生，

马莲带子，紧又紧，两耳又挂，银铃铃，

走一步，叮铃铃，走两步，响连声，

慢慢地直往前行。

东路二人台、山西二人台的《放风筝》有把姑嫂改成男女少年的。但西路二人台《放风筝》保留了姑嫂放风筝的情节，足见其与托克托码头调《放风筝》的渊源。

托克托码头调还有许多故事情节、人物关系适宜改编为二人台的曲目，如《打蒜苔》《打酸枣》《开茶馆》《游河河》等。如果把这些曲目移植或改编为二人台小戏，效果也会不错的。

第三，托克托码头调也可能会发展成为一个全新的剧种。

前一段时间，有人提出要把托克托码头调打造成一个新的剧种，并开始做有益的尝试。依笔者所见，托克托码头调形成一个剧种，这是完全可能的。二人台《打樱桃》的雏形就是两句爬山歌："樱桃好吃树难栽，朋友好为口难开"。如前所述，托克托码头调的许多曲目已经融入二人台小戏，其他地方的码头调演变为较为成熟的曲艺，托克托码头调要发展成为一个独立的剧种，这种可能不是不存在的。

托克托码头调的未来走向，取决于它自身的属性而不依赖于人为的干涉。当然，从业艺人和群众的推动会加快它成长的步伐。就笔者个人来说，我倒更希望看到它在三条道路上都走出光辉灿烂的明天。托克托码头调应该说是一个年轻的民间艺术形式，虽然根系不发达，枝叶欠繁茂，在群星灿烂的文化百花园中，还明显缺乏竞争力。虽然前景不容乐观，但也不必过于悲观。当年在那样贫瘠的土壤中尚且能够脱颖而出，并且深深扎根民间，成为与人民群众生活密切相关的一种民间艺术形式，今天在如此富饶的沃土中定能枝繁叶茂茁壮成长。我相信托克托码头调会有光明的未来。

呼和浩特与晋剧

刘新和

呼和浩特与晋剧有着太深的渊源。谈到晋剧，笔者真的有太多的话想说。借《呼和浩特文化》约稿之机，写如下短文，与戏曲界特别是晋剧界的同行交流，意在引起社会各方面对晋剧的重视，以推动晋剧事业的发展。

一、中路梆子与晋剧

多年以前，笔者参加某次会议时的情景至今仍然令我记忆犹新，一位与会者说："我就不明白，既然是内蒙古的非物质文化遗产，为什么出现了晋剧？"当时，有此疑问者并非个别人，虽尽力解释，仍无济于事，晋剧未列入此次"非遗"名录之中。之后笔者为其支招，建议下次申报将晋剧改为"中路梆子"试试。这一次很顺利，晋剧（中路梆子）

进入自治区级非物质文化遗产名录，之后又进入国家级非遗名录。

笔者从事地方戏曲研究已有数十年之久，可以说对内蒙古地区包括晋剧在内的各个地方剧种并不陌生。然而我毕竟是在地方工作，缺乏全国视角，实属短板。基于此，我们还是听听中国艺术研究院戏曲研究所原副所长、研究员、戏曲研究专家刘文峰先生怎么说：

"晋剧这个名称最早出现在1925年北京《京报周刊》发表的文章《晋剧探源》，作者叫剑峰。所谓的晋剧包含山西所有的戏曲，主要是梆子戏，但晋剧这个名称并没有流传开。新中国成立初期，山西省文化局曾经下过一个成立山西省晋剧院的文件，要把蒲州梆子、中路梆子、北路梆子、上党梆子都调到太原，归属于山西省晋剧院。结果，除中路梆子外，另外三路梆子因为担心太原没有自己的观众队伍，拒绝来省城，结果山西省晋剧院仅有中路梆子一个剧种。久而久之，习惯成自然，晋剧就成为中路梆子独享的官称。"

这段话出自刘文峰研究员在2019年锡林郭勒盟召开的一次学术研讨会上的发言。

山西的别称是晋，无论是将蒲州、中路、北路、上党梆子统称为晋剧，还是仅指中路梆子，就其学理性而言，并无不妥，这也就是引文中所说的"习惯成自然"；据《中国戏曲志·内蒙古卷》记述，中华人民共和国成立之后，内蒙古"随山西省"将中路梆子称为晋剧，则为上文中所讲故事的发生埋下了伏笔。众所周知，20世纪五六十年代，内蒙古中西部的戏曲剧团大多叫晋剧团，如呼和浩特晋剧团、包头晋剧团、巴彦淖尔晋剧团、四子王旗晋剧团、商都县晋剧团、太仆寺旗晋剧团等等，总数达数十个之多。然而数十年之后，经过岁月的淘洗，保留至今且具有独立建制的国有晋剧院团仅剩下呼和浩特晋剧院一家，亦属于"独苗"。

二、呼和浩特与晋剧

北路梆子和中路梆子是同一声腔的不同剧种，都是从山陕梆子衍变而来的，音乐相近，音调相似，故有上路调与下路调之称。北路梆子艺人改唱中路梆子，可降低调门，从"两眼调"可下降两个调，省劲易学，好唱好听，于是中路梆子更为盛行。数十年前，笔者在《中国戏曲志·内蒙古卷》编辑部工作，曾有机会聆听内蒙古著名学者、内蒙古文史馆员刘映元（1918—1991）先生所做的学术报告《西口戏曲史话》。印象中，先生讲述最多的是包括山陕梆子、北路梆子、中路梆子在内的梆子腔系剧种及其在归化，也就是今天呼和浩特的流行分布状况。2012年，由邢野先生主编的《刘映元文集》，将刘老先生的报告收入其中，笔者引用其中的一段，意在为呼和浩特与梆子戏——也就是我们今天所说的晋剧之关系佐证：

"在归化同和园和宴美园演山陕梆子的时候，张家口的祝丰园就演中路梆子，故下路调在河北省的宣化地区比在内蒙古西部还要盛行。自从北路梆子呈凋谢衰零之势，特别是1936年中路梆子艺人丁果仙、盖天红、毛毛旦、三儿生、筱桂桃等在百代公司灌了唱片，中路梆子更风靡各地。山西忻县、大同和归绥（今呼和浩特）唱北路梆子与唱河北梆子的艺人，也差不多都改唱中路梆子了。"

限于篇幅，本文对这段文字中所涉及的梆子腔产生及其传播的历史等一系列学术问题不做更多展开，而集中笔墨谈呼和浩特与晋剧。

笔者认为，呼和浩特晋剧院之所以能够挺立至今，其原因自然是多方面的，但深厚的文化传统和观众的普遍喜爱应该排在靠前的位置。

早在清光绪年间，北路梆子在归化也就是今天的呼和浩特已步入鼎盛时期。

据《天咫偶闻》《梨园佳话》《朝市丛载》记述，当时在归化和张垣（张家口）两地活动且具有颇高人气的义顺和、宝盛和两班曾到京城演出，主要演员有元元红、达子红、杨麻子、金镶玉、油糕旦、十三旦等。此时，归化的说唱艺人，将当时在西口活动的戏曲名伶和擅演的剧目编成顺口溜传唱，这就是刘映元先生在其著作中提到的《梨园九九图》，其中有喜儿生、秃旦、飞来凤、千二红、石榴红、鸡毛丑、刘小旦、三毛有、忠海生、闷铜黑、大碗肉、一条鱼、人参娃娃、一杆旗等。他们当中不乏祖籍在山西，在口外舞台唱红者，也有原本就在内蒙古这块土地上土生土长的名伶。

时至20世纪30年代，"北路"改"中路"之风日盛一日。在此应该提到的是著名的晋剧表演艺术家康翠玲。她自幼以其母金玉玺为师学唱河北梆子，母女俩落足归化之后，女儿康翠玲便入乡随俗，改唱中路梆子，之后声震东、西两口，享誉中国梆子腔界。

呼和浩特地区的炕围画

潘　瑜

　　呼和浩特地处塞北，平房大都盘有火炕，也称土炕。随着普及，火炕的功能也有了变化，不但供家人休息、取暖，而且吃饭、待客、娱乐、拉家常等也都在火炕上进行。炕上的土坯围墙，往往容易弄脏衣服等，于是农民们想办法在高出炕皮50～70厘米的围墙上平整墙面，涂上喜欢的底色，如蓝、绿、黑等色，用胶矾水固定住，这是最原始的炕围。随着岁月的流逝，为增强炕围的美观，便出现了简单的炕围画，只是在条形纸上用两种颜色绘制成图画张贴在炕周围供人欣赏。后来，随着人们审美观的提高，便把图画画在炕围墙上，工序也逐渐复杂起来。于是，便产生了真正的炕围画，并广范流传，逐渐形成炕围绘画艺术。

　　那些乐于谈古论今的长者，常常指着炕围画，讲述画中的美丽风景、民间传说、戏剧故事。呼和浩特地区不少人的童年，就是在这种炕围画耳濡目染的艺术熏陶中度过的，接触了知识，懂得了历史，认识了祖国，陶冶了性情，开阔了眼界，这是他们人生的第一堂艺术课和第一本启蒙书。

据有关记载，炕围画始于唐末，兴于宋，发展于明清，盛于民国年间及中华人民共和国成立后的20世纪六七十年代和80年代初。

清代，随着清廷垦田戍边政策的执行，大量的移民从山西、河北等地，通过走西口流入土默川和大青山前后，并在这一带安家落户。炕围画也随之在呼和浩特地区，如呼和浩特现在的赛罕区、清水河县、和林格尔县、托克托县、土默特左旗、武川县等地流传开来，深受广大人民群众的喜爱。随着时间的推移，在民间产生了一大批绘画匠人。炕围画也融入了民俗、民风，成为呼和浩特地区住房文化的一道亮丽风景线。中华人民共和国成立后，炕围画得到进一步的发展和普及，凡家庭经济富裕一些的农民家都有炕围画。当时流传的一句俗语："好村子唱大戏，好人家画炕围"。炕围画匠也被当时农村推崇为三大匠人（木匠、铁匠、画匠）之一。许多年轻人拜师学艺，使炕围画匠也逐渐多起来。炕围画匠对炕围画的艺术追求，使呼和浩特地区的炕围画自成一体，并使炕围画的制作工艺越来越复杂。

土默特左旗的炕围画老艺人秦乾龙因为炕围画画得好，考上了内蒙古师范大学艺术系，毕业后成为一名美术教师。据他介绍：呼和浩特地区好的炕围画做工精细，讲究很多，墙基的处理，使用的胶矾冷与热、浓与淡、次数与时间，都有学问。还有墙体裱纸的浆糊和明矾的配比，白粉与胶的比例，各种颜料的调色和比例等，都要求很严格，只有各道工序都做到位，才能使炕围画有好的效果和质量。

呼和浩特地区炕围画的绘制工序一般如下：

先把要画炕围的老墙清洗干静，把整个墙面的不平整部位和砂眼用玻璃瓶横竖压实、滚光，再用纸筋泥把墙壁抹平、抹光，并使其彻底干透。

用炖好的骨胶和明矾按比例混合成液体状，将平整的墙基粉刷数次，再裱上白纸，刷上白粉打底再滚平。

在墙体打好白底后，按照炕围画的高低尺寸用铅笔画一条炕围子水平线痕迹，然后按照整体设计方案，对炕围画的框边、各种花边、中间部分画池的位置等进行设计安排、放线。一般来说，一套完整的炕围画还包括灶头画、锅台画，有的人家还有地围画。有经验、有功底的画匠，基本能做到线条流畅，一笔下来，一气呵成，没有断点和歪线。

放完线后，勾画出边框图样，最后开画池。在画池中画上房东想要的画，如花鸟山水、风景名胜、戏曲故事、神话传说等等；体现房东对美好生活的愿望和憧憬；采用象征隐喻手法，表现礼义廉耻、吉祥喜庆、孝悌忠信等；反映驱邪纳祥、欢天喜地、道德教化的价值观等。绘画内容一旦定下来，画匠就用铅笔画好主题图案的轮廓，然后用工笔画绘制。画完后，再上一层胶矾，干后，用清漆（桐油）刷一遍，显出透亮、栩栩如生的图画，便大功告成。此时，房东家为庆贺炕围画完成，一般都要给画匠好好吃一顿，炒鸡蛋、烙油饼是必不可少的。

炕围画时间久了，用湿布轻轻一擦，又会光亮如新。质量好的炕围画能保持10年，甚至几十年不掉色。据老炕围画家秦乾龙讲，他给土默特左旗把什村画的炕围画有的至今已有50多年，仍没有掉色。赛罕区为确保炕围画的历史资料留存，将保合少乡奎素村李六计家的炕围画一直保存至今。据李六计老人讲，他家的炕围画是1937年他在娶媳妇时，请河北省一名贾氏老人画的，做工精细，耗时一年多。

呼和浩特区域的炕围画，形成了自己独特的地域风格，并成为北方农村家庭民俗文化的组成部分，曾是展示中国传统文化的一个空间。它借鉴了壁画、建筑彩绘、屏风画、照壁画、中堂画等的绘画技艺，具有很高的实用和审美价值。2009年，炕围画被列入内蒙古自治区第二批自治区级非物质文化遗产名录。呼和浩特区域的张三铁也在2010年成为这一项目的内蒙古自治区级非物质文化遗产代表性传承人。

然而，炕围画也和其他事物一样，有它的产生、发展和衰落。随着时代的进步，生活水平的提高，新能源的利用，平房中不少人家也以床代炕，便也没有了炕围画；也有的人家有了新式炕，不需要画炕围了，而是用新式材料做炕围。炕围画，那多彩的图画内容、丰富的文化内涵，渐渐地淡出了人们的视线。

乡村美食

——清水河抿豆面

张　丽

　　您去过清水河吗？你吃过清水河的抿豆面吗？那色泽金黄、入口润滑、味道纯正的抿豆面，再浇上一勺特制的臊子，味道鲜美、口味独特……吃上三碗都不过瘾，真可谓清水河一绝。

　　地处黄河岸边的清水河，距离呼和浩特市124千米，东南与山西毗邻，西濒黄河，北依古力畔几河，与和林格尔县接壤。全县人口约14万。黄土高原沟壑纵横的地形地貌和温带大陆性气候，造就了全县农业耕种以山区作业方式为主，豌豆、莜麦、荞麦、谷子、糜、黍等旱地作物在县内广泛种植。县内黄河流经地段造化出的奇特景观老牛湾，为清水河倾注了山水的灵气，也孕育出众多极富盛名的地方特产和特色美食，例如小香米、果丹皮、石磨豆腐、酸米饭、抿豆面等。其中抿豆面是清水河具有代表性的特色美食之一，于2014年被列入呼和浩特市非物质文化遗产名录。

豌豆属豆科植物，在我国已有2000多年的栽培历史。在清水河县北堡乡，至今流传着清朝康熙皇帝的四公主特别爱吃抿豆面并主动学习制作技法的传说。据考证，如今的抿豆面盛行地武家庄与四公主当年的驻地同属一个乡——清水河县北堡乡，而且在北堡乡至今还保留有四公主德政碑，所以此民间传说可信度较高。如今以豌豆面为食材做成的抿豆面、擀豆面、豆面饸饹、豆面拨姑子、豆面疙瘩拌汤等多种美食，已经成为清水河百姓的日常饮食。

赵三仁是清水河抿豆面制作技艺的第四代代表性传承人。他们一家世代生活在清水河县北堡乡武家庄村。由于地处山区，交通极为不便，出入困难，如遇雨天更加难以行走。赵三仁一家以传统农耕作业收获的食材为原料，以家族口传心授的传承方式精耕细作，从初春到深秋不停地忙碌，经过春季送粪、拌种、抓粪、耕种，到夏秋收割、驮运、晾晒、碾打、碴豆、手工磨面等多重工序，坚持施用农家肥，坚持碾场、石磨磨面，保留了抿豆面的原汁原味。

赵三仁在传统抿面床的基础上，制造了抿面圪堵，更改了以往用手掌抿面的技法，既卫生又快捷方便，所以他家的抿豆面在北堡乡乃至清水河县都是首屈一指的。

想做出一碗香喷喷的抿豆面也是有讲究的，臊子和抿面是两个关键。

首先，臊子的制作：第一要选农家猪肉，清水河小磨豆腐，自家产的土豆、大蒜、葱、调味品。第二用旺火烧铁锅，锅热后倒入切好的猪肉丁煸炒至金黄，加入葱蒜爆香，再加入土豆丁、豆腐丁、调味品炒至五成熟，加水盖锅盖焖煮，直至土豆酥软即可出锅。

其次，抿豆面制作：先将60％的豆面和30％的白面、10％的土豆粉面搅拌均匀，再一边加温水一边搅拌至稠糊状，然后把抿面床置于开水锅上，将搅拌好的面放到抿面床上，用抿面圪堵将面团前后挤压成形似2～3厘米大小的蝌蚪状的小段下锅。待面浮上滚水面儿，用笊篱捞到碗里，吃一碗，抿一碗，捞一碗。这时的豆面就会散发出一股扑鼻的香味，这样煮出的抿豆面色泽鲜亮、金黄剔透、豆味飘香。这时把刚才做好的猪肉臊子根据臊子的咸度舀在刚出锅的抿豆面上，调拌均匀即可食用。如果再配上农家炒鸡蛋、自家腌制的酸咸菜，立显农家美食的风味。有时遇上不吃荤臊子的人，也可另做用素油炝锅的臊子。清水河抿豆面是正宗的农家美食，不附加任何现代化工艺，纯手工制作。

抿豆面的制作技艺历史悠久，饱含着清水河人民的勤劳与智慧，早已成为清水河独特饮食文化的杰出代表。由于抿豆面的原料为豌豆，富含碳水化合物、铜、胡萝卜素及多种对身体极富营养的微量元素，可以起到补充能量、提高免疫力、安神除烦、通便、抗衰老、抗辐射的功效。现在，抿豆面已成为许多早点铺、面食馆、饭店经营的快餐美味。

和林格尔炖羊肉

高　锦

说起和林格尔炖羊肉，呼和浩特人都知道，那个香、那个嫩、那个味道鲜美，真是回味无穷，让人口水长流……

和林格尔炖羊肉在呼和浩特周边是久负盛名的美食。在和林格尔境内的考古发现，早在西汉时期，居住在和林格尔境内的先人就已经饲养了各种畜类，其中尤以羊的饲养量为多，羊肉也成为人们饮食中不可或缺的美味食品。明清时期饲养规模更大，羊肉的制作和食用方法五花八门、种类繁多。特别是1949年以后，已成为现今在内蒙古甚至境外久负盛名的美味佳肴。和林格尔多山地丘陵，且地面植被多以甘草、地黄、地茭草、野蒜、山葱等中草药居多。山区农民多数以养羊为主，养羊业是和林格尔经济发展的一大产业支柱。野生中草药和山野菜覆盖下的和林格尔丘陵、山地、草原，是内蒙古自治区范围内半农半牧区养羊的最佳大草场之一。每到夏季，好多群众会上山采挖宜食野菜。山间流淌的泉水（多为含多种元素的矿泉水）也更适合养羊。喝山泉水、吃中药草、跳蹿坡岩长大的羊，其肉质独特，最适宜用铁锅炖食。得天独厚的地理条件、天然而成的草原、流传百年的炖法，造就了细嫩鲜美、不留膻味、不肥不瘦的和林格尔炖羊肉。和林格尔炖羊肉是这方特定的水土、特定的民风乡俗熏陶下的饮食文化结晶，是经过长期的发展和优化，从农家炕头走进了县城餐馆，又从县城走向全区乃至全国的一道有着浓郁地方特色的名菜。

一、羊的选择

1. 生长在和林格尔山区特有的羊，肉质细嫩鲜美。

2. 刚满一年或不满一年的羯羊羔，一般杀后除去皮、头、蹄、内脏后净重25～40斤重为宜，此种羊的肉不带膻味，并且不肥不瘦。

二、剔羊

剔羊也十分重要，好的屠宰师傅剔一只羊只割十八刀，就能把羊肉呈一整块地剔下，然后取掉肉中的韧带（俗称筋条），再把肉切成条状，最后把羊肉条切成4～5厘米见方的小块，羊骨剁成小块。

三、附加食材

水、料酒、葱末、姜末、蒜末、糖、盐各适量，香油1～2小匙。

四、做法

1．羊肉洗净沥干，切块备用；

2．将羊肉放入开水焯烫，捞起沥干；

3．起油锅，放入5大匙色拉油，油热后将羊肉放入，大火快炒至颜色转白；

4．将水及其他调味料（除香油外），一起放入锅内用大火煮开；

5．改小火煮约1小时后熄火，加入香油起锅，炖羊肉即成。

五、营养功效

羊肉性质温热，含有丰富的蛋白质、脂肪、磷、铁、钙、维生素B_1、维生素B_2等多种营养物质，温补效果显著，为传统的功能食品。

和林格尔炖羊肉始于明清，以口传心领、师徒相延的方式传承至今，长期以来一直是和林格尔人民不可缺少的美食，也是招待亲朋好友和办宴席不可缺少的美味佳肴。

和林格尔炖羊肉的炖法看似简单，但炖法独特，保持了羊肉的原汁原味，剔肉有规则，炖肉视火候放料，恰到好处。

近年来，随着和林格尔县经济的发展，旅游业兴起，更使和林格尔炖羊肉声名远扬，成为海内外游客了解和林格尔县的一张名片。

清水河骡驮轿婚俗

高　锦

　　骡驮轿娶亲是清水河山区历史上的一种独特的娶亲方式。这种古老拙美的娶亲方式，驮着的是一代代农民的希望和期盼，承载的是历史、文化与一方水土的民俗风情。清水河属黄土高原丘陵山区，这里的黄土高原丘陵密布，黄河十八湾，道路崎岖难行。交通运输全靠人背、骡驴驮运，与毛驴相比，骡子力气大，更适宜在山区沟壑中跋涉。为此，骡驮轿婚俗在清水河农村十分盛行，而且历史久远。

　　据史料记载，清水河骡驮轿是清末民初，由花轿、骡子、司仪、骡夫、鼓匠班子（鼓乐队）组成的专门的轿行班子，专司娶亲（娶媳妇）之职。上至官宦富人，下至庶民百姓，都沿用这种具有地域文化特色的交通工具娶亲。

　　骡子性温和，且力大，适宜在山区沟壑中的羊肠小道上长途跋涉，是交通运输的一种很好的畜力，娶亲的骡驮轿就是用两头骡子一前一后驮一架娶亲的花轿。所以从清末到民初，一直到1949年后，以骡驮轿为代表的娶亲仪式在清水河一直是一种传统的娶亲方式。特别是在新娘家路程较远、道路难行的情况下，必须用骡驮轿娶亲。清水河骡驮轿这种承载着地方文化特色的娶亲仪式，既融合了山西、陕西明清时期的婚礼风俗，又结合当地地方特色形成为一种具有独特的地域性、传统性的婚俗。

清水河骡驮轿娶亲的主要方式是等亲，即新郎在家中早晨起床后，从里自外穿上崭新的婚礼服饰等待，由新郎的亲戚代替新郎去女方家娶新娘。娶亲方视新娘家住地的远近，选择随骡驮轿娶亲的男人骑马、骑驴还是徒步与轿同行。这种娶亲仪式要求娶三送四，即娶亲方必须派三个亲戚娶亲，要求是新郎的舅舅、妗妗、姨姨、哥哥、嫂嫂或姐姐、弟弟中的任意三人；新娘方则必须派四个人去送亲，一般为新娘的几爹几妈，或者舅舅、妗妗、叔叔、婶婶、姑姑中任意选四人。娶三送四的人里必须有一位是女性，选女性有姑不娶、姨不送的讲究。娶亲临行前，在新房院中燃炮鸣乐，意为驱除新房院内的邪气；娶亲的女性上轿前必须对骡夫和轿门口进行三拜三叩首，意思有二：一是娶亲一路顺风，往返平安，二是防止骡夫耍笑坐轿人导致晕轿。还要给女方带一条带肋骨的羊前腿或带三根肋骨的猪腰条肉，两瓶好酒用红色棉线或毛线系在一起挂于轿门两侧靠上的地方。娶亲队伍到达新娘的村口时，燃放大麻炮，意为告知娶亲骡轿已到。新娘家要出门迎接新郎方前来娶亲的宾客，并置凉菜、糕点、荞面或白面饸饹、烧酒，给每位前来娶亲的准备一双红筷子和一个红酒盅，叙谈聘娶中的未尽事宜，并让鼓乐班在院落一角先简单用餐。女方选派一位德高望重的长辈将男方带来的腰条肉割下肋骨用红棉线或毛线拴住挂在轿门之上，意思是两家结为亲家，和女儿骨肉相离；将好酒换成两瓶水，往瓶口中插两根大葱带回，意喻新娘为丈夫生子、扎根、传宗接代。稍后打头遍鼓并奏乐，表示娶、聘方人员开始饮酒吃饭；接着打二遍鼓并奏乐，表示娶、聘方开始给出聘的新娘换婚装；打三遍鼓并奏乐，表示娶方催新娘上轿，穿好婚服的新娘由自家哥哥、弟弟或叔伯、姑舅哥哥、姑舅弟弟扛在肩上（扛新娘的必须是双亲都在的人）放入轿中。轿中坐三人，前面坐娶亲的女性，中间坐送亲的女性，后边坐新娘。娶亲司仪高喊一声"新人坐稳了，起轿"，鼓乐奏起喜乐，鞭炮齐鸣，娶亲队伍返回。在返回时，如在路上遇上行人须奉揖（即向人施礼），若遇别的娶亲队伍新娘间要互换眼纱（农村称新娘披的盖头为眼纱）。喜轿回到男方家门外时，将轿门按照阴阳先生择日子时吩咐的轿门方向停下，把驾轿骡子卸下落轿，接亲的男女将前来送亲的男女宾客礼节性地问询一番后，迎回新房。新房窗台外供神的地方放一斗五谷，五谷中插弓箭、尺子、镜子和秤。分别意为射妖除怪、做事要把握尺度、照妖镜、夫妻称心如意。这时提前选好的一名俊俏晚辈姑娘手捧瓷盘（里面放着线、粉、糖块）走在前面，新娘婆婆跟在后面到轿门口撩起轿帘和新娘盖头给新娘开脸（用线拨汗毛、擦粉、喂糖块），寓意从今以后新娘就是自家人了，在生活中干干净净、梳妆打扮、尊老爱幼。

紧接着倒红毡开始，新娘下轿站在两位安排倒毡的青年铺好的红毡子上，两边由两位晚辈少女搀扶。由哥哥或叔叔将新郎扛出新房，脚不能踩地，到轿前与新娘一块站在红毡上。此时新郎双手捧着用红色布包好的宝书，新娘手捧宝瓶，二人双双踏上红毡慢步踏入天地堂前（伴随倒红毡）。前边有司仪不断地向两位新人头上撒五谷，并口喊吉祥语。新娘新郎站在设置好的天地堂前，院中点燃提前垒好的旺火，浇上素油、酒水，旺火冲天，新郎的父母端坐天地堂前。新人在司仪的指导下，进行"一拜天地""二拜高堂""夫妻对拜"等程序后送入洞房。

然后总管（代东）进行告典，就是现在的代东讲话，讲一番后，鼓匠班开始吹奏大戏（即晋剧或者大秧歌）。入洞房后，新郎用箭（事先备好的箭）向新房四角各射一箭（表示驱邪）后，新娘在小姑子的引领下端坐炕上，炕桌上放油灯，昼夜不灭。亲戚们进入洞房耍笑一番后入席就坐。晚饭后开始耍笑到深夜。到休息时间，小姑子喊"腾喜房"啦，这时新郎的父母进入洞房让两位新人在炕上四角摸（找）他们早已放好的核桃（意指早生贵子，也暗示亲戚们新人要休息了，闹洞房该结束了）。

第二天回门，新郎、新娘用完早餐，在挂着家谱的天地堂前拜见大小（认识男方家的亲戚，也叫拜人）。司仪按照男方家族的长幼尊卑，向新娘、新郎逐一介绍，念到哪位亲戚，新娘、新郎要向其叩头施礼，被拜者当场拿出拜礼，拜礼让专人端小盘递入在天地堂前的大盘中，拜礼完毕后即可回门。回门时，有坐骡驮轿的，有骑马、骑驴的。回到新娘娘家参与回门宴席，如遇新娘家是富贵之家，也陪轿一顶（古代称一乘），新郎坐轿回新娘家参加回门宴席。

随着时代的变迁与社会的发展及人民群众物质文化生活水平的逐步提高，新婚嫁娶的工具也被现代的高级轿车所取代。虽然清水河骡驮轿被自治区人民政府公布为非物质文化遗产传承项目，但清水河骡驮轿娶亲婚俗已面临失传。

清水河黑矾沟瓷艺

张晓桐

　　陶瓷是陶器与瓷器的统称，在我国有悠久的历史：早在新石器时代，古人就烧制出了陶器，此时的陶器粗糙、古朴，在对新石器时代晚期的仰韶文化、屈家岭文化、河姆渡文化、大汶口文化、龙山文化等十几个文化遗址的挖掘中，出土了大量的陶器，其主要品种有灰陶、彩陶、黑陶和几何印纹陶等；两汉时期，釉陶大量替代铜质日用品，从而又使陶器得到迅速发展；魏晋时期，我国已产生了用高温烧成胎质坚实的瓷器这一重大发明；陶瓷发展到隋唐，又进入一个繁荣成长的阶段，产生了著名的唐三彩；宋代是中国制瓷业极其辉煌的历史时期，各地新兴窑场不断，涌现出不少驰名中外的瓷窑，所谓五大名窑——定、汝、官、哥、钧，就是其中的典型代表；元代也有新的发展，如青花和釉里红的兴起，彩瓷大量的流行，带动以后明清两代的瓷器发展。纵观历史，陶瓷在人类发展史上占有重要地位。

一、清水河黑矾沟瓷艺的历史渊源

内蒙古清水河县窑沟乡西南山脚下有一个曾经在内蒙古久负盛名的地方——黑矾沟，黑矾沟的优质瓷土储量大、质量好、土质细腻、胶性大，是生产陶瓷产品的极佳原料。

这里至今仍有保存尚好的宋、元、明、清古窑址群20多座，2009年被国务院三普办公室列为2008年度全国三普重大新发现之一。据《清水河县志》记载：明朝后期，有山西保德、临县等地逃荒匠人来到窑沟、黑矾沟一带种地谋生，利用此地丰富的瓷土和煤炭资源，砌窑、掏碳、挖泥，研制生产陶瓷产品，使陶瓷业逐渐发展起来。当时的陶瓷产品主要有黑瓷和白瓷两种，黑瓷有缸、罐、盆、钵等，种类多、质量好、价格低廉、销路广；白瓷有碗、盘等餐具，年产量1000～1500莳（每莳20～25只）。产品销往黄河上游的托克托、包头、河套及外蒙古等地。20世纪80年代，已故的内蒙古博物馆馆长文浩老先生在带领几位学者在黑矾沟实地考察时说："黑矾沟的制瓷业有1000多年的历史。"

1993年，在黑矾沟村北坡上发掘过一个古墓，内有一白色陶罐，里边装有两具尸骨的骨灰，还有八个铜钱、一个铜簪等随葬品。罐口盖一四寸见方小石块和一个白瓷盘。从白瓷罐和白瓷盘的做工、质地、式样上看与黑矾沟的手工白瓷一模一样。由此可以断定黑矾沟的生产历史至少有800年，并与长期传说的杜家开辟黑矾沟相吻合。

二、清水河黑矾沟瓷艺的技艺

清水河黑矾沟的古瓷窑址是我国北方磁州窑系列的杰出代表，历史悠久，影响力较大。清水河黑矾沟瓷艺从原料开采到成型一般需20天，主要过程如下：

1. 原料开采

黑矾沟陶瓷黏土矿床一般在古生代及中生代煤系地层，内含三氧化二铝、二氧化钛及较多有机物，含游离石英和铁质较少，因而可塑性好、吸附力强、耐火度较高。黏土在沟的两侧裸露明显，易于开发。古人多采取挖洞采掘，只要剔除原料中铁质、杂质便可转入下一环节。

2. 原料加工

将选好的原料运往加工场地——碾池，采用畜拉轮碾水波法将黏土碾压粉碎。碾压粉碎好的混浆放入池内沉淀，待浆成固体时运回厂房，和泥师傅（当地俗称理伴）泼水闷陈腐后方可使用。

和泥师傅将泥段揉成枣核状交给匠人，放在手动的轮子上，靠匠人手指的运动按照器形要求捏制成型。然后置于火炕上或烘干架上烘干，待胚体加热烘干至形体稳定时，放在轮子上打旋，刮掉胚体泥刺，挖好胚体底部脚圈。

3. 施釉

由于生胚强度较差，必须将打旋过的生胚烘至半干时施釉。施釉分三次进行（即内、外、表），釉的浓度有严格要求，视其胚体在烧制过程中在窑内的位置而定，近火浓，远火稀。

4. 彩绘

胚体干燥后根据要求进行彩绘。1949年前，黑矾沟白瓷一直沿用氧化钴釉下彩绘，尤以大件产品和装饰品居多。

5. 装烧窑

半成品在入窑时要用匣钵承装。其目的：（1）不使制品直接与火焰接触，防止烟气中的碳粒或灰分等质点污染釉面；（2）制品相互隔离，在釉面熔融时不至于互相粘结。匣钵大小与形状原则上应与制品相适应。一个馒头窑可烧制3万多个碗碟之类的器皿。

6. 烧成

烧成是陶瓷制造工艺中的重要一环。其目的是让胚体在高温中经受化学反应，使原来由矿物质原料组成的生胚最终变成瓷器。烧成工序：点火—小火烘干—中火排尽生胚中的结晶水分，使有机物氧化、碳酸盐分解—大火烧结，玻化成器。小件烧成时间一般在80小时之内，大件如花盆、瓷砖、大花瓶、大磨盘之类的产品，其烧成时间要相对长点。烧结温度一般是1300～1380℃。主要燃料为本地块煤。

7. 开窑

当制品烧结后先打开火门，再打开相应的通风口，停止燃料供应，产品进入冷却阶段。冷却是把瓷器以高温时的可塑状态降至常温时呈岩石般状态的凝结过程。日用瓷器大都胚体小而薄，高温时有较多液相，加快冷却可增加瓷釉的透明度与光泽度，可防止冷却过程中因大量空气进入窑内引起还原铁重新被氧化而使釉色变黄，因此日用瓷器的冷却十分讲究。

当窑温降至常温或略高于常温时便可以开窑。开窑是将装进匣钵内的瓷器与钵器分开。开出来的产品打苭成捆。小件15～20个1苭，中件10个1苭，大件单个入库。

三、清水河黑矾沟瓷艺的发展现状

清水河陶瓷生产最兴旺的时期在20世纪90年代，仅县属陶瓷厂就有4家，乡镇陶瓷企业少说也有几十家，产品小到家庭生活常用的盆盆碗碗，大到高楼建筑装饰用的内外墙地砖，粗陶细瓷品种多达500多个。黑矾沟的陶瓷生产规模经历了从小到大、由弱变强，从粗放型到精细型、实用型的转变过程。

20世纪末，万家寨水库建成，一些陶瓷企业被淹没。近年来，随着地下水位逐步下降，黑矾沟仅有的4眼泉水井也相继枯竭，居民的生活受到极大的制约。为了生存不得不远走他乡谋生。清水河的制瓷业面临着工厂倒闭、工人失业、技术失传的尴尬境地。

针对这种状况，清水河县人民政府划定并公布了黑矾沟古窑址为县级文物保护单位，并指示文物主管部门对其采取具体保护措施。2011年，清水河瓷艺（黑矾沟瓷艺）被评为内蒙古自治区级非物质文化遗产代表性项目，由此对清水河黑矾沟瓷艺的传承和保护正式拉开序幕。对加强非物质文化遗产传承人的支持和保护做出更加细致的规定，包括对学艺者采取助学、奖学等措施，鼓励传承人设立工作室等。分别于2017年和2020年建立清水河（陶）瓷艺个体传习所、清水河黑矾沟瓷艺教育教学传承基地，并积极争取资金，鼓励、引导清水河黑矾沟瓷艺非物质文化遗产代表性传承人授徒传艺，开展非遗进校园活动。

这些保护性措施对清水河黑矾沟瓷艺的发展和保护研究等诸多方面有着深远的历史意义。